Ich muss erzählen

Mascha
Rolnikaite

Ich muss erzählen

**Mein Tagebuch
1941-1945**

Aus dem Jiddischen
von Dorothea Greve

Mit einem Vorwort
von Marianna Butenschön

Weltbild

Besuchen Sie uns im Internet:
www.weltbild.de

Genehmigte Lizenzausgabe für Verlagsgruppe Weltbild GmbH,
Steinerne Furt, 86167 Augsburg

Bildteil: Mascha Rolnikaite
Übersetzung: Dorothea Greve
Umschlaggestaltung: Kathrin Kanstinger, Ettlingen
Umschlagmotiv: AKG, Berlin
Gesamtherstellung: Oldenbourg Taschenbuch GmbH,
Hürderstr. 4, 85551 Kirchheim

ISBN 3-8289-7584-4

2008 2007 2006 2005

Dem Andenken
an die Mutter, die Schwester
und den Bruder

«Geistige Kraft kann physische Gewalt überwinden»

Vorwort von Marianna Butenschön

Wilna/Vilnius am 10. April 1997. Um 19 Uhr beginnt im Puppentheater in der Arklių gatvė 5 in der Altstadt eine Gedenkveranstaltung des Jüdischen Kulturclubs zum 55. Jahrestag der ersten Premiere im Ghettotheater, das sich während der deutschen Besatzung Litauens im Zweiten Weltkrieg in diesem Gebäude befand. Am 26. April 1942 stand unter anderem *Schlomo Molcho*, ein Stück über einen falschen Messias aus dem 16. Jahrhundert, auf dem Programm. 55 Jahre später treten prominente Ehrengäste dieser «Tage der Kunst» auf die Bühne, unter ihnen der französische Dokumentarfilmer Claude Lanzmann *(Shoa)* und der israelische Erfolgsautor Joshua Sobol, der die Geschichte des Wilnaer Ghettos in seinem dokumentarischen Theaterstück *Ghetto* festgehalten hat.

Sobol, 1939 in Palästina geboren, hat *Ghetto* geschrieben, ohne in Wilna gewesen zu sein. Nun steht er, tief bewegt, auf der historischen Bühne und berichtet, wie er seinerzeit bei Recherchen über die Jugendbewegungen in den Ghettos auf das Theater in Wilna stieß. Es war eine Fußnote, die seine Aufmerksamkeit erregte: «Auf dem Friedhof spielt man nicht.» Damit war das Interesse des Autors geweckt. Sobol las das berühmte Tagebuch des Bibliothekars Hermann Kruk, von dem der zitierte Satz stammt, sprach mit Überlebenden und ließ sich von Israel Segal, der Künstlerischer Leiter des Ghettotheaters war und überlebte, erzählen, wie es zur Gründung kam. Das

1984 in Haifa uraufgeführte Stück *Ghetto* wurde ein Welterfolg. Und die Botschaft? «Die Botschaft ist die, dass geistige Kraft physische Gewalt überwinden kann, vielleicht», sagte Sobol an jenem Abend im Wilnaer Puppentheater. «Natürlich kann man Menschen umbringen. Es ist sehr leicht zu töten. Aber die Ghettogemeinschaft hat bewiesen, dass man innere Quellen finden kann, um sich der Unterdrückung zu widersetzen und die Unterdrückung zu besiegen. Das ist eine große Botschaft für mich und die einzige, die ich weitergeben möchte, wenn ich mein Stück *Ghetto* inszeniere.»

Unten im Saal ist es still. Die Zuhörer, zumeist Überlebende des Holocaust, kennen die Botschaft. Sie haben sie gelebt, und an diesem Abend ist ihnen das Erlebte wieder gegenwärtig. Einige von ihnen waren als Kinder oder Jugendliche in diesem Theater, haben sich Otto Indigs *Der Mensch unter der Brücke* oder David Pinskis *Der ewige Jude* angesehen. Was mag in ihnen vorgehen, ein halbes Jahrhundert nach dem ungeheuren Schrecken jener Jahre? Was mag Mascha Rolnikaite empfinden, die aus St. Petersburg nach Wilna gekommen ist, um an diesen «Tagen der Kunst» teilzunehmen? Vor mehr als einem halben Jahrhundert hat sie unter der Leitung von Wolf Durmaschkin im hebräischen Chor hinter den Kulissen gesungen. Nun sitzt sie im Parkett. Seit der Liquidierung des Wilnaer Ghettos am 23. September 1943 war sie nie wieder hier. Auch für sie ist der Abend im Puppentheater eine Reise in die Vergangenheit, und ich traue mich fast nicht, die kleine dunkelhaarige Frau mit den großen braunen Augen, die sich so gerade hält, anzusprechen. Aber dann stellt sich heraus, dass Mascha Rolnikaite erfahren ist im Umgang mit fragenden Journalisten und Lesern, hat sie doch ihr halbes Leben damit verbracht, Zeitgenossen und Nachgeborenen zu erzählen, was damals geschehen ist. Auch mir hat sie später in vielen Gesprächen davon erzählt. Es ist dies ein Zwang, eine Pflicht, die sie sich selbst auferlegt hat: «Ich muss erzählen.» Damit sich das Schreckliche nicht wiederholt.

Der Schrecken des Holocaust ist so häufig beschrieben worden, dass manche meinen, nun sei es genug, niemand wolle mehr etwas darüber lesen. Wir sollten nicht so denken. Solange ein Überlebender uns stellvertretend für sechs Millionen erzählen kann, was damals geschah, sind wir verpflichtet zuzuhören, egal, welcher Generation wir angehören. Außerdem gibt es da eine Lücke. Soviel wir über die Shoa in Polen, Weißrussland, der Ukraine und all den anderen Ländern wissen, in denen Hitlers willige Helfer ihrem blutigen Handwerk nachgingen, so wenig wissen wir über den Untergang der Juden im Baltikum. Erst seit dem Ende der sowjetischen Besatzung und der Wiederherstellung der Unabhängigkeit Litauens, Lettlands und Estlands im August 1991 ist die jüdische Geschichte dieser Länder ein Thema – Gegenstand der eigenen Vergangenheitsbewältigung und Gegenstand der internationalen Holocaust-Forschung.

Vor dem Zweiten Weltkrieg lebten in Litauen rund 240 000 Juden, die sich selbst «litwakes» («Litwaken») nannten. Sie waren die ersten Opfer. Noch bevor Anfang 1942 in Berlin die «Endlösung» beschlossen wurde, waren die meisten Litwaken schon tot. Mascha Rolnikaite selbst hat 49 Angehörige verloren. Die Statistik besagt, dass 94 Prozent der jüdischen Bevölkerung Litauens ermordet wurden, mehr als in jedem anderen von den Deutschen besetzten Land. Doch als die Russen 1944/45 zurückkehrten, folgte der physischen Vernichtung durch die Nazis der geistige Genozid durch die Sowjetmacht, das Verschweigen des Holocaust, das Verbot alles Jüdischen, der Verlust der Sprache und des Glaubens, der Sitten und Gebräuche. Auch Stalin war ein großer Antisemit und ein Massenmörder. Ohne Kenntnis der Tatsache, dass Litauen von 1940 bis 1990/91 ein von zwei totalitären Nachbarstaaten im Wechsel besetztes Land war, und ohne Kenntnis der Tatsache, dass Mascha Rolnikaite den größeren Teil ihres Lebens Sowjetbürgerin war, ist die Geschichte ihres Tagebuchs nicht zu verstehen.

Mascha Rolnikaite (litauisch: Maša Rolnikaitė, jiddisch: Mascha Rolnik, russisch: Marija Grigorjewna Rolnikaite) wurde am 21. Juli 1927 als Tochter des Rechtsanwalts Hirsch Rolnik (litauisch: Hiršas

Rolnikas) in Klaipėda/Memel geboren. Aufgewachsen ist sie in der Kleinstadt Plungė in Nordwest-Litauen. Der Vater, der in Leipzig mit einer Arbeit über das Verfassungsrecht der baltischen Staaten zum Dr. jur. promoviert worden war, hatte für seine vier Kinder ein deutsches Kindermädchen engagiert. Er selbst sprach fließend Deutsch und liebte deutsche Sprichwörter («Geld verloren, nichts verloren, Mut verloren, alles verloren»), die Mascha noch heute auswendig weiß. Nachdem Wilna, das seit 1920 polnisch besetzt war, Ende 1939 wieder litauisch geworden war, zog die Familie 1940 dorthin um und mietete eine Wohnung in der Deutschen Straße 26.

Zu diesem Zeitpunkt war Wilna, Litauens historische Hauptstadt, demographisch eine polnisch-jüdische Stadt, die wegen ihrer großen jüdischen Gelehrsamkeit den stolzen Titel eines «litauischen Jerusalem» trug: «Jeruschalaim de Lite». Deshalb ist «Wilne», so hieß die Stadt auf Jiddisch, für Juden in aller Welt ein Begriff. «Wilne» steht für die einzigartige religiöse und weltliche Kultur, die hier einmal blühte. Der historisch-kulturelle Kontext, aus dem Mascha Rolnikaite stammt, ist also ein ganz besonderer.

Die Geschichte der Juden in Litauen reicht bis ins frühe Mittelalter zurück. Die litauischen Großfürsten hatten sie eingeladen, weil sie tüchtige Händler, Handwerker und Finanzfachleute brauchten, und ihren Gemeinden Autonomie gewährt, die auch im Rahmen des litauisch-polnischen Commonwealth, der «Republik der beiden Nationen», erhalten blieb. In Wilna hatten Juden sich seit Beginn des 16. Jahrhunderts verstärkt entlang der Deutschen Straße in der Nachbarschaft deutscher Handwerker und Händler niedergelassen.

Wie im Folgenden der Titel «litauisches Jerusalem» entstand, weiß nur die Legende. Angeblich lebten im 17. Jahrhundert 333 Männer in der Stadt, die den gesamten Tanach, also die 24 Bücher der hebräischen Bibel, auswendig kannten. Als der Oberrabbiner davon hörte, habe er «Wilne» zum Jerusalem in der Diaspora erklärt. In der zweiten Hälfte des 18. Jahrhunderts lebte der bedeutende Religionsphilosoph Elijahu ben Schlomo Salman Kremer (1720–1797) in der

Stadt, der Wilnaer Gaon, der als Erster den Babylonischen Talmud kodifizierte und vereinheitlichte. Um den Talmud zu verstehen, musste man, so lehrte der Gaon, auch die Naturwissenschaften kennen. Außerdem empfahl er das Erlernen von Fremdsprachen. Den Chassidismus lehnte er als Irrlehre ab. Deshalb gilt der Litwak seit den Zeiten des Gaon – im Gegensatz zum chassidischen Mystiker – als Verkörperung des wissbegierigen Rationalisten. Durch die Erneuerung der Lehre hat der Wilnaer Gaon, ohne es zu wollen, die jüdische Aufklärung («Haskala») in Osteuropa mit eingeleitet. Diese führte – anders als in Westeuropa – nicht in die Assimilation, sondern zur Entstehung einer jüdischen Nationalkultur, die sich in jiddischer und hebräischer Sprache entwickelte und gegen Ende des 19. Jahrhunderts in den Zionismus und Bundismus mündete.

Seit der dritten litauisch-polnischen Teilung 1795 gehörte das ethnische Litauen zum Zarenreich, Wilna war nun Gouvernementstadt. 1831 wurde hier die erste weltliche Mädchenschule eröffnet, 1841 die erste weltliche Schule für Jungen. Die Stadt rühmte sich ihrer jüdischen Verlage, Bibliotheken und Zeitschriften. Elia Ben Jehuda (1858–1923), der Vater des modernen gesprochenen Hebräisch, stammte aus einem Vorort von Wilna, und auch Dr. Ludwig Zamenhof, der Schöpfer des Esperanto, war ein Litwak. Die moderne jiddische Standardsprache entwickelte sich auf der Grundlage des in Litauen gesprochenen Dialektes. Das «litauische Jerusalem» schenkte der Welt nicht nur bedeutende Schriftsteller hebräischer und jiddischer Sprache wie Abraham Mapu, Mendele Mocher Sforim, Eisik Meir Dick, Moische Kulbak und Abraham Sutzkever, sondern auch große Künstler. Jascha Heifetz, der größte Geiger des 20. Jahrhunderts, wurde 1899 in Wilna geboren. Die Bildhauer Mark Antokolskij und Jacques Lipschitz, der expressionistische Maler Chaim Soutine, der französische Philosoph Emmanuel Levinas und der Goncourt-Preisträger Romain Gary stammten aus Litauen, und auch Marc Chagall, geboren 1887 in Witebsk, also im historischen Großfürstentum Litauen, war ein Litwak …

Die Republik Litauen, die am 16. Februar 1918 ausgerufen wurde, stand der jüdischen Minderheit zunächst sehr wohlwollend gegenüber, zumal die Litwaken die Unabhängigkeitsbestrebungen der Litauer seit Beginn des Jahrhunderts unterstützt und aktiv an den Unabhängigkeitskriegen (1918–1920) teilgenommen hatten. Die Verfassung von 1922 und die Gesetze garantierten ihnen so viele Rechte, dass die Jahre nach der Wiedergründung des Staates als «goldene Zeit» gelten. Ab 1922 schrieben junge Juden sich an der neu gegründeten Universität Kaunas ein, die gleich drei jüdische Abteilungen erhielt, und die Intellektuellen begannen sich auszutauschen. Der Anteil der jüdischen Bevölkerung Litauens (ohne das Wilnaer Land und ohne das Memelgebiet) lag 1923 bei 7,6 Prozent. Leider wurde die Kulturautonomie schon 1924 wieder aufgehoben, und die antisemitischen Tendenzen verstärkten sich nach dem Staatsstreich von Antanas Smetona im Dezember 1926, obwohl das Smetona-Regime offiziell nicht antisemitisch war.

Doch nun zogen auch Litauer in die Städte und drängten in die von Juden besetzten Berufe in Handel, Gewerbe, Industrie und Bankwesen. Den Verdrängungsprozess, der sich in den dreißiger Jahren mit staatlicher Hilfe verstärkte, erinnern überlebende Litwaken als Wirtschaftsproblem. An eine Gefahr für Leib und Leben dachte kaum jemand, obwohl der Einfluss aus Deutschland spürbarer wurde und die litauischen Faschisten sich immer frecher aufführten. Im Seimas, dem litauischen Parlament, das 1936 gewählt wurde, waren die Minderheiten nicht mehr vertreten, und in der Verfassung von 1938 kam der Minderheitenschutz nicht mehr vor. Die Emigration nach Palästina nahm wieder zu. Dem Integrationsprozess, der vor allem in den Städten begonnen hatte, blieb nur noch wenig Zeit …

Anders verlief die Entwicklung in Wilna, das seit 1920 eine Stadt in Ostpolen war, ohne Verbindung mit Litauen und dem früheren russischen Hinterland. Deshalb war die letzte Blütezeit des «litauischen Jerusalem» wirtschaftlich eine Zeit des Niedergangs. Aber die jüdische Gesellschaft war eine strukturierte, fast schon zivile Gesellschaft von ungeheurem Lebenswillen. Es gab unzählige Vereine, Berufsorganisationen, Verbindungen, zweisprachige Bildungseinrichtungen, ein jiddisches Lehrerseminar, eine historisch-ethnographische Gesellschaft, ein jüdisches Konservatorium. Seit Beginn der zwanziger Jahre trug die «Wilner Trupe», die 1921 mit der Uraufführung des «Dibbuk» von An-Ski in Warschau erste Triumphe gefeiert hatte, den Ruhm des jiddischen Theaters um die Welt. Und so sah Alfred Döblin 1924 auf seiner «Reise in Polen» in Wilna den «Kern des Volkes, das hier lebt und sich erhält». In der Altstadt hörte er nur Jiddisch. Ein Jahr nach Döblins Besuch nahm in der Wiwulskistraße 8 das Jüdische Wissenschaftliche Institut (YIVO) seine Arbeit auf, eine Forschungs- und Bildungsstätte, die alsbald eine enorme Sammlertätigkeit entfaltete. Im Ehrenpräsidium des YIVO, das als «Jiddische Universität» bezeichnet worden ist, saßen Albert Einstein, Sigmund Freud und Eduard Bernstein.

Obwohl «Jiddischland» kein Staat war, entstand 1927 in Wilna ein PEN-Club. In der Gruppe «Jung-Wilne» fanden sich junge, zumeist linksorientierte Schriftsteller und Künstler verschiedenster Stilrichtungen zusammen, die eine eigenartige jüdische Variante der osteuropäischen Moderne schufen, darunter die Schriftsteller Abraham Sutzkever, Chaim Grade und Shmerke Kaczerginski. Anders als in der Republik Litauen hatten die Juden im polnisch besetzten Wilna bis 1939/40 keinen Grund, Litauisch zu lernen, ihre zweite Muttersprache war in der Regel das Polnische. Im Oktober 1939, zwei Monate nachdem Polen infolge des Hitler-Stalin-Pakts wieder einmal geteilt worden war, gab Stalin das Wilnaer Land an Litauen zurück. Im April 1940 wurde an der nunmehr litauischen Universität Wilna ein Lehrstuhl für Judaistik eingerichtet. Zwei Monate später, am 15. Juni 1940, besetzte die Rote Armee das Land. Der größere Teil der litauischen Juden hat den Einmarsch der Roten Armee begrüßt oder als kleineres Übel hingenommen, weil die militärische Präsenz der Russen ihnen Schutz vor den Deutschen gewährleistete.

Am 21. Juli 1940 beantragte das aus den Scheinwahlen von Mitte

Juli hervorgegangene neue Parlament, der «Volksseimas», die «Aufnahme» Litauens in die UdSSR, die im August 1940 vollzogen wurde. Die neue Regierung ermöglichte nun auch jüdischen Litauern den Zugang zur sowjetlitauischen Verwaltung. Dem sowjetlitauischen Ministerrat gehörten zwei jüdische Minister an. Als Leiter der verstaatlichten Betriebe wurden ebenfalls vereinzelt Juden eingesetzt. So entstand, obwohl die Russen allmählich auch alle jüdischen Einrichtungen schlossen, der Mythos einer «Mitschuld» der Juden am Schicksal Litauens, das nun schnell sowjetisiert wurde. Kein Wunder daher, dass die Hoffnungen vieler Litauer sich auf die Deutschen richteten, die bei Kriegsausbruch am 22. Juni 1941 vielerorts als «Befreier» begrüßt wurden, und dies umso mehr, als die Russen eine Woche vor dem deutschen Überfall auf die Sowjetunion etwa 16 200 Menschen aus Sowjetlitauen in Güterwaggons nach jenseits des Ural deportiert hatten, darunter auch rund 2000 Juden.

Der Wehrmacht folgten allerdings die Einsatzgruppen, und die Mörder wurden sofort aktiv. Die Gleichung lautete: Juden gleich Kommunisten, Kommunisten gleich Juden. In vielen Städten und Städtchen Litauens kam es schon in den ersten beiden Kriegstagen zu Übergriffen einheimischer Faschisten, der «Weißbändler», auf die jüdische Bevölkerung, und als der organisierte Massenmord begann, fanden Hitlers willige Helfer in Litauen, wie in anderen Ländern auch, viele willige Helfershelfer. Einen großen Teil der «Schmutzarbeit» haben die Nazis ihre litauischen Gesinnungsgenossen (im Tagebuch «litauische Soldaten») besorgen lassen. Auf der anderen Seite haben allem Anschein nach prozentual mehr Litauer als Deutsche ihr Leben riskiert, um Juden zu retten. So wurde Maschas ältere Schwester Mira nach ihrer Flucht aus dem Ghetto zusammen mit elf Leidensgenossen von Pfarrer Juozas Stakauskas, dem damaligen Direktor des Zentralarchivs, bis Kriegsende in Wilna versteckt.

Maschas Erzählung beginnt am 22. Juni 1941, einem schönen, warmen Sonntagmorgen. An diesem Morgen bricht ihre kleine behütete Welt urplötzlich zusammen. Plötzlich ist Krieg. Was ist das:

Krieg? Fliegeralarm, Sirenengeheul, Bomben. Panik. Zu Tausenden machen sich die Wilnaer Juden und alle diejenigen, die der sowjetischen Besatzungsmacht gedient haben, auf die Flucht nach Osten, hoffend, sich ins Innere der Sowjetunion retten zu können. In den Wirren dieser Kriegstage verliert Dr. Rolnikas die Familie aus den Augen, während die Mutter nach einem misslungenen Fluchtversuch in Richtung Minsk mit den vier Kindern nach Wilna zurückkehrt. Am nächsten Morgen, es ist der 24. Juni 1941, sind die Deutschen in der Stadt. Sie führen sogleich ihre Ordnung ein. Die Cafés und Restaurants werden wieder geöffnet, aber Juden ist der Zutritt verboten. Kommunisten und Komsomolzen müssen sich registrieren lassen, Rundfunkempfänger abgeliefert werden. Wer sich nicht daran hält, dem droht die Todesstrafe. Mascha ist nun dreizehn Jahre alt. Wie alle Mädchen ihres Alters hatte sie schon in der Schule ein Tagebuch geführt. Nun beschließt sie, ihre Aufzeichnungen fortzusetzen, damit die Menschen nach dem Krieg alles erfahren.

Die Erzählperspektive ist also die eines über Nacht erwachsen gewordenen Kindes. Darin liegt der Reiz des vorliegenden Textes, und Mascha war eine gute Beobachterin. Bei einer Kontrolle nehmen die Deutschen die Schreibmaschine und das Telefon mit. Dann werden Stoffmarkierungen eingeführt. «Die Deutschen betrachten uns überhaupt nicht als Menschen, sie markieren uns wie Schafe.» Weitere Schikanen folgen: Ablieferung von Geld und Wertsachen, Einschränkung der Bewegungsfreiheit und der Einkaufsmöglichkeiten, Einführung von Brotkarten, Ersatz des weißen Quadrats durch eine weiße Armbinde mit dem sechszackigen Davidstern, Hausdurchsuchungen und – Menschenjagd auf offener Straße. Schnell spricht sich herum, dass die festgenommenen Männer zur Erschießung nach Paneriai (jiddisch: Ponar), sieben Kilometer südwestlich von Wilna, geführt wurden. Dort hatte die Rote Armee riesige Gruben hinterlassen, um Öltanks unterzubringen. Nun werden die Gruben zu Massengräbern. «Warum, warum bringt man sie um?» Allmählich versteht Mascha, was Besatzung bedeutet. «Darum muss alles, was hier geschieht, im Tagebuch festgehalten werden. Wenn ich am Leben bleibe, werde ich es selbst erzählen, wenn nicht, werden andere es lesen. Aber erfahren sollen sie es! Unbedingt!» Die Brotzuteilungen reichen nicht, und die Freude ist groß, wenn Henrikas Jonaitis, einer von Maschas Lehrern, der die Familie nicht im Stich lassen wird, etwas zu essen bringt. Am 21. Juli 1941 wird sie vierzehn Jahre alt. «Als Mama mir gratuliert, ist sie in Tränen ausgebrochen.»

Bis Ende August 1941 sind den «Aktionen» der Einsatzkommandos und ihrer litauischen Helfer bereits 30 000 Menschen zum Opfer gefallen, fast die Hälfte der Wilnaer Juden. Am 31. August fingieren die Deutschen ein Attentat auf zwei Soldaten, die so genannte große Provokation. Zur Vergeltung werden mehr als 6000 Menschen aus dem alten Judenviertel entlang der Deutschen Straße erschossen, weil dort Platz für das Ghetto gebraucht wird. «Was bedeutet Ghetto? Wie lebt man in einem Ghetto?» Am 6. September 1941 richten die Deutschen zunächst zwei Ghettos ein, das Große und das Kleine Ghetto. Dadurch sollen «Arbeitsfähige» von «Nichtarbeitsfähigen» getrennt werden. Binnen fünf Minuten müssen die Wilnaer Juden ihre Wohnungen verlassen. Maschas Mutter kann nur das Nötigste in ein paar Bündeln zusammenpacken. Aber die Familie kann von Glück sagen, dass sie zusammenbleibt und ins Große Ghetto gerät, dem eine Lebensdauer von zwei Jahren beschieden sein sollte. Die Beschreibung dieses 6. September 1941 gehört zu den eindringlichsten Schilderungen des Tagebuchs.

Die Menschen beruhigen sich nun in der Annahme, in den Ghettos seien sie sicher. Ein Irrtum. Eine «Aktion» folgt der anderen. Am 24. Oktober 1941 wird das Kleine Ghetto aufgelöst. Wieder gehen Tausende nach Paneriai. Gleichzeitig werden am Tor des Großen Ghettos «gelbe Scheine» ausgegeben, die ihrem Inhaber und drei Familienmitgliedern vorläufig Immunität sichern. Ende 1941 leben in den sieben kleinen Gassen des Großen Ghettos offiziell noch 12 000 Menschen. Die Zahl der «Illegalen», die sich in Kellern, Schränken und doppelten Böden («Malinen») versteckt halten, wird auf mehr als 8000 geschätzt.

Auch Maschas Mutter, die als Näherin arbeitet, erhält einen Facharbeiterausweis. Die Familie lebt zunächst mit acht anderen Familien in der Rudnizkegass 16 (heute: Rudninkų gatvė) gleich hinterm Ghettotor. Und nun erfährt Mascha, was Leben im Ghetto bedeutet: drangvolle Enge, Hunger, Kälte, Zwangsarbeit, Erschöpfung, Ungewissheit, ständige Todesangst. Immer wieder «Aktionen», die an den Erschießungsgruben in Paneriai enden. «Wenn man doch nur einen einzigen Tag ohne Todesangst leben könnte!» Hinzu kommt die Angst um den Vater, von dessen Verbleib die Familie nichts weiß. «Man muss schon sehr stark sein, um sich den Glauben zu bewahren.»

Im Frühjahr 1942 fängt auch Mascha an zu arbeiten. Sie schleppt Wasser in einer Gärtnerei, eine Knochenarbeit. Nach einigen Tagen fängt sie an, die Eimer zu zählen. Ein nützliches Gedächtnistraining, wie sich später zeigen wird. Abends schreibt sie auf, was sie gesehen und gehört hat, zuerst in ein Heft, später auf alle Zettel und Papierschnipsel, die ihr in die Hände fallen. Doch das Schreiben ist gefährlich. Sollte Franz Murer, der Stellvertretende Gebietskommissar, ein Ausbund von Sadismus, das Tagebuch bei einer seiner überraschenden Hausdurchsuchungen finden, würde er alle Hausbewohner auf der Stelle erschießen lassen. «Was soll ich tun?», fragt Mascha ihre Mutter. «Lern es auswendig», antwortet die Mutter, «was mit dir geschieht, das geschieht auch mit dem Tagebuch.» Mascha folgt dem Rat und fängt systematisch an, alle Texte auswendig zu lernen, legt sich schon bei der Arbeit zurecht, was sie am nächsten Tag zu Papier bringen will. So wird sie zur Chronistin des Wilnaer Ghettos, nicht ahnend, dass ein paar hundert Meter weiter Hermann Kruk, der Leiter der Ghettobibliothek, ebenfalls ein Tagebuch führt und dass in der Kailis-Pelzfabrik auch der Journalist Grigorij Schur Aufzeichnungen macht. Vergleicht man heute die Texte, so stimmen die Fakten überein.

Der Alltag in den Ghettos ist aus vielen eindrucksvollen Schilderungen bekannt. Mascha Rolnikaites Aufzeichnungen unterscheiden sich davon durch die Art der Wahrnehmung. Diese ist genau, sublim, aber auch sehr emotional. Die Fakten sind der Autorin wichtig, aber dem Leser, der manche dieser Fakten womöglich aus anderer Lektüre kennt, wird vor allem die lakonische Sprache der jungen Mascha auffallen, die erleben muss, dass das Böse kein Ende hat. Das Böse wird von Tag zu Tag böser, der Schrecken noch schrecklicher. «Lieber Gott, gibt es denn keine Rettung?» Es gibt keine ... Dennoch geht das Leben weiter, immer weiter. Eine Ahnung von der Monotonie des Grauens und der Gewöhnung daran erfasst auch den Leser, der sich plötzlich zusammen mit Mascha in dieser unverständlichen Welt wiederfindet. Mit fortschreitender Lektüre will man einfach wissen, wie sie überlebt hat, und liest und liest ...

Doch etwas war anders in dieser Stadt, die einmal das stolze «litauische Jerusalem» war. Das Wilnaer Ghetto war das einzige im besetzten Europa, in dem die Deutschen ein Kulturleben zuließen. Es gab, neben mehreren Untergrundschulen, in denen «normal», wenn auch ohne Lehrbücher, unterrichtet wurde, neben Kinderheimen, Internaten und dem Jugendclub, neben den politischen Organisationen auch eine Bibliothek und die Chöre. Wolf Durmaschkin brachte es sogar fertig, ein Symphonieorchester zu organisieren, und die Deutschen kamen zu den Konzerten ins Ghetto. Kultur als Widerstand. Auch das anfangs so umstrittene Theater war Teil des Kampfes ums Überleben und um menschliche Würde. «Gebildete Menschen können nicht leben ohne das, was einmal ihr Leben war», sagte mir Mascha Rolnikaite in einem unserer Gespräche in St. Petersburg, «obwohl sie Schwerstarbeit leisten mussten, obwohl alle Musiker und Dichter sich als Handwerker registrieren lassen mussten, haben sie doch beschlossen, die Kunst zu pflegen, um den Geist zu stärken. Das ist alles Widerstand gewesen. Wir haben nicht nur Hunger gelitten und gefroren, wir haben nicht nur Erniedrigungen erduldet, nein, die Erwachsenen haben gekämpft.»

Aber es blieb nicht beim geistigen Widerstand. Schon Neujahr 1942 tauchten im Ghetto handgeschriebene Flugblätter auf. In dem Manifest «Lassen wir uns nicht wie Schafe zur Schlachtbank führen» rief der Dichter Abba Kowner zum bewaffneten Widerstand auf, worauf sich junge Leute aller politischen Richtungen am 21. Januar 1942 zur Vereinigten Partisanen-Organisation («F. P. O.») zusammenschlossen. «Genug der Opfer! Man muss kämpfen! Die Stimmung hat sich gebessert. Die Menschen wiederholen die Worte des Aufrufs.» Die F. P. O. war die erste Widerstandsorganisation in einem europäischen Ghetto, und von Wilna aus gingen Kuriere nach Warschau und Białystok, um dort zum Kampf aufzurufen. Dem Tagebuch ist zu entnehmen, dass das ganze Ghetto von den Partisanen wusste, dass aber niemand einen von ihnen kannte.

Im Sommer 1943 häufen sich die «Aktionen», worauf immer mehr Mitglieder der F. P. O. das Ghetto verlassen, um sich den sowjetischen Partisanen in den umliegenden Wäldern anzuschließen. Am 1. September beginnt eine neue «Aktion». Sie dauert vier Tage. Die Deutschen verlangen die Auslieferung von 3000 Männern. Erstmalig wehrt sich nun die F. P. O. und ruft zum Aufstand auf. Doch die Ghettobevölkerung folgt dem Aufruf nicht, die Menschen verstecken sich. Mascha wird Augenzeugin des ungleichen Kampfes. Dem Schusswechsel, den Granaten und den Sprengungen fallen Hunderte zum Opfer, darunter erstmalig auch Deutsche. Die verlangten 3000 Männer werden von der Ghettopolizei ausgeliefert. Die «Aktion» endet mit der Abriegelung des Wilnaer Ghettos am 5. September. Niemand kommt mehr heraus, und am Bahnhof erscheint ein Schild mit der Aufschrift: «Wilna ist judenfrei.»

Nach dem missglückten Aufstand verlassen die letzten Partisanen das Ghetto durch die Kanalisation. So entkommen auch die Dichter Abraham Sutzkever, Shmerke Kaczerginski, Chaim Grade und Hirsch Glik, der im Ghetto sein berühmtes Gedicht «Sog nit kejnmol, as du gejsst dem leztn weg» («Sage niemals, dass es dein letzter Gang sei») geschrieben hatte, die Hymne der Partisanen von Wilna.

Am 23. September 1943, einem regnerischen Donnerstag, ist es so weit: Das Wilnaer Ghetto wird liquidiert. Es ist der schlimmste Tag in Maschas Leben, bis heute. Selektion. Abschied von der Mutter und den kleinen Geschwistern. «Tut es weh, wenn man erschossen wird?», fragt Rajele, kurz bevor Mascha von ihren Lieben getrennt wird. Auch auf diesen Seiten erweist sich die junge Chronistin als begabte Erzählerin.

Aber Maschas Leidensweg ist noch lange nicht zu Ende. Zusammen mit 1700 arbeitsfähigen Frauen und Mädchen wird sie überraschend nach Lettland deportiert. Die erste Station ist das berüchtigte KZ Kaiserwald nördlich von Riga. Bei der Ankunft wundert sie sich. «Alle tragen so merkwürdig gestreifte Pyjamas.» Beim ersten Appell versteht sie, dass es sich um Häftlingskleidung handelt. Die letzten Habseligkeiten müssen abgeliefert werden. Mascha reißt ihre Aufzeichnungen aus dem Koffer und versteckt sie im Ausschnitt, später in den Schuhen. In Kaiserwald geht ein großer Teil des Tagebuchs verloren. Peitschenhiebe, Schläge auf den Kopf, Kälte, Hunger: 250 Gramm Brot und ein Viertelliter «Suppe» pro Tag. Die Frauen bekommen Kleidung von bereits Ermordeten zugeteilt, die den meisten nicht passt. «Es ist grauenvoll, und ich bin allein. Wenn doch bloß Mama da wäre!» Kaiserwald ist aber nicht der Zielort. Der heißt Strasdenhof und ist ein neues Lager im Rigaer Vorort Jugla. Strasdenhof bedeutet Steineschleppen im Laufschritt und Steineklopfen in strömendem Regen. Arbeiten bis zur totalen körperlichen Erschöpfung. Schlafen in erbärmlicher Kälte. Nässe. Und wieder Prügel, wieder sadistische Quälereien und Strafen. Hungerhalluzinationen. Alsbald bittet Mascha ihre Leidensgenossen, ihr einen Bleistift zu überlassen, sollten sie einen finden. Sie will die verloren gegangenen Aufzeichnungen wiederherstellen und kommt tatsächlich in den Besitz eines Bleistifts. «Gut, dass Mama mir geraten hat, das Geschriebene auswendig zu lernen. Ich habe das meiste behalten. Den ganzen Tag wiederhole ich beim Steineklopfen alles in Gedanken. Ich ‹zeichne› auch das hiesige Leben im Lager auf, im Augenblick natürlich nur im Kopf.» Als «Papier» dienen ihr Zementsäcke, die überall herumliegen, als Versteck ihr Strohsack und die Rohre in der Toilette. Sie arbeitet jetzt in einer Weberei. «Die Zeit verging hier noch langsamer als auf dem Bau, doch das war nicht weiter schlimm – hier war es wenigstens warm.» Mascha ist nun Häftling Nr. 5007. «Wann und womit wird das enden?»

Im Sommer 1944 rückt die Front Riga immer näher. Strasdenhof wird evakuiert. Die letzte Station auf Maschas Leidensweg heißt Stutthof. Ein Vernichtungslager. Hier arbeiten die Verbrennungsöfen Tag und Nacht. «Dagegen war Strasdenhof noch einigermaßen zu ertragen.» Also der Vorhof zur Hölle. Mascha ist nun «Nr. 60821». Max, der Aufseher, ein mehrfacher Mörder, ist ein Teufel in Menschengestalt. «Die SS-Leute schätzen seine unerhörte Grausamkeit.» Eines Tages ist Max verschwunden. Mascha aber kommt zu einem geizigen alten Bauern, dem es ebenfalls Vergnügen bereitet, die Zwangsarbeiterinnen zu quälen. Die ungewohnte Landarbeit ist schwer, zumal es viel zu wenig zu essen gibt. Roggen- und Flachsernte, Kartoffel- und Rübenernte, Melken und Saubermachen. Am 11. Dezember 1944 geht es zurück ins Lager. Die Baracken sind schmutzig und ungeheizt, es gibt kein Wasser. Läuse. Die Häftlinge sterben wie die Fliegen. Eine Typhusepidemie bricht aus, und da kümmern die Deutschen sich nicht einmal mehr um ihre Ordnung. «Appelle gibt es keine mehr: Sie haben wirklich Angst, hier hereinzukommen … auch zu essen geben sie uns so gut wie nichts. Selbst die so genannte Suppe kriegen wir nur alle zwei, drei Tage.» Auch Mascha wird krank …

Das Tagebuch endet mit der Evakuierung von Stutthof im Februar 1945. Auf dem dreiwöchigen Todesmarsch durch menschenleeres Gebiet – die Deutschen sind bereits geflüchtet – verlieren wieder Unzählige ihr Leben. Die letzten Häftlinge sollen bei lebendigem Leibe in einer Scheune verbrannt werden. Bevor es dazu kommt, erreicht eine Vorhut der Roten Armee den Ort. Mascha wiegt nur noch 38 Kilo. An diesem Tag, dem 10. März 1945, beginnt für Mascha

Rolnikaite ein zweites Leben. Es ist ein gebrochenes Leben. Anders als Mira, die ältere Schwester, die einen Schlussstrich zieht, wird Mascha sich immer erinnern. Und schreiben, über den Krieg und über den Holocaust. Nur darüber. Sie kann nicht anders.

Im Juni 2000 ist in der Petersburger Literaturzeitschrift *Swesda (Der Stern)* eine Kurzfassung ihres letzten Buches *Das kam danach* erschienen, eine Fortsetzung von *Ich muss erzählen* in russischer Sprache. Thema dieser «dokumentarischen Erzählung» ist im Wesentlichen die Geschichte des Tagebuchs, das auch ein zweites Leben vor sich hatte. Ein schwieriges Leben. «Zu Recht hat die *Frankfurter Allgemeine Zeitung* meinem Beitrag vom 28. Oktober 2000 den Titel *Das erinnerte Tagebuch* gegeben. Denn mit diesem Tagebuch hat es eine besondere Bewandtnis.»

Von den ursprünglichen Aufzeichnungen konnte Mascha Rolnikaite nur einen Teil retten. Aber sie hatte sie alle im Kopf. Schon in der Quarantäne in dem Dorf in Pommern, in dem sie befreit wurde, beginnt die nun Siebzehnjährige mit der Wiederherstellung des jiddischen Textes aus dem Gedächtnis. Sie stellt jedoch nicht die Tagebucheintragungen wieder her, sondern schreibt einen fortlaufenden Prosatext. Das kommt ihr «irgendwie solider» vor. Das Kriegsende am 8./9. Mai erlebt sie in einem Filtrationslager des sowjetischen Geheimdienstes NKWD in Grodno/Weißrussland, wo alle Heimkehrer verhört werden. Sie könnten ja, da sie aus Deutschland kommen, deutsche Spione sein. Kaum wieder in Wilna, vollendet Mascha die Wiederherstellung des Tagebuchs. Sie schreibt drei dicke Hefte voll, umwindet sie mit einem schwarzen Band und legt sie beiseite. Die halb vermoderten Blätter aus dem Ghetto und den Lagern, die sie retten konnte, wirft sie nach der Abschrift weg, ein Schritt, den sie später bitter bereut. An eine Veröffentlichung denkt sie jedoch nicht, zumal anderes wichtiger ist: das Weiterleben.

Über das Leben, das die Sowjetmacht den Überlebenden des Holocaust zugemutet hat, kann der Leser sich gar nicht genug wundern. Der Massenmord an den Juden war eines der großen Tabus der sowjetischen Nachkriegsgeschichte. Ja, viele Millionen Sowjetbürger waren umgekommen, aber es gab keine besondere jüdische Tragödie. Dem mühsamen und bis heute nicht abgeschlossenen Versuch der «Vergangenheitsbewältigung» in der Bundesrepublik entsprach in der früheren Sowjetunion eine komplette «Vergangenheitsverdrängung», die erst in der Perestrojka-Periode Ende der achtziger Jahre partiell überwunden wurde und im angeblich demokratischen Russland kaum noch stattfindet.

Als Mascha Rolnikaite im Mai 1945 nach Wilna zurückkehrte, gab es bereits wieder ein bescheidenes jüdisches Leben in der Stadt. Schon am 26. Juli 1944, zwei Wochen nach der Rückeroberung Wilnas durch die Rote Armee, hatten Abraham Sutzkever und Shmerke Kaczerginski in der ehemaligen Ghettobibliothek in der Straschungass 6 (heute: Žemaitijos gatvė 4) das Jüdische Kunst- und Kulturmuseum gegründet und dort die auf wundersame Weise geretteten Reste der Kulturschätze des «litauischen Jerusalem» zusammengetragen. Doch die Hoffnung auf einen Neubeginn erfüllte sich nicht.

Eine Ahnung davon bekam auch Mascha, die überraschend schnell eine «ungewohnt leichte» Arbeit in der Kunstbehörde der Stadt gefunden hatte, beim Besuch des Schauspielers Solomon Michoels in Wilna. Michoels, der auch Direktor des Staatlichen Jüdischen Theaters in Moskau und Vorsitzender des Jüdischen Antifaschistischen Komitees war, hatte von der Existenz des Tagebuchs erfahren und bat die Autorin, ihm die drei Hefte über Nacht auszuleihen. Er las die ganze Nacht, sagte der überraschten Mascha jedoch am nächsten Morgen, dass es jetzt nicht «zweckmäßig» sei, die Aufzeichnungen zu veröffentlichen, und dass man sich nicht dem Weinen über die Vergangenheit hingeben, sondern ein neues Leben aufbauen müsse. «Und je weniger wir in unseren Wunden herumstochern, desto schneller werden wir es aufbauen.» Als Mascha im Museum davon erzählt, wird der Direktor nachdenklich. Da stimme etwas nicht, sagt er, so könne Michoels nicht denken. «Nicht nur

Michoels, kein einziger Jude kann so denken.» Etwas Unverständliches braut sich zusammen …

Unterdessen versucht Dr. Rolnikas, der in Wilna eine Filiale des Moskauer Juristischen Ferninstituts aufgebaut hatte und diese auch leitete, immer eindringlicher, Mascha zum Schulabschluss zu bewegen. Schließlich hat sie nur eine «Acht-Klassen-Bildung». Doch sie fühlt sich nicht in der Lage, «wie einst in der Schulbank zu sitzen». Sie geniert sich, hält Buchstabenwissen nach all dem Erlebten auch nicht mehr für wichtig. Erst als sie selbst merkt, dass es ihr bei der neuen Arbeit in der Philharmonie an Allgemeinbildung fehlt, gibt sie nach und meldet sich in einer Abendschule für Erwachsene an. Bald macht das Lernen ihr wieder Spaß. «Es gefiel mir, dass ich schon in der 9. Klasse war und dass diese gesetzten Tanten und Onkel oft bei mir die Hausaufgaben abschrieben.»

Am 13. Januar 1948 erschüttert eine Todesnachricht die gesamte jüdische Welt: Solomon Michoels ist in Minsk tödlich verunglückt. Kaum jemand glaubt es. Und in der Tat stellt sich später heraus, dass Michoels vom NKWD ermordet wurde. Sein Tod war der Auftakt zur Kampagne gegen die «heimatlosen Kosmopoliten», einer stalinistischen Variante der Judenverfolgung. Bald kommen immer schlimmere Nachrichten aus Moskau: Im November 1948 wird das Jüdische Antifaschistische Komitee aufgelöst, wenig später sein Präsidium, dem 19 jüdische Intellektuelle angehören, verhaftet. Das Moskauer Jüdische Theater wird geschlossen. «Und da alles, was in Moskau geschah, sich in der Provinz wiederholen musste, kann man auch hier dasselbe erwarten.»

Die Erwartung erfüllt sich: Bald wurde auch das Wilnaer Jüdische Museum, der «kleine Louvre» der letzten Litwaken, geschlossen. Seine Exponate verschwanden in anderen Museen und Archiven, die geretteten Bücher und Zeitschriften kamen in die Makulatur. «Sie nehmen das weg, was unter den Deutschen unter Einsatz des Lebens gerettet wurde.» Erst viel später wird bekannt, dass Antanas Ulpys, der Direktor der Bücherkammer, den Mut fand, die Bücher zu verstecken. Die Gassen im alten Judenviertel verloren ihre Namen. Hunderte von jüdischen Grabsteinen wurden in der ganzen Stadt verbaut. Auch das Denkmal, das die Überlebenden den Toten gleich nach Kriegsende draußen in Paneriai errichtet hatten, wurde abgerissen. An seine Stelle trat ein Obelisk, der allen dort umgebrachten Sowjetmenschen gewidmet war. Wie Mascha unter diesen Umständen – selbst ihr Vater hatte seine Arbeit verloren und war als Rechtsanwalt nach Klaipėda gegangen – als Fernstudentin ins renommierte Moskauer Gorkij-Literaturinstitut aufgenommen wurde, kann sie sich bis heute nicht erklären, zumal weder der Vater noch sie selbst Parteimitglieder waren und die antisemitische Kampagne noch anhielt. Ständig hat sie Angst, ausgeschlossen zu werden. Von ihrem Tagebuch erzählt sie niemandem, weil es lebensgefährlich ist, derlei Aufzeichnungen zu besitzen.

Am 12. August 1952 werden 18 der 19 Führungsmitglieder des Jüdischen Antifaschistischen Komitees erschossen, unter ihnen die besten jiddischsprachigen Dichter der UdSSR. Angeblich wollten sie die Krim von der UdSSR abtrennen, um dort eine Jüdische Republik zu errichten. Im Januar 1953 wird in Moskau eine «Ärzteverschwörung» entdeckt. Hochangesehene jüdische Ärzte sollen prominente Patienten ermordet haben. Worauf in Wilna das Gerücht geht, die Juden sollten in den Fernen Osten der UdSSR deportiert werden. Die Güterwaggons stehen angeblich schon bereit … Da packt Mascha heimlich wieder einen Rucksack mit dem Nötigsten. Sie legt auch die drei Hefte und Erinnerungsstücke aus dem Ghetto hinein. Und tröstet sich. «Damals mussten wir uns vor der Erschießung retten und eine Zuflucht auf Zeit finden, bis Kriegsende. Aber jetzt ist es doch anders, jetzt wird man nur deportiert.»

Stalins Tod am 2. März 1953 setzt dem üblen Treiben ein Ende. Die Kremlärzte kommen wieder frei. Die Juden atmen auf, und Mascha entschließt sich, der 1945 aus dem Gedächtnis wiederhergestellten Prosafassung ihrer Aufzeichnungen wieder Tagebuchform zu geben, setzt aber natürlich keine Daten. 1955 schließt sie ihr Studium am Gorkij-Institut ab, arbeitet jedoch weiter in der Litauischen Philharmonie. Das Leben wird leichter. 1959 heiratet sie nach Leningrad, lebt jedoch vorerst weiter in Wilna. Dort hilft sie nebenbei im Wilnaer Revolutionsmuseum aus, wo sie Ghettodokumente litauisch beschriftet. Die erneute Begegnung mit der Vergangenheit erschüttert sie so stark, dass sie beschließt, das wiederhergestellte Tagebuch ins Litauische zu übersetzen. «Vielleicht kann man mit meinen Aufzeichnungen etwas anfangen.» Während sie an der Übersetzung arbeitet, hört sie eines Abends im Radio, dass Franz Murer in Österreich erneut vor Gericht gestellt werden soll. Murer war zwar schon 1948 in Wilna zu 25 Jahren Haft verurteilt worden, jedoch aus Anlass von Nikita Chruschtschows Staatsbesuch in Wien zusammen mit 1500 österreichischen Kriegsgefangenen vorzeitig nach Hause entlassen worden. Wieder ist die Erschütterung groß, schließlich hat Mascha mit eigenen Augen gesehen, wie Murer Menschen erschoss …

Als die Übersetzung fertig ist, lässt Mascha sich von einer Bekannten überreden, das Manuskript beim Verlag für politische und wissenschaftliche Literatur in Wilna einzureichen, und wird von der Cheflektorin freundlich aufgenommen. Doch die Dame braucht ein «positives Votum» vom Institut für Parteigeschichte beim ZK der litauischen KP. Dort machen sich die Geschichtsklitterer ans Werk, und das Votum lässt auf sich warten. Mascha bekommt es wieder mit der Angst zu tun.

Inzwischen hatte Ilja Ehrenburg (*Mensch–Jahre–Leben*, 1962–1965 verlegt bei Kindler) von der Existenz des Tagebuchs aus dem Wilnaer Ghetto erfahren und versprochen, sich für seine Veröffentlichung im Ausland einzusetzen. Daraufhin macht Mascha sich an die Übersetzung des Manuskripts ins Russische. Als sie fertig ist, besucht sie Ehrenburg in Moskau. Das Treffen mit dem berühmten Autor findet am 6. März 1962 statt. Ehrenburg rät ihr, «alles zu tun», damit das Tagebuch zunächst in Litauen herauskommt. Das werde ein «gutes Sprungbrett» für eine Veröffentlichung auch im Ausland sein.

Zwei Monate später liegt das Votum des Instituts für Parteigeschichte endlich vor. Es enthält zwei Seiten «Anmerkungen». Das Buch sei nicht von der richtigen Klassenposition aus geschrieben, die Ghettopolizei und der Judenrat würden viel zu positiv beurteilt, der Lehrer Jonaitis sei wohl eine symbolische Figur, und über die sowjetischen Partisanen berichte die Autorin «ungenau». Im Buche fehle es «an echten Kämpfern, Kommunisten und Organisatoren des antifaschistischen Kampfes im Ghetto». Die Deutschen seien nicht «Deutsche», sondern «Hitlerleute», «deutsche Faschisten» oder «Faschisten» zu nennen, die Russen nicht «Russen», sondern «Rotarmisten» oder «sowjetische Soldaten». Das Buch sei ernsthaft zu überarbeiten. Die Autorin habe sich mit den Untergrundkämpfern des Ghettos, mit Kommunisten und Partisanen, zu beraten. Es sei nicht nur das zu beschreiben, woran die Autorin sich erinnere. «Denn das von der Autorin vorgelegte Manuskript ist kein Werk, das in den furchtbaren Jahren des Faschismus geschrieben wurde, wie das Tagebuch der Anne Frank. Es ist in unseren Tagen geschrieben worden, und das heißt, dass es aus zeitgenössischer Sicht, richtig und von marxistischen Positionen aus geschrieben werden muss.»

Das Gutachten war «wie ein Todesurteil». Auf dem Nachhauseweg sagt Mascha sich immer wieder: «Das kann ich nicht.» Auf keinen Fall will sie das Tagebuch umschreiben. «Weil man das, was war, nicht umbenennen darf. Was sollen hier marxistische Positionen? Es wäre nicht die Wahrheit, wenn ich über die Kommunisten schriebe, die ich damals nicht gekannt habe.» Aber je häufiger sie sich wiederholt, dass sie nichts umschreiben kann, desto «unerträglicher wird der Gedanke, dass in diesem Fall niemand erfahren wird, was damals mit uns geschehen ist».

Doch dann rät ihr ein im sowjetischen Verlagswesen erfahrener Bekannter, einige «Anmerkungen» zu berücksichtigen. Die Deutschen könnten ruhig «Hitlerleute» genannt werden, zumal sie das ja auch gewesen seien. Und die Russen «Rotarmisten» oder «Sowjetsoldaten» zu nennen sei ja wohl auch kein Problem. Henrikas Jonaitis aber könne seine Existenz durch einen Besuch im Institut beweisen.

Mascha beruhigt sich und nimmt die empfohlenen Umbenennungen vor. Doch Jakob Gens, den Ghettochef, einen «bürgerlichen Nationalisten» zu nennen, lehnt sie ab, weil sie als Kind gar nicht wusste, was das ist, ein «bürgerlicher Nationalist».

Aber dann verlangt auch noch der Lektor ideologische Eingriffe. Eigenhändig hat er ihr ins Manuskript geschrieben, dass der Judenrat «aus dem jüdischen Stadtadel geschaffen wurde, dessen Vertretern die Hitlerleute vertrauten. Niemand hat diesen Rat gewählt, das ist gar kein richtiger Rat. Er nennt sich nur ‹Rat›.» Maschas Einwand, dass nicht die «Hitlerleute» den Judenrat geschaffen hätten, sondern die Wilnaer Juden selbst ihre angesehensten Mitbürger dafür bestimmt hätten, wischt er beiseite. Auch Maschas Satz, dass Hitler mit dem hereinbrechenden Winter das gleiche Ende nehmen werde wie Napoleon, missfällt dem Lektor. Hitlers Armeen seien dank dem Heldenkampf der Sowjetarmee zerschlagen worden und nicht durch den Frost. Für die Tatsache, dass Bruno Kittel, der Liquidator des Wilnaer Ghettos, vor dem Krieg Schauspieler und Musiker gewesen sei, habe die Autorin keine Beweise angeführt. Also wurde Kittels früherer Beruf gestrichen. Damit nicht genug, hatte ein anderer Mitarbeiter sich dagegen ausgesprochen, eine ganze Seite für die Widmung «Dem Andenken an die Mutter, die Schwester und den Bruder» herzugeben. Schließlich herrsche Papiermangel! Doch dann entschied die Cheflektorin, die Widmung vor den Text zu stellen, und so blieb sie erhalten. Am 15. November 1963 ging das Tagebuch in die Herstellung. Wenig später hielt die Autorin ihr Buch in den Händen: «Mascha Rolnikaite. ICH MUSS ERZÄHLEN».

Derweil entwickelte die russische Übersetzung ein Eigenleben. Im Februar/März 1965 erschien sie, versehen mit einem Vorwort des litauischen Schriftstellers Eduardas Mieželaitis, in der Leningrader Zeitschrift *Swesda (Der Stern)*. Ilja Ehrenburg, der das Vorwort ursprünglich schreiben wollte, hatte überraschend abgesagt. Wie Mascha Rolnikaite später von Ehrenburg persönlich erfuhr, hatte das Sekretariat von Parteichef Nikita Chruschtschow ihm das Manuskript des Sechsten Buches seiner Memoiren *Menschen–Jahre–Leben* mit 134 Anmerkungen zurückgeschickt, von denen er jedoch nur sechzig berücksichtigte. Daher glaubte Ehrenburg, dass ein Vorwort aus seiner Feder Mascha Rolnikaite eher schaden würde. Immerhin schrieb er später das Vorwort zur französischen Ausgabe. Denn inzwischen hatte sich die sowjetische Presseagentur APN an den Verkauf des Manuskripts ins Ausland gemacht, und in Moskau hieß es: «Wir haben eine eigene Anne Frank!» Mascha Rolnikaite findet den Vergleich unangemessen. «Anne ist tot, und ich lebe.»

Das Tagebuch ist schließlich in 18 Sprachen und 24 Ausgaben in einer Gesamtauflage von 180 000 Exemplaren erschienen, 1967 in einer Übersetzung aus dem Russischen auch in der früheren DDR. Mascha Rolnikaite ist nun vierzig Jahre alt. Zu einer Lesereise ins Land der Täter muss sie sich zwingen. Doch sie fährt, sogar zweimal. «Nein, ich muss fahren», hat sie sich gesagt, «ich muss erzählen, was damals geschehen ist.» Und sie empfindet keinen Hass. «Man kann doch nicht nur von Gefühlen leben. Aber man darf auch nichts vergessen.»

Nach weiteren Büchern und publizistischen Arbeiten ist das Tagebuch 1990 in der «bearbeiteten» Fassung der sechziger Jahre unter dem Titel *Ich muss erzählen* zusammen mit der Erzählung *Gewöhn dich ans Licht* in einer Auflage von 50 000 Exemplaren noch einmal in Leningrad herausgekommen. Der Erfolg der ersten Auflage ließ sich nicht wiederholen, aber bis heute kommt hin und wieder ein Leserbrief. Mascha Rolnikaite hat all die Briefe in zwei Kästchen aufbewahrt. Zum Glück ist kein einziger antisemitischer Brief darunter. Auch während der mehr als 370 Lesungen hat sie keinen einzigen antisemitischen Ausfall erlebt. Nur einmal hat ein junger Zuhörer sie gefragt: «Meinen Sie nicht, dass Sie ein Don Quichotte sind?» Mascha Rolnikaite verschlägt es beinahe die Sprache. Nie hat sie an der Richtigkeit ihrer Aufklärungsarbeit gezweifelt, aber hat sie damit auch etwas erreicht? In Gedanken diskutiert sie noch lange mit dem jungen Mann, wohl wissend, dass sie die Antisemiten nicht umerziehen kann. «Aber man muss doch versuchen, wenigstens etwas zu tun. Man muss doch erzählen, wohin dieser Hass führt. Man darf ihnen nicht erlauben, andere mit diesem Hass anzustecken.»

Nach der letzten sowjetischen Volkszählung von 1989 lebten noch 12 300 Juden in Litauen, die meisten davon waren Zugereiste aus Russland und der Ukraine. Inzwischen ist ihre Zahl auf rund 4000 gesunken, aber davon sind nur noch ein paar hundert «litwakes». Mit unerhörter Kraft bemüht sich die wieder gegründete Jüdische Gemeinde Litauens, die Reste der Jiddischkeit in Litauen zu erhalten. Schon am 1. Oktober 1989 wurde in der Pylimo gatvė 4 das Jüdische Museum wieder eröffnet, das in der Pamenkalnio 12 eine permanente Holocaust-Ausstellung und in Paneriai, dem Tatort, eine Außenstelle unterhält. Schon im Mai 1990 wurde der 23. September, der Tag, an dem 1943 das Wilnaer Ghetto liquidiert wurde, zum «Tag des Genozids am jüdischen Volk» erhoben. Seither ist der 23. September in Litauen ein Staatstrauertag.

Die Universität Wilna richtete 1993 ein Judaistik-Zentrum ein. Die in der Stadt verbauten Grabsteine sind, wo es möglich war, freigelegt und für ein Denkmal zusammengetragen worden. Die alten Gassen im historischen Judenviertel haben ihre Namen in litauischer Form wiederbekommen. Laut Parlamentsbeschluss vom Herbst 1999 soll ein Teil des Wilnaer Ghettos restauriert werden. Seit dem Sommer 2001 bietet das neu gegründete Wilnaer Jiddisch-Institut Sprachkurse an. Die Teilnehmer kommen vorwiegend aus dem Ausland. Aber in den Höfen der Alma Mater Vilnensis wird wieder Jiddisch gesprochen, und das ist tröstlich für die Überlebenden.

Doch während Litauen angefangen hat, sich seiner komplizierten Geschichte zuzuwenden, während junge litauische Historiker die angebliche «Mitschuld» der Juden an der Sowjetisierung als das entlarvt haben, was sie ist, nämlich ein Mythos, während antisemitische Äußerungen oder Vorfälle in Litauen sogleich internationalen Protest hervorrufen, erlebt Russland hinter seiner demokratischen Fassade einen Rechtsruck, den der Westen gerne übersieht, obwohl viele gewarnt haben, auch die Schriftstellerin Mascha Rolnikaite und ihre Freunde. Denn die russischen Neonazis sind schon seit dem Ende der achtziger Jahre aktiv. Mittlerweile gibt es in allen großen Städten Russlands eine rechte Subkultur, die von den Ordnungskräften nicht nur nicht kontrolliert, sondern sogar gefördert wird. Die russische Miliz macht selbst Jagd auf Kaukasier und Asiaten, schikaniert nichtrussisch aussehende Landsleute durch willkürliche Überprüfungen ihrer Papiere, verprügelt sie und erpresst Geld von ihnen. Rassistisch motivierte Übergriffe werden bestenfalls als «Rowdytum» geahndet, meistens jedoch übersehen und klammheimlich gutgeheißen. Allein in der ersten Jahreshälfte 2002 wurden in Moskau einhundert Überfälle auf farbige Ausländer registriert. In der Zeitung *Neues Petersburg* erscheinen regelmäßig antisemitische Beiträge, ohne dass die Stadtverwaltung einschreitet. Es ist das alte Lied: Für die eigene Misere werden die Fremden verantwortlich gemacht.

Die vorliegende Ausgabe des Tagebuchs von Mascha Rolnikaite ist die im Auftrag des Kindler Verlags anhand der Aufzeichnungen vom Frühjahr 1945 und der Eingriffe der sowjetlitauischen Zensur in sorgfältiger Kleinarbeit wiederhergestellte Fassung des Urtexts. Der Text des wiederhergestellten Tagebuchs stimmt nach Angaben der Autorin zu neunzig Prozent mit dem Urtext überein, wobei die nichtidentischen zehn Prozent «nur einzelne Worte, Ausdrücke oder Wendungen, keineswegs aber die Fakten betreffen». Im Interesse der Lesbarkeit sind in der vorliegenden Ausgabe mit Einverständnis der Autorin geringfügige redaktionelle Kürzungen vorgenommen worden. «Ich will niemanden umerziehen», sagt Mascha Rolnikaite. «Ich hoffe einfach, dass meine Bücher von Gleichgültigen oder Unwissenden gelesen werden, die nicht darüber nachgedacht haben, was für eine Seuche das ist, der Nationalismus. Jede Art von Nationalismus. Wenn ich die Hoffnung verliere, höre ich auf zu schreiben.»

Ein früher Sonntagmorgen. Die Sonne scheint fröhlich. Wahrscheinlich ist sie stolz darauf, die ganze Stadt geweckt zu haben. Alles regt und belebt sich. Ich halte Wache an unserem Haustor (zusammen mit dem Nachbarn aus Wohnung Nr. 8). In letzter Zeit mussten alle mal Wache halten, sogar wir Schüler. Wenn es Probealarm gibt, müssen die Posten den Verkehr anhalten und die Passanten auffordern, in einen Torweg zu gehen.

Ich hatte mir den Wachdienst interessanter vorgestellt, doch da habe ich mich geirrt. Der Nachbar findet es anscheinend langweilig, sich mit mir zu unterhalten; denn er liest eine Zeitschrift. Ich habe kein Buch mitgenommen: habe in der Zeit der Prüfungen doch schon genug gelesen.

Ich beobachte die Passanten und versuche zu erraten, wohin sie eilen, was sie denken. Von Zeit zu Zeit werfe ich einen Blick auf meine Armbanduhr – bald sind meine zwei Stunden um, dann will ich zu Nijolė. Wir haben uns zum Baden verabredet.

Plötzlich heult eine Sirene auf, dann eine zweite und eine dritte. Jede in einem anderen Ton. Der Nachbar ist auf die Straße gerannt. Ich laufe ihm nach und rufe alle in den Hof zurück, doch keiner hört auf mich. Nur gut, dass sie nicht stehen bleiben, sondern weiterlaufen. Nach kurzer Zeit ist die Straße wie leer gefegt.

Müde lehne ich mich im Hof an die Wand und warte auf das

Ende des Probealarms. Ich betrachte meine «Gäste», lausche ihren Gesprächen. Sie reden von Krieg! Es stellt sich heraus, dass der Probealarm ein echter Alarm ist. Kowne[1] ist schon bombardiert worden.

Ich bitte den Nachbarn, mich gehen zu lassen, und laufe in unsere Wohnung hinauf. Alle wissen es bereits …

Es ist Krieg. Wie lebt man in Kriegszeiten? Wahrscheinlich müssen alle in ihren Häusern bleiben. Wenn das so ist, wie kann man dann noch zur Schule gehen? Gut, dass jetzt wenigstens Sommer ist. Ob es wohl oft Alarm geben wird?

Der Alarm hat lange gedauert. Es fiel uns schwer, die Schlusssirene abzuwarten.

Bald danach heulen die Sirenen wieder auf. Dumpfe Einschläge sind zu hören. Papa sagt, dass sie die Stadt schon bombardieren, diese Bomben aber vermutlich irgendwo außerhalb der Stadt einschlagen. In der Wohnung im zweiten Stock zu bleiben ist zu gefährlich. Wir müssen in den Hof hinunter.

Dort stehen schon alle Nachbarn mit ihren Kindern, einige sogar mit gepackten Koffern und Bündeln. Wohin wollen sie an einem solchen Tag? Mama meint, dass sie nirgends hinfahren. Sie haben einfach nur das Nötigste zusammengerafft, um nicht nackt und bloß dazustehen, wenn das Haus von einer Bombe getroffen wird. Doch wenn das so ist, warum haben wir dann nichts mitgenommen?

Ich habe große Angst vor Bomben. Sobald ich das Pfeifen einer Bombe höre, verschlägt es mir den Atem: Ich bilde mir dann ein, sie fällt direkt auf unser Haus.

Wir haben es bis zum Ende des Fliegeralarms kaum ausgehalten, sind dann wieder hinauf in die Wohnung zum Frühstücken. Beim Essen halte ich nur mit Mühe die Tränen zurück: Es kann sein, dass

1 Kaunas (Auf Wunsch der Autorin wurden die jiddischen Namen litauischer Städte und Orte mit Ausnahme Wilnas im Text beibehalten.) (A. d. Ü.)

dies unser letztes Frühstück ist. Selbst wenn sie uns nicht umbringen, gibt es wahrscheinlich nichts mehr zu essen; denn die Geschäfte sind geschlossen.

Und wieder heulen die Sirenen. Wieder gehen wir hinunter in den Hof. Diesmal fallen keine Bomben.

Was für ein langer Tag!

Bei Sonnenuntergang werden die deutschen Flugzeuge frecher. Unbeeindruckt von unserer Flugabwehr, kreisen sie frei über der Stadt und werfen Bomben ab. Als ich den Kopf hinausstecke und einen Blick zum Himmel wage, sehe ich Flieger, die kleine Bomben wie Nüsse aus einem Sack herunterschütten.

Plötzlich donnert es so, dass die Scheiben zerspringen. Unser Nachbar, ein Ingenieur, meint, ganz in der Nähe sei eine Bombe eingeschlagen, wahrscheinlich in der Brejte Gass …

Es ist dunkel geworden. Die Nacht hat sich auf die Erde herabgesenkt, doch niemand will sich schlafen legen.

Von Zeit zu Zeit durchstoßen Scheinwerfer das schwarze Tuch der Nacht. Sie gleiten über den Himmel, als wollten sie ihn untersuchen. Einige tasten ihn langsam ab, andere blitzen kurz auf – von links nach rechts, von rechts nach links. Papa sagt, dass sie so feindliche Flugzeuge ausmachen wollen. Ich kneife die Augen fest zusammen und blicke nicht zum Himmel. So spüre ich nichts vom Krieg. Es ist warm, es duftet von überall her, wie in einer ganz gewöhnlichen Sommernacht. Nur, dass ich normalerweise um diese Zeit längst schlafe.

Ein leises Brummen von Flugzeugmotoren. Ein langes, durchdringendes Pfeifen. Es kommt immer näher. Auf einmal wird es sehr hell und da … ein Krachen! Ein Pfeifen! Eine Erschütterung. Noch ein Pfeifen! Wieder Krachen! Noch eins! Die Flak donnert unablässig, die Bomben pfeifen, dichter Staub fällt herab. Ein Lärm, ein Getöse wie in der Hölle.

Schließlich ist es still.

Es beginnt zu dämmern. Krieg ist Krieg, aber die Sonne geht

trotzdem auf. Man sagt, hier sei es nicht sicher genug. Wir müssen in den Betonkeller hinuntersteigen, der sich im Haus gegenüber befindet.

Die Straße sollen wir einzeln überqueren. Ich bitte Mama, mit mir zu gehen. Aber sie will mit der kleinen Raja hinüberlaufen und Papa – mit Ruwele. Mira und ich seien schon groß genug, um allein zu laufen. Ich ziehe den Kopf ein und renne über die Straße.

Im Keller ist es nicht so schlimm. Das Pfeifen und die Explosionen hört man weniger laut. Aber schmutzig und staubig ist es, und die Luft ist sehr schwer. Diejenigen, die neben der Tür sitzen, gehen von Zeit zu Zeit nach oben, um die Lage zu erkunden.

Nach einigen Stunden des Wartens ist anscheinend alles ruhig.

Die Erwachsenen sind einer nach dem andern aus dem Keller gestiegen und in ihre Wohnungen gelaufen, um von dort Lebensmittel zu holen.

Auch Mama und Papa gehen nach Hause.

Nach einer Weile kommt Mama verweint zurück und sagt, dass wir hinausgehen könnten; weitere Angriffe werde es wohl nicht geben. Doch warum weint sie dann? Sie weint, weil die sowjetischen Truppen abziehen und die Deutschen drauf und dran sind, die Stadt einzunehmen. Das ist ein großes Unglück, weil sie schreckliche Tiere sind, und besonders schlecht behandeln sie Juden. Außerdem hat Papa unter der Sowjetmacht aktiv mitgearbeitet. Er ist Rechtsanwalt. Schon unter Präsident Smetona[1] ist ihm offen gedroht worden, weil er vor Gericht Kommunisten verteidigt hat und Mitglied der MOPR[2] gewesen ist. Und weil er anders denkt. Was also soll nun unter der Herrschaft der Deutschen aus ihm werden?

1 Antanas Smetona, Präsident der Republik Litauen (1926–40), kam durch einen Staatsstreich an die Macht. (A. d. Ü.)

2 Im Vorkriegslitauen war die Kommunistische Partei verboten und operierte im Untergrund. Die MOPR war eine internationale Hilfsorganisation für inhaftierte Revolutionäre. (A. d. Ü.)

Mama bringt uns zurück in unsere Wohnung. Sie hört auf zu weinen und sagt, dass die Deutschen Papa nichts antun können, denn wir würden weit wegfahren, ins Landesinnere. Dorthin kämen sie nicht. Papa werde sich der Roten Armee anschließen. Und wenn der Krieg vorbei sei, würden wir alle nach Hause zurückkehren.

Mama packt für jeden von uns schnell ein Päckchen Wäsche zusammen. Sie nimmt die Bücher aus unseren Schulmappen und steckt dafür Schuhe hinein. Für sich selbst und Papa macht sie große Bündel und befestigt daran unsere Wintermäntel.

Wir warten auf Papa. Er ist Fahrkarten kaufen gegangen.

Durch die leere Straße rollen sowjetische Panzer, Lastwagen und Artilleriefahrzeuge in Richtung auf das Ostrobrame.

Papa ist schon vor ein paar Stunden weggegangen und immer noch nicht wieder zurück. Sicher ist es schwierig, Fahrkarten zu bekommen – alle wollen weg. Ob ihm etwas zugestoßen ist? Seltsam, vor dem Krieg ist es mir nie in den Sinn gekommen, dass einem Menschen etwas zustoßen könnte, wenn er das Haus verlässt … Und jetzt, im Krieg, ist alles anders.

Immer weniger Fahrzeuge kommen vorbei. Einzelne Rotarmisten laufen von einem Haus zum nächsten, um sich den Weg freizuschießen und ihre Verfolger abzuhängen. Mama sagt, dass wir nicht länger warten dürfen. Wir müssen uns zum Bahnhof durchschlagen, zu Papa.

Jeder von uns nimmt sein Bündel, und wir gehen hinaus. Von Hoftor zu Hoftor hastend, erreichen wir nur mit Mühe den Bahnhof. Doch dort erwartet uns nichts Gutes: überall Menschen in schrecklicher Aufregung und die betrübliche Nachricht, dass der letzte Zug schon vor Stunden abgefahren ist. Man erzählt, er sei gleich hinter der Stadt von einer Bombe getroffen worden. Weitere Züge gibt es nicht.

Wir suchen alles ab, aber Papa ist nirgends zu finden. Einige warten in der Hoffnung, dass vielleicht doch noch ein Zug geht. Andere machen sich zu Fuß auf den Weg, um dann unterwegs von einem vorbeikommenden Fahrzeug mitgenommen zu werden. Mama erinnert sich, dass Papa etwas von einem Auto gesagt hat. Auch wir müssen laufen.

Zusammen mit anderen Menschen machen wir uns auf den Weg. Die Sonne brennt. Der Durst quält uns. Wir haben erst eine kurze Strecke zurückgelegt, die Stadt ist noch in Sichtweite.

Ruwele möchte anhalten, ausruhen. Mama nimmt ihm sein Bündel ab, doch das nützt nichts – er jammert weiter. Und einen fünfjährigen Jungen zu tragen ist nicht so leicht. Rajele ist nicht tapferer als er, obwohl sie zwei Jahre älter ist – sie weint. Auch mir ist sehr nach Ausruhen zumute, aber ich schweige.

Dann setzen wir uns hin. Andere, die mehr Kraft haben, überholen uns. Mama hat den Kleinen gut zugeredet weiterzugehen. Doch bald fangen sie wieder an zu betteln, wir sollen anhalten.

Wir rasten. Diesmal sind wir nicht die Einzigen: Ganz in der Nähe ruhen noch andere Familien aus.

Alle zusammen gehen wir weiter. Völlig überfüllte Autos fahren an uns vorbei. Mitnehmen können sie uns nicht; aber sie raten zur Eile – die Deutschen seien schon ganz nah. Doch wie sollen wir uns beeilen?

Was tun? Einige sind dafür weiterzugehen – lieber vor Erschöpfung und Hunger sterben als durch die Hand eines Deutschen. Andere meinen, dass die Deutschen gar nicht so bestialisch seien, wie man es ihnen nachsagt. Man brauche sich ja nicht unbedingt mit Politik zu beschäftigen. Einfach nur ruhig ausharren und auf die Befreiung warten. Zu Fuß komme man sowieso nicht bis Minsk, schon gar nicht mit kleinen Kindern.

Die Kleinen wollen nach Hause. Mira sagt, wir sollten weitergehen. Ich schweige. Die Kinder weinen. Mama kehrt um … Wir sind nicht die Einzigen, die in die Stadt zurückgehen.

Der Hausmeister erzählt, Papa sei kurz nach unserem Aufbruch wiedergekommen. Er lässt ausrichten, dass er ein Auto für uns auftreiben will.

Wir sind wieder zu Hause. Die Zimmer kommen mir fremd vor. Uns ist schwer ums Herz. Wir finden keine Ruhe, gehen im Zimmer auf und ab, stehen am Fenster. Alles ist wie ausgestorben, keine Menschenseele in der Stadt, nur Häuser und Gehwege. Nicht einmal eine Katze läuft über die Straße. Vielleicht sind wir wirklich die Einzigen hier?

Auf den Gehwegen stehen leere Autobusse. Man hat sie dort zu Beginn des ersten Fliegeralarms abgestellt. Seltsam – der erste Alarm ist erst eineinhalb Tage her, und mir kommt es vor wie eine Ewigkeit.

Totenstille. Von Zeit zu Zeit ein einzelner Schuss … Auf der Jagd nach einem Rotarmisten laufen ein paar junge Männer mit weißen Armbinden durch die Straße.[1] Einer hetzt weiter, die Übrigen halten vor dem Geschäft neben dem Kino «Kasino» an, schlagen die Scheiben ein und tragen von dort große Kisten weg. Unheimlich ist der Widerhall ihrer Schritte in der Stille.

Die Nacht ist hereingebrochen. Mama verschließt die Tür, aber wir haben Angst, uns schlafen zu legen. Uns ist auch nicht nach Schlafen zumute. Die Kleinen, Ruwele und Rajele, hat Mama angezogen auf das Sofa im Arbeitszimmer gelegt. Mira und ich stehen am Fenster und starren mit leeren Blicken auf die nachtschwarzen Häuser.

Wie wird es weitergehen? Ich glaube, ich habe mehr Angst als alle anderen. Mama ist irgendwie anders, gedankenverloren. Nur Mira ist ganz die Alte.

Mitten in der Nacht sind Motorradfahrer auf der Straße unterwegs. Die Deutschen!

Der Tag bricht an. Überall das Dröhnen der deutschen Panzer. Die schwarze Spinne, das faschistische Hakenkreuz, macht uns große Angst.

1 «Weißbändler», litauische Faschisten, die den Deutschen zur Hand gingen (A. d. Ü.)

Auf der Straße wimmelt es von Autos, Motorrädern und Soldaten in grüngrauen Uniformen, die in einer kehlig-rauen Sprache sprechen. Es ist furchtbar, zu sehen, wie die Besatzer durch unser Wilna marschieren.

Wir hätten nicht umkehren dürfen …

Und Papa ist immer noch nicht da.

Die Deutschen haben einen Befehl erlassen, die Restaurants und Cafés wieder zu öffnen, allerdings mit dem Hinweis: «Der Zutritt für Juden verboten.» Juden – das sind wir. Die Deutschen halten uns also für schlechter als andere. Man müsste hingehen, die Scheiben einschlagen und mit der blutigen Hand dieses gemeine Stück Papier zerreißen!

Doch wir wagen nicht, das Haus auch nur zu verlassen. Und es scheint nicht nur uns so zu gehen. Die Straßen sind voll von Deutschen und den jungen Kerlen mit weißen Armbinden.

Mira sagt, wir müssen in die Schule gehen und ihr Zeugnis und die übrigen Dokumente abholen; denn dort könnten sie vernichtet werden. Hingehen soll ich: Mich werde man nicht anhalten, ich sei noch zu jung. Aber ich habe Angst. Ich verstehe überhaupt nicht, wozu das nötig ist. Doch Mama unterstützt Mira. Die Dokumente würden noch gebraucht. Mira gehe schon auf die siebzehn zu; sie könne angehalten und nach ihrem Pass gefragt werden. Also muss *ich* gehen. Aus Sicherheitsgründen lässt Mama mich die Schuluniform und sogar die Uniformkappe tragen.

Ich gehe los. Am Tor schaue ich mich um. Überall Deutsche! Was ist, wenn es einem von ihnen einfällt, mich anzuhalten? … Zum Glück bemerkt mich keiner.

Mit bangem Herzen gehe ich die Straße entlang. Ich gehe langsam mit gesenktem Kopf und blicke mich nach niemandem um. Ich zähle die Schritte. In der Wolluniform ist mir sehr heiß.

Beim Überqueren der Gediminsstraße fallen mir die vielen Autos und Soldaten in grünen, braunen und schwarzen Uniformen auf. Einer von ihnen geht dicht an mir vorbei. An seinem Ärmel entdecke ich ein Band mit einem Hakenkreuz.

In der Schule herrscht Unordnung, ja Chaos. Es ist schmutzig. Auf der Treppe begegnet mir Kaukorius aus der neunten Klasse.

«Was willst *du* denn hier? Mach, dass du wegkommst!»

Ich bitte ihn, mich vorbeizulassen. Aber er reißt mir die Kappe vom Kopf.

«Hau ab! Und verpeste nicht unsere Schule!»

Ich mache kehrt und stoße mit dem Lehrer Henrikas Jonaitis zusammen. Aus Angst, auch er könnte mich beschimpfen, versuche ich schnell an ihm vorbeizukommen. Aber der Lehrer hält mich an, gibt mir die Hand und fragt, warum ich gekommen bin. Er geht mit mir ins Verwaltungsbüro, hilft mir, das Zeugnis und die Geburtsurkunde herauszusuchen. Beim Hinausgehen begleitet er mich, damit Kaukorius sich mir nicht wieder in den Weg stellt. Er verspricht, am Abend bei uns vorbeizukommen.

Und er hat Wort gehalten. Mama wundert sich: Wir kennen uns kaum, er ist nur mein Lehrer, doch er verhält sich wie ein naher Verwandter und bietet sogar seine Hilfe an.

Während er Miras Zeugnis geschrieben hat, so berichtet der Lehrer, ist ganz in der Nähe der Schule eine Bombe explodiert.

Im Vorort Schnipeschik[1] hat es einen Pogrom gegeben. Ein paar Schurken haben ein Feuer gemacht, den ortsansässigen Rabbiner und mehrere alte Männer an den Bärten herbeigezerrt, Torarollen aus den Synagogen herausgeholt und den Juden befohlen, sie ins Feuer zu werfen. Dann haben sie die Greise gezwungen, sich nackt auszuziehen, sich an den Händen zu fassen, um das Feuer herumzutanzen und dabei das sowjetische Lied «Katjuscha» zu singen.

1 Šnipiškės

Danach wurden die alten Männer mit Feuer versengt, sie wurden an den Bärten gezogen, geschlagen und gezwungen, wieder zu tanzen.

Wie ist so etwas möglich? Wie kann man Menschen so quälen?

Auch in der Nowgoroder Straße war ein großer Pogrom.

Außerdem haben die Besatzer mehrere Menschen an den Füßen aufgehängt. Jemand hat sie denunziert: Sie wollten ins Innere der Sowjetunion fliehen, sind jedoch umgekehrt, als ihnen dies nicht gelungen ist.

Was ist, wenn der Hausmeister uns auch verrät? Er hat uns doch gesehen, als wir alle von zu Hause weg sind.

In den Straßen hängt nun eine Bekanntmachung: Kommunisten und Komsomolzen müssen sich registrieren lassen. Personen, die wissen, wo sich Mitglieder der Kommunistischen Partei, des Komsomol und der MOPR aufhalten, die sich der Registrierung entziehen, haben dies unverzüglich der Gestapo zu melden.

Ich bin «Pionierin»[1]. Aber von Pionieren steht in dem Befehl nichts. Mama sagt, sie lässt mich sowieso nicht registrieren, aber das Halstuch der Pioniere müsse ich verstecken. Das Tuch eventuell mit Ruß einreiben? Auf keinen Fall! Man hat es mir doch damals so feierlich umgebunden; ich habe einen Eid geschworen, und jetzt auf einmal – Ruß! Nein! Nein! Wir beschließen, es ins Futter von Papas Anzugjacke einzunähen. Während Mama näht, spiele ich mit den jüngeren Geschwistern, damit sie nichts sehen. Sie sind noch zu klein und könnten es ausplaudern.

Papas MOPR-Abzeichen versteckt Mama auf dem Dachboden. Uns beauftragt sie, Papas Papiere durchzusehen. Dazwischen seien

1 Der Pionierorganisation in der UdSSR gehörten Kinder im Alter von 10–15 Jahren an. In den Parteijugendverband Komsomol wurde man mit achtzehn aufgenommen. (A. d. Ü.)

auch Unterlagen von Kommunisten, die er verteidigt hat. Wenn die gefunden würden, werde man uns erschießen.

Übrigens sind die einzelnen Fälle sehr unterschiedlich. Einige lesen sich wie interessante Bücher. Es ist schwer, sich davon loszureißen. Ich lege die Dokumente dennoch beiseite – werde sie ein andermal lesen.

Eine weitere Bekanntmachung hängt aus: In der Stadt hat Ruhe und Ordnung zu herrschen. Als Bürgen dafür haben sie hundert Geiseln genommen. Es heißt, dass bei der geringsten Unruhe oder bei Ungehorsam alle Geiseln erschossen werden.

Die Deutschen verhalten sich, als stellten sie sich auf einen langen Aufenthalt ein. Sie führen ihr eigenes Geld ein – die Reichsmark. Uns zu Gefallen lassen sie vorübergehend auch sowjetische Rubel gelten, allerdings wird der Kurs für einen Rubel auf nicht mehr als zehn Pfennig festgelegt. Das heißt, zehn Rubel sind nur eine Mark wert.

Es gibt eine neue Verordnung: Alle, gleich welcher Nationalität (eine Ausnahme bilden nur Deutsche und Volksdeutsche), müssen ihre Rundfunkempfänger abgeben. Auf das Verstecken von Radioapparaten und auf das Abhören sowjetischer oder ausländischer Sender steht die Todesstrafe!

Mama und Mira haben den Radioapparat in ein Tischtuch gewickelt und weggebracht.

Auf das Radiotischchen lege ich mein Poesiealbum, das Tagebuch, ein Tintenfass und einen Bleistift. Jetzt habe ich, wie die Erwachsenen, einen eigenen Schreibtisch.

Schon seit einigen Tagen gehen die Deutschen von Haus zu Haus und kontrollieren, ob ihrem Befehl Folge geleistet wird. Gestern waren sie auch bei uns. Da sie keinen Radioapparat finden konnten, haben sie Papas Schreibmaschine und das Telefon mitgenommen; bei den Nachbarn haben sie ebenfalls Telefone, Fahrräder und Schreibmaschinen beschlagnahmt.

Heute war die Gaubenė bei uns. Sie hat erzählt, dass die Dichterin Salomėja Nėris[1] zu den Russen geflohen ist. Sie hätte ein ruhiges Leben führen können, wenn sie nur Gedichte geschrieben und sich nicht in die Politik eingemischt hätte. Ach, wie habe sie, die Gaubenė, damals auf Salomėja Nėris eingeredet, sich nicht für die Aufnahme Litauens in die Sowjetunion auszusprechen und nicht mit der Delegation nach Moskau zu fahren.[2]

Ich habe immer gedacht, die Gaubenė sei etwas Besonderes, weil sie mit einer Dichterin wie Salomėja Nėris bekannt ist. Jetzt wird mir klar, dass ich mich gründlich geirrt habe. Die Gaubenė freundet sich offenbar gern mit Berühmtheiten an. Mit wie viel Stolz sie erzählt, dass ein deutscher Offizier bei ihr wohnt! Um echten Bohnenkaffee hätte er sie gebeten. In Deutschland sei so ein Kaffee schon lange nicht mehr zu haben. Er würde auch gern einen Band mit Gedichten von Heine kaufen. Heine sei in Deutschland verboten (man weiß ja jetzt, dass Heine auch Jude ist), aber er halte Heine für den besten Dichter. Die Gaubenė meint deshalb, dass ihr Nachbar unbedingt eine Gedichtsammlung von Heine bekommen muss.

Mama hat ihr sowohl den Kaffee als auch den Heine-Band mitgegeben. Die Gaubenė hat versprochen, ihr dafür Geld zu bringen.

Die Deutschen streifen schon wieder durch die jüdischen Häuser. Manchmal kommen sie allein, manchmal zwingen sie auch den Hausmeister mitzukommen, damit der Schein gewahrt bleibt. Sie registrieren jedes einzelne Möbelstück und geben strenge Anweisung, dass alles an Ort und Stelle zu bleiben hat. Die Möbel dürfen weder entfernt noch verkauft werden. Wenn auch nur ein Stuhl abhanden kommt, wollen sie die ganze Familie erschießen.

1 Salomėja Bacinskaitė alias Salomėja Nėris (1904–45) gilt als bekannteste Dichterin Litauens. (A. d. Ü.)

2 Die «Aufnahme» erfolgte am 3. August 1940. (A. d. Ü.)

Besonders schöne Möbel nehmen sie gleich mit, ohne sie erst aufzuschreiben. Diese Banditen!

Es sind noch keine zwei Wochen vergangen, seit die Besatzer in der Stadt sind. Aber wie hat sich alles verändert!

In der Stadt hängen wieder neue Anordnungen aus: Alle Juden – Erwachsene und Kinder – müssen ein besonderes Kennzeichen tragen: ein weißes Stück Stoff von zehn Zentimetern Länge, darauf ein gelber Ring von einem Zentimeter Breite, im Kreis der gelbe Buchstabe «J». (Das bedeutet «Jude».) Dieses Zeichen muss auf die Oberbekleidung genäht werden, eines vorne und eines hinten auf den Rücken.

Die Deutschen betrachten uns überhaupt nicht als Menschen, sie markieren uns wie Schafe. Damit dürfen wir uns auf keinen Fall abfinden! Traut sich denn niemand, Widerstand zu leisten?

Mama bittet darum, weniger zu reden und ihr beim Aufnähen der Stoffmarkierungen zu helfen. Sie zerschneidet das gelbe Futter einer alten Decke, und wir machen uns daran, unsere eigenen Schandflecken zu nähen. Einige Nachbarinnen, die selber keinen gelben Stoff haben, kommen zu uns.

Die Arbeit ist sehr mühselig: Hier ist der Fleck zu breit, da zu schief. Keine sagt etwas, alle stöhnen nur.

Beim Hinausgehen meint eine Nachbarin, wir sollten die Zeichen mit Stolz tragen. Na fein, da haben wir endlich etwas, womit wir herumstolzieren können … Ich werde damit jedenfalls nicht auf die Straße gehen – ich schäme mich, einem Lehrer oder gar einer Freundin so zu begegnen.

Es gibt noch eine Verordnung: Alle Juden sind verpflichtet, ihr Geld, ihren Schmuck und alle Wertsachen aus Gold abzugeben. Man darf nur 30 Reichsmark, das heißt 300 Rubel, für sich behalten.

Blutsauger!

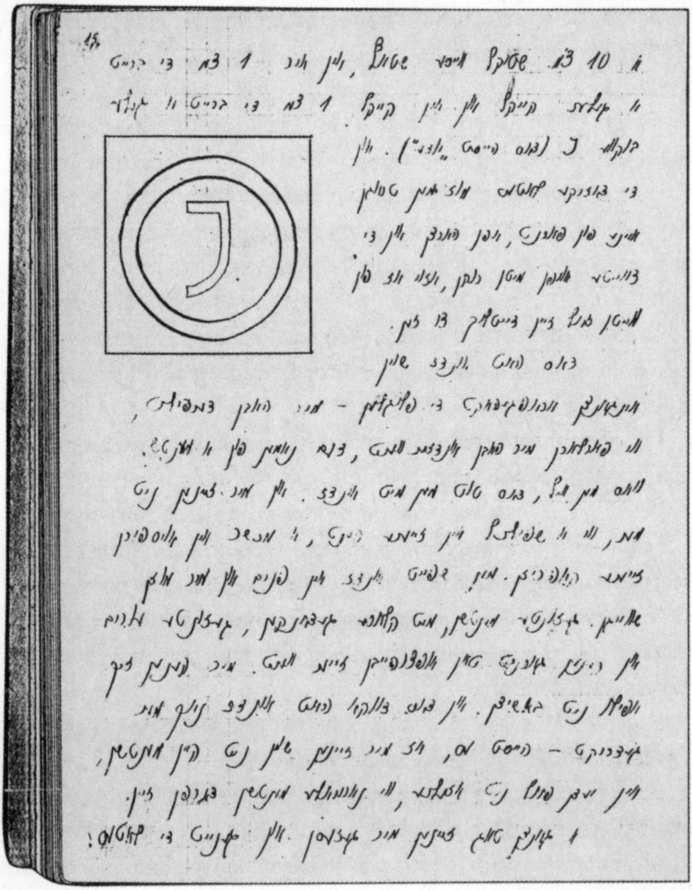

Aus den Tagebuchheften, die Mascha Rolnikaite im April und Mai 1945 niedergeschrieben hat

קאָוון. [illegible] אויגוסט 1941.

איז דאָ דערשינט אַ נייער באַפעל: – [illegible] [illegible]
לאַטעס. דאָס צייכן מגן-דוד, נאָר ניט אויפן אַרבל, אָבער פון
פאָרנט אויפן האַרצן און אויפן רוקן. פאַרוואָס איז דאָס אַזוי? ווייל
[illegible] די [illegible] אונטערשייד וואו און וואָס [illegible] לאַטעס מיר וועלן
טראָגן? ווער די לאַטעס. [illegible] [illegible] די [illegible] סאָציאַליסטישע [illegible]
און כדי ניט צו זען אויפן פאָרנט, [illegible] מען אין [illegible],

[illegible] [illegible], און [illegible] [illegible] [illegible].
... [illegible], דאָס [illegible] סעפּטעמבער.
דאָס האָבן מיר אין מיטן טאָג דאָס-
[illegible] אַ [illegible]. די [illegible] האָבן זיך
געטראָגן פון [illegible] ניט ווייט, [illegible]
[illegible] [illegible]. דאָס [illegible], וועלן מיר
האָבן [illegible] [illegible] [illegible] האָט זיך ניט געלאָזט [illegible].
די [illegible] [illegible] [illegible] דײַטשן האָבן [illegible] [illegible] [illegible]?
פון „דײַטשער" און „[illegible]" [illegible] אַ ייִדישן [illegible] און
[illegible] [illegible] געטראָגן דעם [illegible]. מען האָט [illegible] [illegible]-
[illegible] [illegible] פּנים. דאָס וואָרט און [illegible] [illegible]. [illegible] [illegible] [illegible]
[illegible] [illegible] אַ עולם. [illegible] [illegible] דײַטש מיט אַ [illegible] [illegible]

Dabei sind gelbe Markierungen und konfisziertes Geld noch das geringste Übel. Sie ermorden Unschuldige! Bewaffnete Patrouillen greifen auf offener Straße jüdische Männer auf und treiben sie in das Lukischki-Gefängnis![1]

Die Männer haben jetzt Angst, auf die Straße zu gehen. Aber das rettet sie nicht: Diese Verbrecher dringen nachts in die Häuser ein und nehmen sogar kleine Jungen mit.

Anfangs haben alle geglaubt, die Gefangenen kämen nach Ponar[2] in ein Arbeitslager. Doch jetzt wissen wir schon, dass es in Ponar überhaupt kein solches Lager gibt. Dort werden die Menschen erschossen! Die Leichen wirft man in zementierte Gruben.

Ist das möglich? Das ist furchtbar!!! Warum, warum nur bringt man sie um?!

Die «Chappers», die Fänger – so nennt man sie –, üben weiter ihr grausames Handwerk aus. In jeder Wohnung wurde inzwischen eine Maline[3] eingerichtet, wo sich die Männer Tag und Nacht verstecken.

Vielleicht ist es gar nicht schlecht, dass Papa nicht da ist. Ob er *dort* ist? … Er kämpft an der Front und wird uns befreien. Jedes Mal, wenn der Lehrer Jonaitis die Meldungen des Moskauer Rundfunks überbringt (er hat seinen Radioapparat nicht abgegeben, sondern im Holzschuppen versteckt), ist mir, als ob er auch etwas über Papa erzählt. Mama hat gerade deshalb große Angst. Sie möchte natürlich etwas über Papa erfahren, aber nicht aus dem Rundfunk; denn dann würde man uns als Angehörige eines Rotarmisten erschießen.

1 Lukiškės

2 Paneriai, Ort südwestlich von Wilna (A. d. Ü.)

3 In der Gaunersprache ursprünglich Versteck für Verbrecher und Diebesgut; in den Ghettos des Zweiten Weltkrieges Versteck vor den «Judenfängern» (A. d. Ü.)

Vielleicht erschießt man uns auch nicht. Die Familien der sowjetischen Offiziere[1] leben jedenfalls noch. Man hat sie in zwei Gebäude in der Subotschgass gepfercht und hält sie dort fest. Aber wer weiß, was weiter mit ihnen geschieht? Das Vorgehen der Deutschen ist vollkommen unverständlich: Nirgends auf der Welt bringt man Kriegsgefangene um, und in Ponar haben sie viertausend erschossen.

Erschossen ... Man hat die Menschen an den Rand der Gruben getrieben, Gewehre auf sie gerichtet, deren kleine Kugeln sich ins Herz bohren. Nein, nicht jeder wird gleich ins Herz oder in den Kopf getroffen und tot zusammenbrechen; viele werden nur verwundet und sterben dann einen qualvollen Tod. Viertausend haben sie gewaltsam umgebracht, so viele junge Menschen vernichtet. Und das alles verbirgt sich hinter dem Wort «erschossen»! Ich habe mir noch nie den Sinn dieses Wortes klar gemacht. «Faschismus», «Krieg», «Okkupation» waren bis heute für mich leere Begriffe.

Wahrscheinlich haben viele Menschen in anderen Städten und Ländern, wo es weder Krieg noch Faschismus gibt, ebenfalls keine Vorstellung von der wahren Bedeutung dieser Wörter. Darum muss alles, was hier geschieht, im Tagebuch festgehalten werden. Wenn ich am Leben bleibe, werde ich es selber erzählen, wenn nicht – werden andere es lesen. Aber erfahren sollen sie es! Unbedingt!

Wieder etwas Neues: Juden müssen jetzt eine andere Markierung tragen: kein Stoffquadrat mehr, sondern eine weiße Armbinde mit einem gelben Davidstern von etwa einem halben Zentimeter Breite. Das Band ist am linken Arm zu tragen.

Diesmal hat das Nähen der Kennzeichen nicht mehr so wehgetan. An derartiges Leid haben wir uns schon gewöhnt; denn es gibt Schlimmeres. Wie groß die Sorgen auch sind, essen muss man trotz-

1 Gemeint sind Familien, die nicht mehr rechtzeitig mit der Roten Armee flüchten konnten. (A. d. Ü.)

dem. Mira und ich sprechen darüber nur untereinander, damit Mama keinen zusätzlichen Kummer hat, aber die Kleinen jammern unaufhörlich. Mama hält das kaum aus. Wenn sie Brot an uns verteilt, seufzt sie oft. Für sich selber behält sie natürlich das kleinste Stück. Mit den Brotkarten bekommen wir nämlich nur sehr wenig Brot – und das auch nur in einigen, speziell für Juden vorgesehenen kleinen Geschäften. Die Warteschlangen sind schrecklich. Manchmal muss man einen ganzen Tag lang anstehen und kommt doch mit leeren Händen nach Hause. Wir essen das, was Mama bei den Bauern vom Land eintauscht. Ich würde so gerne wieder einmal Milch trinken.

Vor einigen Tagen hat der Lehrer Jonaitis ein Stück Schweinespeck gebracht. Er war sehr verlegen und hat uns lang und breit erklärt, dass er den Speck auf Brotkarten bekommen hat, ihn aber selbst nicht braucht. Er sagt, ein erwachsener Mensch kann auch ohne Fett auskommen, für Heranwachsende dagegen sei es lebensnotwendig. Mama war ganz gerührt, und ich habe mich geschämt, dass man uns Almosen bringt. Der Lehrer ließ aber nicht locker, und so haben wir Kinder zum ersten Mal seit langer Zeit wieder ein leckeres Abendbrot bekommen.

Nur leider wurde die gute Stimmung durch eine traurige Nachricht getrübt: In der Schule ist jetzt eine Verordnung angeschlagen, nach der Mitglieder des Komsomol und Juden aus der Schule ausgeschlossen sind.

Ich bin also keine Schülerin mehr … Was werde ich dann bloß im Winter tun? Werde ich ganz ohne Bildung bleiben?

Mira und ich haben schon vor einiger Zeit verabredet, dass abwechselnd immer eine von uns auf dem Balkon schläft, der auf den Hof hinausgeht. Unsere Wohnung, besonders das Schlafzimmer, liegt nämlich sehr weit ab vom Haustor, und wir hören nie, wenn die «nächtlichen Besucher» klopfen. Wir wachen immer erst auf, wenn sie schon im Hof sind. Auf dem Balkon dagegen kann man alles rechtzeitig hören.

Ich bin als Erste an der Reihe, die Nacht unter freiem Himmel zu verbringen. Eine wunderbare Nacht. Der Himmel ist mit kleinen funkelnden Sternen übersät. Jetzt will ich immer hier schlafen: Welch ein Genuss! Ich werde versuchen, das alles in meinen Gedichten festzuhalten. Nijolė und Birutė gefallen meine Gedichte, aber sie verstehen davon auch nicht mehr als ich. Ljuda lobt sie auch, aber was dichtet sie selber!

Und wenn ich doch einmal versuche, diese Nacht zu beschreiben?

Es winken mir die Sterne, die kleinen,
Sie sind, wie ich, auf der Wacht.
Aber sehen sie unser Leid, unser Weinen,
Den Schrecken, der kommt jede Nacht?

Es taugt nichts. Zu oberflächlich und phantasielos. Morgen setze ich mich hin und überlege genau, was ich verbessern kann, damit es ein richtig gutes Gedicht wird. Der Atem, der Duft dieser Nacht muss darin zu spüren sein. Schöner wäre es natürlich ohne den Krieg. Eignen sich Gedichte überhaupt dazu, das Grauen auszudrücken? Wie viel besser ist es doch, über den Frühling oder einen fröhlichen kleinen Bach zu schreiben …

Es klopft! Es ist unser Tor!!

Ich laufe ins Schlafzimmer und wecke Mama. Mira und ich helfen, die Kleinen anzuziehen. Ruwele will weinen, hört aber sofort wieder auf: Er versteht schon von allein, dass Weinen jetzt nicht angebracht ist.

Da hämmern sie auch schon an unserer Wohnungstür. Mama geht öffnen. Wir folgen ihr.

Eine Horde angetrunkener SS-Leute dringt in unsere Wohnung ein. Sie gehen durch alle Zimmer. Einer bleibt, um uns zu bewachen. Er befiehlt uns, keine Bewegung zu machen, sonst schießt er.

Sie durchsuchen die Schränke, leeren die Schubladen aus, wollen wissen, wo Papa ist. Mama antwortet, dass man ihn schon in den ersten Tagen abgeholt hat, gleich nach den Geiseln. «Du lügst!», herrscht der Schlimmste von allen sie an, wahrscheinlich der Vorgesetzte. «Bestimmt ist er mit den Bolschewiken getürmt! Ihr seid doch alle Bolschewiken! Euch werden wir bald erledigen!»

Sie suchen weiter, stöbern, werfen alles durcheinander. Mama zittert und bittet uns leise, darauf zu achten, dass sie uns keine Waffen oder Flugblätter unterschieben. Denn dann tun sie so, als hätten sie die bei uns gefunden, und erschießen uns. Nur, wie können wir aufpassen, wenn wir uns nicht bewegen dürfen?

Sie haben nichts gefunden, dafür aber noch einmal gedroht, dass sie uns bald erledigen. Dann ziehen sie ab.

Wir legen uns nicht mehr hin. Mama gehen die Worte des Deutschen nicht mehr aus dem Kopf, dass Papa bestimmt mit den Bolschewiken getürmt sei. Vielleicht weiß er etwas? Vielleicht ist Papa wirklich dort – und lebt, kämpft gegen den Feind!

Auf dem Balkon werde ich wohl nie wieder schlafen. Und von dem «Gedicht» mit den Sternen werde ich keinem ein Sterbenswörtchen erzählen …

Die Mitglieder des Judenrats sind ins «Gebietskommissariat» bestellt worden. (Der Judenrat wurde erst kürzlich gebildet. Ihm gehören angesehene Persönlichkeiten der Stadt an.) Man hat sie zusammengerufen, um ihnen mitzuteilen, dass den Juden von Wilna eine Abgabe von fünf Millionen Rubel auferlegt worden ist. Diese Summe ist am folgenden Morgen bis 9 Uhr abzuliefern. Andernfalls werde man schon um halb zehn beginnen, alle Juden der Stadt zu töten. Die fünf Millionen könnten in bar, aber auch in Gold, Silber oder kostbaren Schmuckstücken und Edelsteinen aufgebracht werden.

Mama hat alles Geld bis auf den letzten Groschen zusammengesucht, hat die Ringe und eine Kette genommen und ist fortgegangen.

Ich stehe am Fenster, sehe hinaus und weine: Der Gedanke, dass ich morgen sterben muss, ist furchtbar. Bis vor kurzem bin ich doch noch in die Schule gegangen, bin durch die Schulflure gelaufen, habe an der Tafel gestanden, und plötzlich heißt es – stirb! Und wenn ich nicht will? Ich habe doch noch gar nicht richtig gelebt! Und von niemandem Abschied genommen. Nicht einmal von Papa. Das letzte Mal habe ich ihn gesehen, als er aus dem Keller gekrochen ist. Jetzt sehe ich ihn nie wieder. Ich werde überhaupt nichts mehr sehen, hören, fühlen und wollen. Ich werde nicht mehr ich sein. Alles um mich herum bleibt so wie bisher – die Felder werden blühen, in den Wäldern singen die Vögel, in den Städten brodelt das Leben, und in der Schule geht der Unterricht weiter. Ich aber werde nicht mehr da sein – weder zu Hause noch auf der Straße, noch in der Schule … Sucht mich nicht – ihr werdet mich nirgends finden … Wird überhaupt jemand nach mir suchen? Man wird mich vergessen. Für meine Angehörigen bin ich eine «Persönlichkeit», doch unter Tausenden von Menschen nur ein Sandkorn, eines unter vielen. Mich, meine Wünsche und Träume wird vielleicht einmal jemand mit dem Wort «war» erwähnen: Sie war einmal und ist an einem schönen Sommertag umgekommen, als die Juden den geforderten Tribut für die Besatzer nicht aufbringen konnten. Und vielleicht wird man diese Zeit auch vergessen. Die Lebenden reden ja nicht gerne von den Toten. Werde ich wirklich unter den Toten sein? Ich will nicht sterben! Ich habe Angst!

Jemand ist im Flur … Der Lehrer Jonaitis. Ich habe ihn gar nicht kommen hören. Er stellt sich neben mich, legt mir die Hand auf die Schulter und schweigt. Aber ich kann mich nicht beruhigen: Warum muss ich sterben? Warum wollen die mich erschießen?

Mama ist gekommen, um uns mitzuteilen, dass sie im Hof des Judenrats warten will, bis das ganze gesammelte Geld gezählt ist. Dort warten sehr viele Menschen.

Jonaitis hat seine Brieftasche geleert und bittet Mama, auch sein Geld hinzutragen. Mama will es nicht nehmen: 400 Rubel – das sei bestimmt sein ganzes Gehalt. Er wehrt ab: Er komme schon irgendwie zurecht, und dieses Geld könne vielleicht ein Menschenleben retten.

Mama ist fortgegangen und bald wieder zurückgekommen. Alle sind auseinander gelaufen, ohne dass etwas zu erfahren war: Man ist mit dem Zählen bis acht Uhr abends nicht fertig geworden. Und nach acht ist für uns Ausgangssperre. (Übrigens, auch darin bilden wir Juden eine Ausnahme – Nichtjuden dürfen bis zehn auf der Straße sein.) Die Mitglieder des Judenrats werden die ganze Nacht zählen. Aber es scheint, als wenn die fünf Millionen nicht zusammengekommen sind …

Das bedeutet – unsere letzte Nacht ist angebrochen. Jonaitis übernachtet bei uns. Mama hat ihm im Arbeitszimmer ein Nachtlager hergerichtet, während wir, wie immer, alle zusammen im Schlafzimmer schlafen.

Die Kleinen sind eingeschlafen. Wie gut, dass sie von alledem nichts begreifen. Die Nacht dauert endlos lange. Soll sie sich ruhig hinziehen. Wenn die Zeit stehen bliebe, gäbe es kein Morgen, und wir müssten nicht sterben.

Aber die Sonne ist dennoch aufgegangen …

Mama ist sofort zum Judenrat gelaufen. Sie erfährt, dass sie nicht mehr als dreieinhalb Millionen zusammenbekommen haben. Die sind eben gebündelt ins Gebietskommissariat gebracht worden.

Werden sie die Frist verlängern oder nicht? Vielleicht wussten gestern noch nicht alle davon und bringen erst heute etwas?

Mama hat jedem von uns sein Päckchen Wäsche gegeben. Wir warten. Auf der Treppe sind Schritte zu hören. Der Ingenieur Fried kommt zurück. (Er wohnt in der Nachbarwohnung und ist Mitglied des Judenrats.) Mama geht zu ihm hinüber. Freudestrahlend kommt sie wieder: Die Deutschen haben die Abgabe angenommen, sogar ohne nachzuzählen.

Wir werden also am Leben bleiben!

Alle verstecken ihre Sachen bei litauischen und polnischen Bekannten: Die Deutschen könnten sie sonst wie zuvor die Möbel auch registrieren lassen. Dann bliebe nichts mehr zum Leben. Mama hat fast alle von Papas Büchern, einen Mantel, einen Anzug, Schuhe und zwei neue Seidendecken zu Lehrer Jonaitis geschafft. Sie hat Angst, ihm noch mehr zu bringen: Der Lehrer ist Junggeselle, und es könnte Verdacht erwecken, wenn man bei ihm Frauen- oder Kinderkleidung fände. Zwischen die Bücher habe ich das erste Heft meines Tagebuchs gesteckt. Das Hausmädchen hat einen Korb mit Wäsche zu sich nach Hause genommen. Die anderen Sachen bringt Mama in den Keller des Hausmeisters.

Die Menschen suchen Arbeit; denn es heißt, wer Arbeit hat, bekommt einen Arbeitsausweis mit dem deutschen Adler und wird von den «Judenfängern» nicht behelligt.

Viele arbeiten inzwischen im Straßenbau, am Flughafen und an anderen Stellen. Aber die Zusagen der Deutschen sind überhaupt nichts wert. Die Mörder zerreißen die Scheine beim Vorweisen und führen die Leute trotzdem ab.

Welche Willkür! Aber man kann sich bei niemandem beschweren, und widersetzen darf man sich auch nicht. Eine Frau wollte nicht zulassen, dass man ihren Mann abführt. Da hat man sie an Ort und Stelle erschossen, vor seinen Augen.

Heute ist der 21. Juli, fast ein Monat ist seit Kriegsbeginn vergangen, und ich habe Geburtstag. Ich bin vierzehn Jahre alt geworden. Als Mama mir gratuliert und ein langes Leben gewünscht hat, ist sie in Tränen ausgebrochen. Wie oft habe ich diesen einfachen Glückwunsch gehört und mir nichts dabei gedacht: Dabei ist er so bedeutungsvoll …

Weil heute mein Geburtstag ist, lässt Mama mich das hellblaue Seidenkleid anziehen. Dieses Kleid ist noch ohne aufgenähte Judensterne. Wie hübsch ich darin aussehe! Nur schade, dass meine Haare zu lang sind!

Da kommt mir ein glänzender Gedanke.

Mama sage ich, dass ich zur Nachbarin, zu Tante Bertha, hinübergehe, um ihr das Kleid zu zeigen. Still und heimlich tue ich einen schnellen Griff in den Schrank (dort liegt unter der Wäsche noch das Geld, das die Gaubenė gebracht hat) und verschwinde. Als ahnte sie nichts Gutes, ruft mir Mutter noch hinterher, ich solle mich ja nicht ohne Judenstern auf die Straße wagen.

Aber genau das habe ich vor. Ich springe die Stufen hinunter, laufe durchs Tor hinaus und gehe mutig die Brejte Gass entlang, ohne mich umzublicken. Dann betrete ich einen Frisörladen. Erst jetzt kriege ich einen großen Schreck: Was habe ich mir bloß dabei gedacht?!

Man bittet mich, Platz zu nehmen: Ich möchte ruhig wirken und den Frisör nicht anschauen. Doch er lächelt mir im Spiegel zu, während er mir einen Frisierumhang umbindet. Er hat mich erkannt! Mit aufgerissenen Augen starre ich ihn an. Dann senke ich den Kopf, damit man mein Gesicht nicht sieht. Das Herz schlägt mir bis zum Hals, während sich der Frisör, wie zum Trotz, viel Zeit lässt. Ob ich einfach weglaufe? Nein, so etwas tut man nicht. Wenn bloß kein Deutscher hereinkommt!

Gott sei Dank nicht! Ich bezahle und renne hinaus.

Jetzt bin ich völlig ruhig und frage mich, warum ich beim Frisör so gezittert habe. Keiner nimmt Notiz von mir.

Von meiner Mutter habe ich dann allerdings was zu hören bekommen. Ich musste ihr versprechen, so etwas nie wieder zu machen.

Mittlerweile hat Mama an alle Kleider Judensterne genäht.

Überall auf den Straßen liest man Verordnungen, dass Juden die Gehsteige nicht mehr benutzen dürfen. Wir sollen auf der Fahrbahn gehen, neben dem rechten Bürgersteig. Verkehrsmittel wie Autos, Autobusse usw. sind uns verboten. Selbst Fuhrleute sind verpflichtet, an ihren Kutschen ein Schild anzubringen, dass sie keine Juden befördern.

Zu allem Übel müssen wir nun wieder andere Kennzeichen tragen. Der gleiche Davidstern, aber auf einem Viereck aus weißem

Stoff – und nicht auf dem Ärmel, sondern vorne und hinten aufgenäht.

Man könnte meinen, dass da irgendein Deutscher nicht an die Front will und deshalb immer neue Verordnungen schreibt, um zu beweisen, wie tüchtig und unersetzlich er ist.

Die Gestapo hat die Mitglieder des Judenrats erneut zusammenrufen lassen. Was mögen sie sich diesmal ausgedacht haben? Wieder eine Abgabe?

Mit Bangen warten wir auf den Nachbarn.

Er kommt erst gegen Abend zurück.

Es stellt sich heraus, dass man ihn und noch ein Mitglied des Judenrats weggeschickt und die Übrigen ins Gefängnis geworfen hat. Warum? Wozu? Was wirft man jenen vor, und für welche guten Taten lässt man die beiden anderen gehen?

Ein heißer Augustsonntag.

Mitten am Tag hören wir Lärm.

Wir stürzen ans Fenster. Eine Horde betrunkener Deutscher schlägt auf einen jungen Juden ein. Sie treiben ihn zum Rathaus, stellen ihn mit dem Gesicht an die Wand und misshandeln ihn. Der Arme denkt wahrscheinlich, dass man ihn erschießt; denn er zuckt so merkwürdig.

Es bildet sich eine Menschenmenge. Ein deutscher Offizier mit hochrotem Kopf, hervortretenden Augen und schief sitzender Mütze erklärt, der «verfluchte Jude» habe eben in der Gediminsstraße auf einen Soldaten der Wehrmacht geschossen. Dafür müssten alle Juden büßen. Ein Soldat des Großdeutschen Reiches sei mehr wert als Tausende solcher Typen wie der hier. Er fordert alle auf, diesen Verbrecher zu schlagen und damit einen Beitrag zur Vernichtung der Feinde des deutschen Volkes zu leisten.

Einige grinsen zufrieden, andere gehen weiter und zeigen offen ihre Wut.

Die Deutschen halten ein vorbeifahrendes Auto an, werfen ihr blutüberströmtes Opfer hinein und fahren davon.

Wie vom Donner gerührt stehen wir starr vor Entsetzen am Fenster. Der Deutsche hat gesagt: «Dafür müssen alle Juden büßen.»

Alle ... Jetzt gibt es kein Entrinnen mehr.

Nacht.

Ein Schuss zerreißt die Stille. Jemand schreit auf. Schritte. Rufe: «Halt!»

Wir wecken die Kleinen. Jeder Herzschlag tut mir seltsam weh. Vor Aufregung zittere ich wie im Fieber. Wieder ein Schuss. Jemand schreit. Hastige Schritte von vielen, sehr vielen Menschen. Die Schritte entfernen sich.

Wir öffnen die Lüftungsklappe. Es ist nichts zu sehen. Eine kühle, sternklare Nacht. Stille. Irgendwo pfeift eine Lokomotive. Dann wieder Totenstille ... Als wäre nichts geschehen.

Mama legt die Kleinen schlafen. Wir setzen uns ...

Auf einmal zerschneiden gellende Schreie die Stille. Es geht wieder los. Die Schreie sind jetzt ganz nah, aber Mama lässt uns nicht ans Fenster – man könnte uns sehen. Doch die schreckliche Ungewissheit ist stärker. Ich verstecke mich hinterm Vorhang und spähe hinaus. Unten auf der Straße lassen die Mörder Menschen antreten, die sie von der Jatkewer Gass hierher getrieben haben.

Weinende Frauen mit halb nackten, in Decken gewickelten Kleinkindern ... Männer, gebeugt unter der Last von Koffern und Bündeln ... Kinder, die sich an die Kleidung der Erwachsenen klammern ... Sie werden gestoßen, geschlagen, gescheucht. Der Schein einer Taschenlampe beleuchtet angsterfüllte Gesichter. Als das Licht verlischt, bewegen sich nur noch Silhouetten.

An unser Tor klopfen sie nicht, obwohl es einen Moment lang so schien, als bewegten sie sich schon die Treppe hinauf.

Sie haben die Menschenmenge fortgetrieben ... Es ist wieder still.

Der Morgen graut.

Am Vormittag erfahren wir, dass man in dieser Nacht alle Bewohner der Jatkewer, Oschmener, Dissner, Schawler, Straschun- und einiger anderer Gassen aus ihren Häusern gejagt hat.

Die Leute sagen, dass auch Litauer und Polen diese Straßen räumen müssen, weil dort unser Ghetto errichtet wird.

Was bedeutet Ghetto? Wie lebt man in einem Ghetto?

Am Freitagabend wimmelt es in der Stadt nur so von Patrouillen.

Die Deutschen haben sich wieder etwas Neues einfallen lassen … Und ausgerechnet heute ist der Lehrer Jonaitis nicht gekommen. Mama hätte ihn sonst gebeten, bei uns zu übernachten.

Ich schlage vor, ihn zu holen. Aber Mama erinnert daran, dass es schon acht ist. Na und, dann gehe ich eben ohne die Stoffmarkierungen. Mama will davon nichts wissen. Doch es gibt keinen anderen Ausweg. Ich gehe also.

Wer vermutet schon um diese Zeit eine Jüdin ohne Kennzeichen auf dem Bürgersteig?

Da ist die Bangass. Ich gucke mich um, ob mir auch niemand folgt. Trete ins Haus. Klopfe. Stille … Ich klopfe stärker. Keine Antwort. Er ist nicht da. Was nun? Ich muss warten.

Ich verkrieche mich in eine Ecke hinter der Tür und warte, horche auf jedes Geräusch, das von der Straße hierher dringt. Das Stampfen von schweren Stiefeln verschlägt mir den Atem, ruhige Schritte lassen mein Herz höher schlagen. Die Schritte kommen näher und entfernen sich wieder. Jonaitis ist noch immer nicht zurück. Es muss schon zehn sein. Wie soll ich die ganze Nacht hier aushalten? Man könnte mich entdecken. Und Mama weiß nicht, was los ist, und macht sich Sorgen.

Unerwartet erscheint Jonaitis dann doch!

Als er erfährt, weshalb ich gekommen bin, wird er traurig. Leider sei es schon fünf vor zehn, und man dürfe nicht mehr hinaus.

Er bereitet mir auf dem Sofa ein Nachtlager, schließt die Fensterläden und rät mir zu schlafen. Aber wie kann ich schlafen, solange Mama nicht weiß, wo ich bin?

Als er mich am anderen Morgen weckt, weiß ich nicht gleich, wo ich mich befinde. Jonaitis beugt sich zu mir herunter: «Ich werde mal nachsehen, was bei euch los ist. Deck dich gut zu und schlaf noch ein bisschen.»

Er ist sehr schnell zurückgekommen. Bei uns zu Hause ist er nicht gewesen. Er kam nicht durch. In der Rudnizkegass wird ein Zaun errichtet. Dort soll das Ghetto entstehen. Sie sind schon dabei, Menschen dorthin zu treiben.

«Was wirst du tun?», fragt er mich.

«Ich weiß nicht. Was meinen Sie?»

Er weiß es auch nicht. «Wenn alle gehen, solltest du vielleicht auch gehen? Aber wenn du nicht willst, dann bleib hier.»

Nur, wie komme ich hier allein ohne Mama zurecht? Nein, ich gehe besser …

Jonaitis leert seine Aktentasche und legt alles hinein, was sich bei ihm auf der Anrichte befindet – einen halben Laib Brot, ein Stück gekochtes Fleisch, etwas Käse und ein Glas Marmelade. Dann nimmt er alles Geld aus seiner Brieftasche, gibt es mir und sagt: «Versteck es gut!»

Aus gelbem Papier schneiden wir Judensterne. Ich nähe sie auf; denn ohne Kennzeichen darf man sich jetzt nicht mehr auf der Straße blicken lassen.

Wir gehen hinaus. Jonaitis möchte wahrscheinlich nicht, dass ich mir erniedrigt vorkomme, und geht deshalb auch auf der Fahrbahn … Ich würde am liebsten die Augen schließen und mir vorstellen, ich ginge in die Schule. Es ist ja ganz ähnlich – die Schuluniform, eine Aktentasche, der Lehrer … Nein, jetzt bloß nicht die Augen zumachen. Ich trage die Kennzeichen, ich gehe auf der Fahrbahn – ins Ghetto …

In der Rudnizkegass, neben der Kirche, entsteht ein Bretterzaun. Durch einen besonderen Eingang werden Menschen getrieben. Wir gehen darauf zu. Der Lehrer ermutigt mich mit einem Händedruck, und ich schleiche mich durch den Eingang auf die andere Seite des Zauns.

Wohin soll ich gehen? Versuchen, irgendwie nach Hause zu kommen? Aber sie lassen die Leute nicht wieder hinaus. Ringsum werden Zäune gezogen.

Immer mehr Menschen zwingt man hier hinein. Verstört und erschöpft lassen sie ihre Bündel fallen und setzen sich gleich auf der Straße oder in den Höfen darauf nieder. Überall wimmelt es von Menschen. Ich mische mich unter die Menge, schaue in die Höfe, aber meine Mutter ist nirgends zu sehen. Nicht einmal Bekannte treffe ich.

Ich stelle mich an den Eingang, um die Neuankömmlinge zu erspähen. Frage, aus welchen Straßen sie sind. Sie kommen aus allen möglichen, nur nicht aus unserer. Eine Frau erzählt, dass man alle Bewohner der Dajtsche Gass in das Lidsskegessl gescheucht hat. Ich renne hin. Aber dort wird ein zweiter Zaun gebaut: Die Gasse bleibt außerhalb des Ghettos. Sie ist voller Menschen, nur meine Lieben sind nicht darunter.

So irre ich weiter, frage und suche. Jemand meint, sie müssten im Zweiten Ghetto[1] sein, irgendwo in der Gaon- oder in der Glesergass.

Ich gehe zum Eingang und bitte einen litauischen Wachposten, mich hinauszulassen. Ich versichere ihm, dass ich nicht weglaufen, sondern bloß ins andere Ghetto will, wo meine Mutter ist. Aber der Posten tut so, als hätte er mich nicht gehört. Ich wiederhole meine Bitte. Da schlägt er mich mit solcher Wucht, dass ich beinahe hinfalle. Plötzlich bemerke ich Kaukorius, einen Schüler aus der neunten Klasse meiner Schule. Er trägt ein Gewehr; bestimmt macht er sich

1 Es wurden zwei separate Ghettos – Ghetto 1 und Ghetto 2 bzw. Großes und Kleines Ghetto – errichtet, die durch die Deutsche Straße getrennt waren. Das Kleine Ghetto bestand nur aus drei Gassen, der Juden-, der Glaser- und der Jatkewer Gasse. (A. d. Ü.)

auch nützlich.[1] So höflich wie möglich bitte ich ihn, mir dabei zu helfen, ins Zweite Ghetto zu kommen. «Marsch!», brüllt er. Ich gehe hinaus. Er führt mich ab wie eine Gefangene und bohrt mir dabei den Gewehrlauf in den Rücken. Ich lasse es geschehen. Hauptsache, er bringt mich hin. Wir kommen in die Glesergass. Der Zaun ist schon ziemlich hoch. «Kannst du rüberklettern?» – «Ja, ja!», antworte ich schnell. Er hilft mir beim Hinaufklettern, und ich falle auf der anderen Seite aufs Pflaster.

Dort ist das Gedränge noch schlimmer. Die Gassen sind enger, die Höfe kleiner und dunkler. Eine riesige Menschenansammlung, doch aus unserer Straße – wieder keiner dabei. Als wären alle Bewohner unserer Straße wie vom Erdboden verschluckt.

In einem Hof erblicke ich plötzlich Tante Pranė. Was macht sie hier? Es stellt sich heraus, dass sie hier gewohnt hat und nun woanders hinzieht, weil hier das Ghetto entsteht. Ihr ganzes Hab und Gut ist schon auf einen Wagen geladen. Ich bitte sie, zu uns nach Hause zu gehen und Mama zu sagen, wo ich bin, falls sie noch da ist.

Tante Pranė hat mir vorgeschlagen, in ihrer Wohnung zu bleiben. Wozu brauche ich eine Wohnung? Ach richtig, ich muss ja jetzt hier wohnen. Aber was macht man ohne ein Bett und ohne Möbel? Tante Pranė lässt mir einen Hocker da. Auf den setze ich mich und bleibe allein in den leeren, fremden Zimmern …

Nach einer Weile kommt ein Mann, schaut sich um und ruft dann seine Angehörigen herein. Es erscheinen viele Menschen mit Kindern, Bündeln und sogar mit einem Kinderwagen, der mit Kissen, Töpfen und Pfannen bepackt ist. Ohne zu fragen, belegen sie ein Zimmer.

Es sind noch andere gekommen. Sie haben das erste Zimmer, «mein» Zimmer, besetzt. Je näher der Abend rückt, desto häufiger geht die Tür auf. In das andere Zimmer haben sich schon drei Fami-

1 Bei den Deutschen (A. d. Ü.)

lien gezwängt, in meines zwei. Mich schickt man in die Küche: Ich sei schließlich allein, und an meiner Stelle könnte eine ganze Familie hier untergebracht werden. Ich gehe hinaus. Aber die Küche ist auch schon besetzt. Ich setze mich an die Tür …

Es ist dunkel geworden. Mir ist sehr heiß; es ist stickig. Aber ich habe Angst, auf den Hof hinauszugehen, denn dann könnte ich meinen Platz verlieren.

Die Leute legen sich schlafen. Die Kinder betten sie auf Mäntel und Kissen und legen sich selber auf den nackten Fußboden. Ein alter Mann murrt, dass selbst ein Grab geräumiger sei …

Ich möchte mein Schulkleid nicht schmutzig machen, deshalb lege ich mich nicht hin. Es ist kalt. Vom Sitzen schlafen mir die Beine ein. Die Leute, die in den Wohnzimmern untergekommen sind, gehen oft hinunter in den Hof, und während sie im Dunkeln nach der Tür tasten, stoßen sie mich unweigerlich. Die Nacht will kein Ende nehmen … Ich kann den Tagesanbruch kaum erwarten.

Wieder irre ich auf der Suche nach Mama durch die Straßen. Einige Leute vermuten, dass meine Angehörigen im Großen Ghetto sind, andere behaupten, man hätte alle aus unserer Straße ins Gefängnis getrieben. Es will mir nicht in den Kopf, dass ich jetzt ganz allein sein soll. Ich werde sie finden!

Also suche ich weiter.

Es wird schon bald dunkel. Ich gehe ins nächstbeste Haus, schleppe mich in den zweiten Stock und setze mich im dunklen Flur auf den Fußboden. Keiner beachtet mich, keiner jagt mich hinaus.

Ich lege mir die Schulmappe unter den Kopf und strecke mich aus. Ein angenehmer und wohlvertrauter Geruch steigt mir in die Nase. Offenbar kommt er aus der Mappe. Die Marmelade! Dass ich nicht gleich draufgekommen bin, wo ich doch schon seit gestern nichts mehr gegessen habe!

Ich greife in die Mappe. Glassplitter! Das Marmeladenglas ist zerbrochen und die ganze Mappe innen mit Erdbeerkonfitüre verschmiert. Auch der Speck ist klebrig. Egal. Hauptsache, etwas zu essen. Ich sitze im Dunkeln und stopfe alles auf einmal in mich hinein – Brot, Fleisch, Marmelade, Käse. Als nichts mehr übrig ist, lege ich mich wieder hin.

Am Morgen gehe ich sofort auf die Straße hinaus. Dort hängen handgeschriebene Bekanntmachungen: Es wird eine Ghettopolizei aufgestellt. Freiwillige sollen sich melden.

Tatsächlich finden sich welche – Maulhelden, die sich, kaum dass man sie mit einer Armbinde ausgestattet hat, wie Herren aufspielen.

Mama, Mira und die Kleinen habe ich immer noch nicht finden können, obwohl ich schon mehrmals in allen Höfen gewesen bin … Die Leute raten mir, ins Erste Ghetto zurückzugehen, vielleicht seien sie doch dort. Die Polizei sei gerade dabei, mit dem Großen Ghetto solche «Verirrten» wie mich auszutauschen.

Wir sind nicht wenige. Die frisch gebackenen Polizisten lassen uns antreten, zählen uns durch und befehlen uns, beisammenzubleiben. Dann verschwinden sie für längere Zeit. Als sie zurückkommen, zählen sie uns noch einmal. Schließlich führen sie uns ab. Bewaffnete Wachposten begleiten uns.

Am Ghetto 1 angekommen, dauert es sehr lange, bis das Tor geöffnet wird. Wir stehen davor und zittern, aus Angst, man könnte uns ins Gefängnis stecken. Aber Zurücklaufen ist zwecklos, die Wachen würden es nicht zulassen.

Das Tor geht auf. Ich erblicke meine Mutter – lebend und lächelnd! Und Mira! Und die beiden Kleinen. Tante Pranė hat tatsächlich Wort gehalten und Mama Bescheid gegeben, wo ich bin. Und von dem Tausch der «Verirrten» hat Mama auch gewusst.

Die Freude und das Erzählen wollen kein Ende nehmen. Jetzt kommen mir die zurückliegenden Tage der Einsamkeit und des Suchens nur noch halb so schrecklich vor.

Mama hat auch viel durchgemacht.

Als sie an jenem Abend vergeblich auf mich und Lehrer Jonaitis wartete, kam sie zu dem Schluss, ich sei erkannt und verhaftet worden. Die ganze Nacht weinte sie. Und als sie am anderen Morgen sah, dass man einen Zaun errichtete, wurde ihr noch banger ums Herz.

Da tauchte unerwartet Tante Pranė auf, und meine Mutter beschloss, freiwillig ins Ghetto zu gehen. Gerade in diesem Augenblick drangen Soldaten[1] in unsere Wohnung ein. Sie befahlen der Familie, sich innerhalb von fünf Minuten fertig zu machen und nur das mitzunehmen, was jeder selber tragen könne. Meine Mutter warf schnell unsere Kleider und Mäntel in eine Kinderbadewanne. Aus Kissenbezügen hatte sie schon Rucksäcke für mich und Mira gemacht und Wäsche hineingepackt. Sogar die Kleinen bekamen jedes einen Rucksack, ein Bündel und eine Mappe mit daran festgebundenen Schuhen.

Schlimmer als alles andere war das Weggehen … Die Soldaten stießen Rajele und Ruwele auf die Treppe. Mama lief hinterher. In der Tür sah sie sich noch einmal um.

Im Hof standen schon alle Nachbarn, auch mit Bündeln und Wintermänteln beladen. Jemand meinte, man brauche keine Mäntel mitzunehmen: bis zum Winter sei der Krieg sowieso vorbei.

Sie wurden in die Rudnizkegass getrieben. Meine Mutter wollte unbedingt ins andere Ghetto. Nur gut, dass sie hier geblieben ist; denn alle aus unserer Straße, die eigentlich ins Zweite Ghetto kommen sollten, wurden wegen Überfüllung beider Ghettos ins Lukischki verbracht. Im Gefängnis waren bereits an die fünf- bis sechstausend Menschen zusammengepfercht … Freigelassen haben sie nur die Angehörigen von ein paar guten Facharbeitern. Sie wurden von ihren deutschen Arbeitgebern persönlich abgeholt. Die Freigelassenen erzählen schreckliche Sachen – im Gefängnis war es so eng, dass

1 Die Deutschen hatten litauische Sondereinheiten beauftragt, die Juden aus ihren Wohnungen zu holen und in die Ghettos zu treiben. (A. d. Ü.)

man sich noch nicht einmal setzen konnte; die Leute standen die ganze Zeit eng zusammengedrängt. An ein Hinausgehen, um die Notdurft zu verrichten, war überhaupt nicht zu denken.

Was für Verbrecher die Deutschen doch sind!

Wir wohnen im ersten Haus gleich hinter dem Tor, in der Rudnizkegass 16. In unserer Wohnung stehen einige Betten, die noch von den früheren Bewohnern stammen. In den Betten schlafen alte Leute und kleine Kinder. Wir fünf begnügen uns mit einem Stückchen Fußboden zwischen den beiden Fenstern. Tagsüber werden die Nachtlager beiseite geräumt, sonst gäbe es kein Durchkommen. Nachts reicht noch nicht einmal der Platz auf dem Fußboden für alle. Ein Mädchen schläft auf dem Tisch, ein anderes in der Wanne. Eine Familie wohnt sehr beengt in der Küche. Insgesamt hausen in unserer Wohnung acht Familien.

Nach und nach schwindet das Gefühl, alles sei nur vorübergehend. An Elend gewöhnt man sich. Das Ghetto, in dem wir uns befinden, ist größer als das andere. Hier gibt es mehr Straßen – die Rudnizke-, Jatkewer, Straschun-, Schawler, Dissner und Schpitalnegass, dort hingegen nur ein paar wenige – die Gaon-, die Jidische und die Glesergass.

Am Tor zu unserem Ghetto prangt außen ein Schild mit der Aufschrift: «Achtung! Judenviertel! Seuchengefahr! Zutritt für Unbefugte streng verboten!»

In unserem Ghetto wurde gleich in den ersten Tagen eine «Macht» gebildet: ein neuer Judenrat (an dessen Spitze Anatol Fried, das mit dem Leben davongekommene Mitglied des ersten Judenrats, gestellt

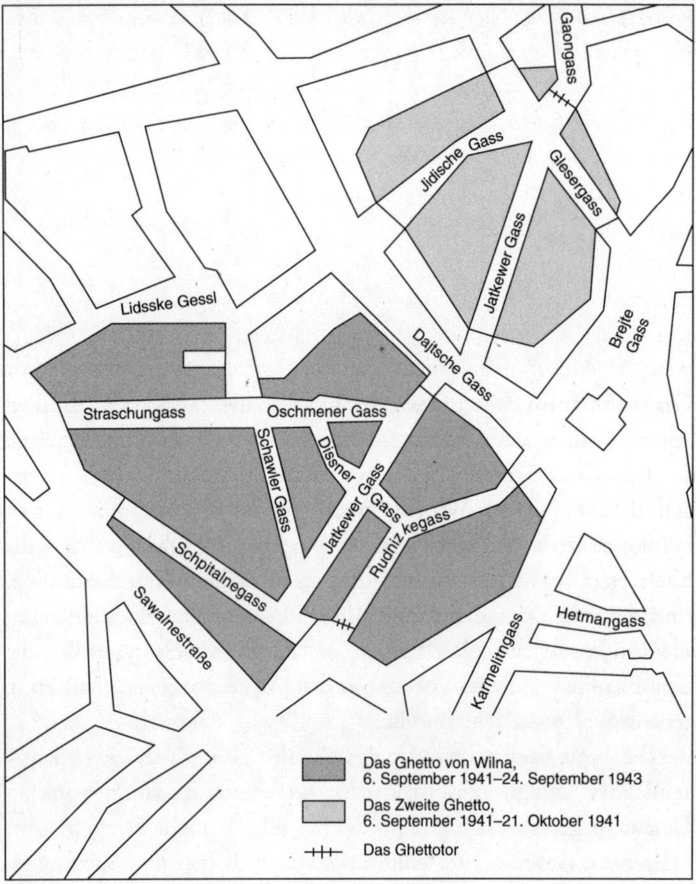

Grundriss des Wilnaer Ghettos.

wurde) und die Polizei. In der Rudnizke-, Schpitalne- und Straschungass wurden Polizeireviere eingerichtet. In der Rudnizkegass 6, dem ehemaligen Realgymnasium, befindet sich neben dem Judenrat auch die Polizeikommandantur mit dem Chef der Ghettopolizei, Jacob Gens[1], an der Spitze. Es heißt, er sei Offizier der litauischen Armee gewesen und habe im Gefängnis von Kowne gearbeitet.

Die Ghettopolizei braucht man wahrscheinlich, um uns die Anordnungen der Machthaber zu übermitteln und peinlich genau auf deren Ausführung zu achten. Und Befehle hagelt es nur so. Erstens muss (zum wievielten Male schon!) alles Geld und Gold abgegeben werden; jeder darf nur 300 Rubel behalten. Zweitens darf man im Ghetto nur bis 19 Uhr auf der Straße sein; danach beginnt die so genannte Polizeistunde. Drittens müssen alle weiterhin dort arbeiten, wo sie vor der Errichtung des Ghettos beschäftigt waren. Aber einzeln in die Stadt zu gehen ist verboten. Deshalb sind Brigaden zu organisieren, die geschlossen zur Arbeit gehen. Viertens ist es strengstens untersagt, sich ohne die Kennzeichen blicken zu lassen – sowohl im Ghetto als auch in der Stadt. (Jetzt ist das Kennzeichen ein gelber Davidstern, dessen sechs Zacken fest auf die Kleidung genäht werden müssen: Ein Stern ist vorn, ein zweiter hinten zu tragen.) Fünftens ist es verboten, sich direkt an städtische Behörden zu wenden, welche auch immer. In allen Angelegenheiten hat man sich ausschließlich an die Kommandantur der Ghettopolizei zu wenden. Und so weiter und so fort.

Auf Anordnung der Deutschen ist im Ghetto ein jüdisches Arbeitsamt eröffnet worden, das alle arbeitsfähigen Bewohner regi-

1 Jakob Gens, litauischer Offizier, war verheiratet mit einer Litauerin. Zunächst bekleidete er im Wilnaer Ghetto die Funktion des Leiters des jüdischen Krankenhauses. Am 7. September 1941 ernannte die Gestapo ihn zum Chef der jüdischen Ghettopolizei, am 11. Juli 1943 übertrug ihm Gebietskommissar Hingst die Leitung des Ghettos. Neun Tage vor der Liquidierung des Wilnaer Ghettos, am 14. September 1943, wurde Gens von dem SS-Mann Rolf Neugebauer erschossen. Bis heute ist Gens eine umstrittene Figur. (A. d. Ü.)

striert. Wenn jemand in der Stadt jüdische Arbeitskräfte braucht, muss er ein Gesuch an das deutsche Arbeitsamt richten. Dieses bestätigt die Anforderung und leitet sie weiter an das Arbeitsamt im Ghetto, wo die benötigte Anzahl von Arbeitern zusammengestellt wird.

Zum Leiter (Chef) des Ghettoarbeitsamtes hat Gens seinen Bruder Solomon bestimmt; zum Verbindungsmann zwischen den beiden Arbeitsämtern einen gewissen Braude.

Diejenigen, die arbeiten, bekommen Scheine – so genannte Ausweise. Darauf steht: Der Jude Soundso (Leerstelle für Vor- und Zunamen) arbeitet für (Name des Arbeitgebers oder des Betriebs). Auf dem Schein steht auch, dass ohne Erlaubnis des Arbeitsamtes kein Jude für eine andere Arbeit verwendet werden darf.

Meine Mutter hat Arbeit in einer Näherei bekommen. Wie gut, dass sie so geschickt ist und nähen kann!

Man hat uns Brotkarten zugeteilt. Aber die reichen hinten und vorne nicht, ganz nach dem Motto: zum Leben zu wenig und zum Sterben zu viel. Brot – 125 Gramm am Tag; bei den übrigen Nahrungsmitteln gelten Wochenrationen: 80 Gramm Graupen, 50 Gramm Zucker, 50 Gramm Öl und 30 Gramm Salz. So steht es auf den Karten. Doch wir bekommen weder Öl noch Zucker zu sehen. Und statt der Graupen gibt man uns Brot und schwarze Erbsen.

Die Deutschen missgönnen uns nicht nur das Essen, sondern geizen sogar mit Papier. Unsere Brotkarten sind farbig, und die Farben stehen für die Zahl der Bezugsberechtigten: eine gelbe Karte für eine Person, eine rote für zwei, eine rosa für drei und eine grüne für vier Personen.

Es ist klar, dass man von dem, was sie uns geben, nicht leben kann. Deshalb versucht jeder, aus der Stadt etwas ins Ghetto mitzubringen. (Man tauscht gegen Kleidung ein oder bekommt einfach etwas von Freunden in der Stadt.) Aber davon hat Franz Murer[1], der

1 Der österreichische SS-Standartenführer Franz Murer (geb. 1912) war zwischen 1941 und 1943 als Stellvertretender Gebietskommissar in Wilna für «jüdi-

Stellvertretende Gebietskommissar, Wind bekommen und gleich eine neue Bekanntmachung am Ghettotor anschlagen lassen, nach der es strengstens verboten ist, Lebensmittel und Holz ins Ghetto zu bringen. Die Wache am Tor, die aus einem litauischen und mehreren Ghettopolizisten besteht, muss jeden, der ins Ghetto geht, gründlich durchsuchen. Wenn sie bei jemandem etwas finden, wird es sofort beschlagnahmt, in den ehemaligen Laden der Familie Gleser neben dem Tor gebracht und der Betreffende den Deutschen übergeben.

Der Versuch, ein Stück Brot mit ins Ghetto zu nehmen, kann dich also das Leben kosten.

Heute ist der erste Schultag … Trotz allem findet der Unterricht statt, wenn auch mit einiger Verspätung. Und ich bin hier … Bestimmt hat es schon geläutet. Alle sind in der Klasse. In meiner Bank ist ein Platz leer. Auch der Platz von A. R. bleibt leer. Aber warum? Warum dürfen wir nicht in die Schule gehen und am Unterricht teilnehmen? Warum hat man uns hier eingesperrt und lässt uns nicht hinaus in die Stadt?

Vor einigen Tagen habe ich lange mit A. R. darüber gesprochen. Wir haben uns an die Schule erinnert, an unsere Klasse. Mir scheint, A. R. ist hier ein völlig anderer Mensch geworden. Flecken an der Kleidung, schmutzige Fingernägel. (Gut, er arbeitet. Wo, hat er nicht gesagt. Wahrscheinlich schämt er sich.) Die Haare seltsam kurz, sogar die Augen haben sich verändert. Sie sind ganz trübe.

Gens hat uns Murers neue Verordnung überbracht: Facharbeiter müssen im Ersten Ghetto, das heißt in unserem Ghetto, wohnen,

sche Angelegenheiten» zuständig (Gebietskommissar war Hans Hingst). Im Wilnaer Ghetto war er für seinen äußersten Sadismus bekannt und blieb den überlebenden Opfern, so Simon Wiesenthal, als «Schlächter von Wilna» in Erinnerung. Trotz erdrückender Beweislast für die von ihm im Ghetto Wilna begangenen Verbrechen wurde Franz Murer 1963 von einem Grazer Geschworenengericht freigesprochen. (A. d. Ü.)

alle anderen – im Zweiten. Die Arbeitsausweise dieser Leute versehen die Arbeitgeber mit einem roten Stempel: «Facharbeiter». Wer keinen solchen Stempel hat, muss ins Zweite Ghetto überführt werden und umgekehrt – Facharbeiter, die jetzt im Zweiten Ghetto wohnen, werden ins Erste überstellt.

Zum Glück trägt Mamas Schein schon diesen Stempel: Sie gilt als Näherin.

In unserer Wohnung ist ein Mann, der keinen Stempel bekommen hat. Der Hauswart befiehlt ihm, mit seiner Familie in den Hof hinunterzugehen. Dort haben sich schon viele Menschen versammelt. Alle sind sehr traurig, niedergeschlagen. Sie tun mir so Leid: Noch ehe sie sich an einem Ort richtig eingelebt haben, jagt man sie schon zum nächsten.

Das Ghettotor öffnet sich. Dort warten bereits städtische Polizisten und führen sie weg.

Die Überführung der Nichtfacharbeiter aus unserem Ghetto dauert schon Tage. Jeden Abend gehen die Ghettopolizisten von Wohnung zu Wohnung und kontrollieren die Scheine. Wer den erforderlichen Stempel nicht hat, wird ins Kleine Ghetto getrieben.

Merkwürdig ist nur, dass es kaum Nachrichten von den Überführten gibt. Einige Leute haben zwar Briefe bekommen, aber die bleiben sehr vage. Und die Hierhergebrachten (übrigens nicht sehr viele) versichern, in den letzten Tagen habe es nicht einen Neuankömmling im Zweiten Ghetto gegeben. Es ist klar, man hält uns zum Narren … Aber wo sind die Menschen hingekommen?

Von der Front ist zurzeit nichts Erfreuliches zu hören. Zwar ist aus Hitlers Blitzkrieg nichts geworden. Die Deutschen hatten damit geprahlt, sie würden in zwei Wochen schon in Moskau sein. Danach haben sie genauso prahlerisch den Termin verschoben und sogar behauptet, sie stünden schon in den Moskauer Vororten. Doch das war eine große Lüge. Man hat ihnen Einhalt geboten. Moskau werden sie genauso wenig sehen wie ihre eigenen Ohren. Aber leider haben die Deutschen jetzt wieder begonnen anzugreifen. Und Leningrad ist eingeschlossen. Soll bloß schnell der Winter kommen. Dann wird Hitler bestimmt genauso geschlagen wie Napoleon!

Jom Kippur.[1] Ein trauriger Tag. Die alten Leute fasten, beten und bitten Gott um Erbarmen. Eine vergebliche Mühe: Wenn es einen Gott gäbe, hätte er solche Mordtaten und Metzeleien nicht zugelassen.

Um die Mittagszeit war draußen lautes Gebrüll zu hören – betrunkene Soldaten sind ins Ghetto eingedrungen. Die Gassen sind im Nu wie ausgestorben, als wäre keine Menschenseele da. Die Soldaten durchstreifen das Ghetto, schreien, schießen in die Luft. Mama, Mira und alle anderen Erwachsenen aus unserer Wohnung sind bei der Arbeit … Was tun? Sie werden uns doch wohl nicht wegbringen? Zuzutrauen ist denen alles. Sie brauchen uns ja nicht, weil wir nicht arbeiten. Die Kleinen schauen mich an, als ob ich etwas wüsste oder sie retten könnte … Aber was kann ich tun? Ich habe selber Angst. Ich lasse mir nur nichts anmerken und beruhige sie, damit sie nicht weinen. Wenn Mama doch bloß käme!

Die Soldaten haben sich aus dem Staub gemacht. Es ist still geworden. Wenig später kommt Mama von der Arbeit. Wir essen einen Getreidebrei und legen uns dann schlafen.

Im Schlaf höre ich ein Geräusch wie von einem vorbeifahrenden Auto. Ich stehe auf, steige über die Schlafenden hinweg und gehe ans Fenster. Obwohl es vernagelt ist wie alle Fenster, die auf eine freie Straße hinausgehen, kann man durch einen schmalen Spalt ein Stück von der verbotenen Straße neben dem Ghettotor sehen.

Von den vorgefahrenen Lastwagen springen Soldaten ab. Sie nehmen Aufstellung. Soll ich die anderen wecken oder nicht? Ich glaube, es ist besser, sie nicht zu erschrecken. Die Soldaten haben sich ja noch nicht gerührt. Sie stehen da wie Standbilder.

1 Jom Kippur: höchster jüdischer Feiertag, an dem 24-stündiges Beten und strenges Fasten die Wiederversöhnung mit Gott und den Menschen zum Ziel haben (A. d. Ü.)

Stille. Die Stadt schläft, die alte Kirche gegenüber dem Ghettotor schläft. Sogar der Mond döst, eingehüllt in sein Wolkenbett. Auch die Soldaten sind wie benommen von der Nacht. Sie bewegen sich nicht vom Fleck. Vielleicht wird die Wache nachts verstärkt. Die Nächte sind doch jetzt dunkel – es ist Herbst.

Wieder brummen Lastwagen. Immer mehr Soldaten!

In meiner Aufregung wecke ich alle. Panik bricht aus. Kinder weinen, Mütter jammern, niemand findet seine Sachen. Auch ich irre halb nackt umher, zittere vor Angst und Kälte. Schon hämmern die Soldaten an unser Tor … Sie sind bereits im Hof! Kommen die Treppe hoch … Klopfen! … Niemand öffnet … Sie trommeln mit den Fäusten, poltern gegen die Tür. Gleich werden sie sie einschlagen!

Ein Nachbar geht auf Zehenspitzen an die Tür und sagt, man habe aus dieser Wohnung alle ins Zweite Ghetto gebracht. Er, ein Facharbeiter aus der Pelzfabrik Kailis[1], wäre als Einziger hier geblieben. Sie glauben ihm natürlich nicht und wollen seinen Arbeitsausweis sehen. Der Nachbar schiebt ihn durch einen Spalt in der Tür. Die Mörder sehen sich den Schein an, nehmen ihn und reißen ihn unter höhnischem Gelächter in Stücke.

Sie gehen aber weg und klopfen an eine andere Tür.

Es gibt keine Möglichkeit mehr, sich zu retten.

Ich gehe wieder ans Fenster. Das Tor ist offen. Sie treiben Leute aus dem Ghetto, lassen sie antreten. Alle haben Kinder und Bündel bei sich. Ein Mann läuft zurück. Ein Schuss kracht. Jetzt bleibt ihm der Weg erspart …

Die Menschenmenge wird die Sawalnestraße entlanggejagt. Immer mehr Menschen treibt man aus dem Ghetto und lässt sie antreten …

1 Kailis = Pelz. Die Arbeiter von Kailis hatten große Privilegien. Der Direktor der Fabrik (wie sich später herausstellte, ein deutscher Jude, der mit fremdem Pass als Arier lebte) hatte der Besatzungsmacht die Zusage abgenommen, dass sie den Arbeitern seiner Fabrik nichts zuleide täten.

Mama bittet mich, nicht aus dem Fenster zu sehen. Ja, es ist furchtbar, aber vielleicht werde ich bald selbst dort unten stehen. Mama beruhigt mich: Sie hofft, dass man uns nicht findet. Der Nachbarssohn ist auf die Treppe gegangen und hat die Tür von außen mit Brettern vernagelt. Danach ist er durch ein Fenster wieder zurückgeklettert. Vielleicht kann man den Mördern so weismachen, dass sich hier keine Wohnung befindet und daher auch niemand hier wohnt.

Nein, sie klopfen wieder! Gleich schlagen sie die Tür ein. Nein, sie lachen: Statt nach Juden für Ponar suchen sie im Dunkeln nach Mäusen … Und stoßen auf ein Mauseloch …

Sie gehen …

Vom Tor wird noch eine Menschenkolonne abgeführt.

Es ist still. Ganz ruhig. Die Gasse schlummert wieder. Hoch oben, wohin mein Blick nicht reicht, steht der Mond. Er wirft sein Licht auf die Welt. Wahrscheinlich auch auf jene Fortgetriebenen, die sich jetzt gebeugt, bedrückt und kraftlos dahinschleppen. An Flucht ist gar nicht zu denken: überall bewaffnete Soldaten, die Straßen wie ausgestorben, Tür und Tor verschlossen. Und wer würde schon einen Flüchtenden einlassen? Wer würde das Leben seiner ganzen Familie aufs Spiel setzen wollen? Wenn es überhaupt solche mutigen und guten Menschen gibt, dann haben sie längst jemanden versteckt. Außerdem, wie könnte man als Einzelner flüchten, von einer Familie ganz zu schweigen?

Da ist das Gefängnis. Die großen, schweren Tore öffnen sich. Sie quietschen wütend, sind wohl darüber verstimmt, dass sie nicht einmal nachts ihre Ruhe haben. Die Menschen werden wie Vieh hineingepfercht und die Tore verriegelt.

Mama macht sich auf den Weg zur Arbeit. Sie sagt, wir sollen uns schlafen legen. Aber wie kann ich einschlafen, wenn ich mir ausmale, wie schrecklich es jetzt dort, im Gefängnis, ist … Die Menschen erleben ihren letzten Tag. Viele, viele Menschen … In den Zellen, in den Gängen, sogar auf dem Hof. Es regnet. Und sie sitzen auf ihren Bündeln, pressen weinende Kinder an sich.

Der Tag geht zu Ende. Mama ist von der Arbeit zurückgekommen.

... Und jene im Gefängnis sitzen immer noch dort ...

Nacht ... Bald wird man sie abführen.

Man hat ihnen sicher schon befohlen anzutreten. Sie werden gestoßen, geschlagen.

Die Tore öffnen sich weit. Ein Strom von Menschen macht sich auf den letzten Weg. Sie bewegen sich unter Peitschenhieben, immer weiter, ein endloser Zug. Viele Menschen. Die Soldaten haben das Schlagen wahrscheinlich schon satt.

Die Tore schließen sich wieder. Die Aufseher kontrollieren jeden Winkel, damit auch ja keiner bleibt. Sonderbar, sogar im Gefängnis zu bleiben ist verboten ...

Es nieselt. Und die Menschen schleppen sich weiter. Langsam ... Können kaum die Füße heben ... Eine große Beerdigungsprozession ... Ihre eigene. Aber das ist ihnen wahrscheinlich nicht bewusst.

An einem Fenster erscheint ein verschlafen aussehender Mensch. Der Hall der Schritte auf dem Kopfsteinpflaster hat ihn geweckt. Beim Anblick der vielen Menschen verschwindet er verdutzt. Vielleicht legt er sich wieder hin, schmiegt sich ins weiche Kissen, wickelt sich in seine warme Decke und schläft weiter. Ob ihn wohl im Schlaf der Gedanke stört, dass jetzt, während er so süß dahinschlummert, dort in Ponar Tausende nackter Menschen in die von Regen und Blut aufgeweichten Gruben fallen? Einer auf den anderen, mit zurückgeworfenen Armen, mit angst- und schmerzverzerrtem Gesicht. Männer fallen auf kleine Kinder, junge Frauen, Knaben, Greise – alle zusammen, alle in eine Grube ...

Ob sich der müde Mann wohl Gedanken darüber macht, dass alle diese in den Tod getriebenen Menschen vor einem halben Jahr, ja sogar noch vor vier Monaten, Lehrer, Arbeiter, Väter, Mütter und Kinder waren? Menschen waren sie!

Aber vielleicht hat sich der schläfrige Mann am Fenster nicht aus Gleichgültigkeit zurückgezogen. Vielleicht konnte er den Anblick nur nicht ertragen. Womöglich denkt er so wie ich, will helfen, nur ... Wie kann ein Einzelner so eine bewaffnete Horde auseinander treiben und diesen vielen Menschen zu Hilfe kommen?

Wie auch immer, es ist besser, zu überleben und Mitleid zu haben, als selber in die Grube zu fallen.

Heute Nacht war der Lehrer Jonaitis am Ghettozaun. Er hat gehört, was sich hier vergangene Nacht zugetragen hat, und Angst bekommen, dass die Deutschen ihre blutige Aktion fortsetzen. Zusammen mit einem Bekannten, dem es gelungen war, eine Ausgangserlaubnis für eine Nacht zu besorgen, stand er nicht weit von unserem Tor – er wollte uns zu Hilfe eilen, falls man uns forttreiben würde.

Mama meint, dass Jonaitis diesen Mann bezahlt hat. Oder auch nicht. Vielleicht ist das einfach ein guter Mensch. Es kann doch nicht sein, dass Jonaitis der Einzige ist.

Ich bin nun Leserin der Bibliothek, der ehemaligen Straschun-Bibliothek, deren Bestände allerdings stark geschrumpft sind. Die Gestapo hat alle mehr oder weniger wertvollen Bücher wegschaffen lassen und die Werke sowjetischer Autoren einfach verbrannt. Sie haben uns vorgewarnt, dass sie oft kontrollieren kommen. Sollten sie ein Buch mit kommunistischem Inhalt finden, werden sie nicht nur das Personal, sondern auch so viele Menschen erschießen, wie das Buch Seiten hat.

Damit die Regale der Bibliothek nicht leer stehen, hat die Ghettoleitung verfügt, dass alle ihre Bücher in der Bibliothek abgeben müssen. Und die Bibliotheksangestellten achten streng darauf, dass die ausgeliehenen Bücher pünktlich wieder zurückkommen. Behält jemand ein Buch zu lange, lässt man ihn durch die Ghettopolizei mahnen.

Es gibt auch einen Lesesaal. Klein, eng, aber dringend nötig.

Wenn in einem Zimmer mehrere Familien wohnen, ist es bei der stickigen Luft nicht besonders angenehm, dort zu lesen. Und ich möchte doch so gerne lesen! Wenigstens für eine Weile vergessen, wo ich bin …

In der Bibliothek ist auch das Meldebüro untergebracht. (Man will es den großen Städten gleichtun!). In diesem Einwohnermeldeamt (wir sind registriert wie in einer richtigen Stadt) hat man alle Adressen notiert und dafür ein Mädchen angestellt. Die Ärmste sitzt herum und langweilt sich. Anfangs erschien ab und zu noch jemand, um sich nach einem vermissten Angehörigen zu erkundigen. Jetzt aber fragt sie keiner mehr: Wer am Leben ist, hat seine Angehörigen in dieser Enge schon getroffen; wer nicht mehr da ist, den findet auch keine Meldestelle …

Unser Nachbar hat neueste Nachrichten gehört: Moskau hält stand! Es wird heldenhaft verteidigt, nicht nur vom Militär, sondern auch von der Bevölkerung. Sogar Schüler helfen, sie heben Schutzgräben aus. Auch wir würden gerne mitgraben, damit Hitler schneller ein schlimmes Ende nimmt.

Man hat uns gegen ansteckende Krankheiten geimpft. Die Ghettoärzte kümmern sich, so gut sie können, um die Gesundheit der Menschen.

In der Rudnizkegass 11 gibt es eine Ambulanz, in der Schpitalnegass sogar ein Krankenhaus. Einige Stationen sind speziell für Patienten mit ansteckenden Krankheiten vorgesehen. In einem winzigen Schuppen auf dem Hof sind die geistig Verwirrten untergebracht. (Noch vor kurzem waren das völlig normale Menschen …)

Neben dem Eingangstor zum Krankenhaus befindet sich eine Leichenhalle und gegenüber eine Apotheke. Die ähnelt natürlich nicht im Geringsten einer richtigen Apotheke. Es riecht noch nicht einmal nach Medizin, und man kann dort nur allereinfachste Pulver bekommen.

In der Apotheke kann man auch kleine Essenspakete und Briefe für die Kranken abgeben, in einem Nebenzimmer werden Genehmigungen für Krankenbesuche ausgestellt. Mit anderen Worten: Alles ist wie in einem richtigen Krankenhaus, nur viel armseliger.

Für die Sauberkeit im Ghetto ist die Sanitätspolizei zuständig. Schon bei Tagesanbruch inspizieren Ärzte und Krankenschwestern die Höfe und Wohnungen, kontrollieren, ob die Fußböden regelmäßig gewischt werden, ob unter den Betten (wenn es denn welche gibt …) Staub liegt, ob alle das Bad benutzen. Wer sich nicht an die Hygienevorschriften hält, wird dazu gezwungen.

Mitten in der Nacht weckt uns wieder das dumpfe Trittgeräusch von Soldatenstiefeln. Wir werfen einen Blick hinaus – am Tor eine ganze Abteilung von Deutschen. Hastig ziehen wir uns an. Doch bald ertönt das Kommando zum Abmarsch ins Zweite Ghetto.

Also dort … Ich stelle mir vor, was dort jetzt geschieht.

In einer der Wohnungen versuchen sich die vom Lärm geweckten Menschen zu verstecken. Sie öffnen die Luke im Fußboden und klettern hinunter in die Maline. Doch in diesem Moment dringen die Mörder in das Zimmer ein. Sie haben alles gesehen …

Auf dem Tisch ein Leuchter, eine heruntergebrannte Kerze flackert. Zerwühlte Nachtlager, umgeworfene Stühle, ein aufgerissener Schrank. Alles Anzeichen der Panik, die hier eben noch geherrscht hat. Die Henker plündern, zwängen sich Anzüge unter die Waffenröcke, stopfen sich Hemden in die Uniformjacken. Als sie alles voll gestopft haben, öffnen sie die Kellerluke und springen hinunter. Mit ihren Taschenlampen leuchten sie über die feuchten, verschimmelten Wände und in die vor Schreck erstarrten Gesichter. Sie befehlen den Menschen, sich vor ihnen, den Herrschern Europas, zu verneigen. Dann treten sie zwischen die sich Niederduckenden, verspotten sie, versetzen ihnen Peitschenhiebe über den Rücken, lachen grölend. Als sie ihr Spiel satt haben, jagen sie die Leute aus dem Keller.

Auf der Straße will sich ein junger Bursche nicht abführen lassen. Die Schurken drehen ihm die Arme auf den Rücken und schleppen ihn zu den anderen, wobei sie ihm einreden, dass er sich nicht zu widersetzen brauche. Er werde ja nur in ein Arbeitslager gebracht. Doch der junge Mann tritt, beißt und versucht schließlich wegzulaufen. Eine Kugel streckt ihn nieder.

Er hätte doch nicht wegzulaufen brauchen – seufzt eine Frau. Vielleicht geht es tatsächlich in ein Lager?

In dieser schwarzen Oktobernacht verlassen sie die Stadt.

Heute Nacht haben sie das Zweite Ghetto vollständig liquidiert. Dort befanden sich etwa neuntausend Menschen.

Bei Tagesanbruch wurde nicht weit von unserem Ghetto eine tote Wöchnerin gefunden, die wahrscheinlich aus dem anderen Ghetto hierher gekrochen ist. Sie hat es nicht geschafft. Sie ist bei der Geburt auf der Straße gestorben. Das Neugeborene, ein gesundes kleines Mädchen, das laut schrie, wurde ins Ghetto gebracht. Man hat ihm den Namen Ghettele gegeben.

Alle, die in der Kailis-Fabrik arbeiten, ziehen aus dem Ghetto in die Stadt um. Unweit der Fabrik wird für sie ein eigener Wohnblock frei gemacht. Er soll ebenfalls eingezäunt werden, aber die Leute glauben, dass es dort keine Aktionen geben wird.

Noch werden nicht alle dorthin umgesiedelt, der Platz reicht nicht aus. Aber in Kürze erhält der Direktor gleich daneben ein weiteres Gebäude.

Gens hat erklärt, die Ghettobewohner, das heißt die Facharbeiter, hätten nun nichts mehr zu befürchten. (Diese Zusicherung will er von den deutschen Machthabern bekommen haben.) Aber keiner glaubt ihm. Die Leute reden schon tagelang von irgendwelchen gelben Scheinen. Unser Nachbar, der Kailis-Fabrikarbeiter, hat schon einen bekommen. Der Ausweis unterscheidet sich von dem früheren nur dadurch, dass er auf gelbem Papier gedruckt ist und nicht «Ausweis», sondern «Facharbeiter Ausweis» heißt. Einen solchen Schein bekommen nur gute gelernte Arbeiter, und auch die nicht alle; denn es gibt insgesamt nur dreitausend Scheine für zehntausend Arbeiter. Für die Mitarbeiter des Judenrats und für die Ghettopolizisten sind vierhundert Ausweise vorgesehen. Obwohl sie keine Facharbeiter sind, erhalten trotzdem fast alle einen solchen Schein, von den echten Facharbeitern dagegen wird nur ein Viertel bedacht.

Auch Mama hat einen Ausweis bekommen! Von den zweihundertfünfzig Menschen, die mit ihr zusammenarbeiten, haben nur achtzig den Schein erhalten.

Im Ghetto ist es unruhig. Niemand weiß etwas Genaues, aber alle sagen, man solle sich heute Nacht nicht schlafen legen. Spätabends erfahren wir, dass alle, die einen gelben Ausweis haben, sich beim Judenrat in der Rudnizkegass 6 (im ehemaligen Realgymnasium) registrieren lassen müssen. Registriert wird die ganze Nacht hindurch, bis vier Uhr morgens. Man muss mit seiner ganzen Familie kommen. Aber zu einer Familie gehören nur das Elternpaar und dessen Kinder bis zu sechzehn Jahren. Kinder, die älter sind, sowie Großeltern und Geschwister werden nicht im Ausweis eingetragen. Eine Ausnahme macht man nur bei den Angehörigen der Ghettopolizei und den Arbeitern der Gestapo-Werkstätten.

Zum Glück hat auch Mira einen gelben Schein bekommen! Sie ist ja schon siebzehn!

Morgen früh müssen alle, die einen gelben Ausweis besitzen, zusammen mit den eingetragenen Familienmitgliedern zur Arbeit erscheinen. Ins Ghetto dürfen sie erst am Abend des darauf folgenden Tages zurückkehren. Wer keinen gelben Schein erhalten hat, bleibt dagegen mit seiner Familie im Ghetto …

Die Stimmung ist gespannt. Die Menschen sind äußerst nervös. Sie lassen sich in großer Eile registrieren. Diejenigen, die keinen gelben Schein haben, suchen Leute, bei denen sie oder wenigstens die Kinder mit eingetragen werden können. Wer einen Schein besitzt, sucht sich neue «Angehörige», vor allem Kinder. Brüder wollen ihre Schwestern, Söhne ihre Mütter als Ehefrauen in den Ausweis eintragen lassen.

Wir gehen mit Mutter und Mira zum Registrieren. Durch die dunklen Straßen schleppen sich Menschen. Alle in eine Richtung. Manche halten brennende Kerzen, die sie vor dem Wind schützen, in der Hand, andere zünden von Zeit zu Zeit ein Streichholz an, um den vor ihnen liegenden Weg besser erkennen zu können, dann stolpern sie im Dunkeln weiter durch Pfützen und Matsch. Jemand hat sein Kind verloren. Voller Angst läuft er zurück und ruft nach ihm.

Der Judenrat. Die breite Treppe des ehemaligen Realgymnasiums ist voller Menschen. Alle drängen nach oben zu den Registriertischen. Dem einem tritt man auf den Fuß, einem anderen quetscht man die Hand, das Kind eines Dritten wird an die Wand gedrückt, dass es beinahe erstickt. Schweißgebadet, entmutigt, weinend versuchen sich die Leute einen Weg zu bahnen. Bei einem hat man die Mutter nicht eingetragen, bei einem anderen den siebzehnjährigen Sohn. Die Ghettopolizisten versuchen für Ordnung zu sorgen, aber niemand beachtet sie – wem der Tod im Nacken sitzt, der hat keine Angst vor Schlägen.

Chaos, Lärm, Gedränge. Bis vor einem halben Jahr sind hier noch fröhlich lachende Schulkinder über die Treppe gelaufen. In einem der früheren Klassenzimmer, wo jetzt die Menschen um ihr Leben kämpfen, steht ein anatomisches Skelett, als hielte es Wache über uns. An den Wänden hängen noch Landkarten, in einer Ecke steht einsam eine beschriebene Tafel. Da liegen achtlos hingeworfene Dekorationen und Ballettkostüme für Kinder. Aber die scheint niemand zu bemerken. Und ich selbst habe auch schon fast vergessen, dass es so etwas noch gibt. Komisch, man meint immer, wenn sich das eigene Leben so verändert, müsse die ganze Welt plötzlich auch anders sein …

Jetzt sieht man schon die Tische. Ein Mann stellt sich neben meine Mutter. Er bittet sie, ihn als ihren Ehemann einzutragen. Mama hat Angst. Aber er beschwört sie, dass es uns nicht schaden, ihm aber das Leben retten würde. Er weint, fleht sie an, es ihm nicht abzuschlagen. Dann erkundigt er sich, wie wir heißen, wer wann geboren ist, wie er selbst sich nennen muss, und teilt uns mit, wo er wohnt.

Mama reicht der Angestellten ihren Ausweis. Die mustert uns, notiert etwas und verteilt kleine blaue Nummern an uns.

Wie die Augen des Mannes aufleuchten, als er seine Nummer in Empfang nimmt – Leben! Fürsorglich bahnt er uns einen Weg die Treppe hinunter und kann nicht aufhören, sich zu bedanken. Je mehr er dankt, desto unerträglicher wird er. Was ist bloß aus den Menschen geworden – für eine einfache menschliche Gefälligkeit danken sie wie für die größte Heldentat!

Nur mit Mühe schleppen wir uns im Dunkeln wieder nach Hause. In unserer Wohnung haben siebzehn Leute keinen Ausweis und keine Nummer. Sie werden hier bleiben. Einige haben ihre Kinder fremden Menschen zuschreiben lassen und nehmen jetzt Abschied von ihnen … Die Kinder weinen, wollen nicht gehen; die Mütter sind untröstlich, küssen wieder und wieder das geliebte Gesichtchen, die kleinen Hände und flüstern bekümmert: «Geh mit dem Onkel und der Tante, mein Schatz, und hör auf sie … Sie haben dir das Leben gerettet.»

Wer weiß?

Es tagt. Wir warten im Hof auf Mamas eingetragenen Mann (ohne den gelben Schein sind die blauen Nummern nicht gültig). Wir gehen hinaus auf die Straße. An der Sperre herrscht Gedränge. Murer, Weiß und andere Offiziere kontrollieren die Ausweise sehr genau und mustern jedes Familienmitglied. Die «Untauglichen» (das heißt diejenigen, deren Alter Verdacht erregt) jagen sie in den Hof des gegenüberliegenden Hauses.

Ein junges Mädchen nähert sich der Sperre. Sie führt ein älteres Paar an der Hand – ihre Eltern. Murer nimmt ihren Ausweis, befiehlt ihr durchzugehen und stößt die Eltern zu den «Untauglichen». Aber das Mädchen holt sie zurück und will sie mit sich ziehen. Murer lässt sie nicht. Da reißt sie ihm den Ausweis aus der Hand und geht schnell mit den Eltern durchs Tor. Murer drückt sie an die Wand und zieht seine Pistole.

Als ich die Augen wieder öffne, liegt sie schon in einer Blutlache …

Murer fährt kaltblütig mit der Kontrolle fort.

Auch wir können nur unter Schwierigkeiten passieren. Mit einer großen Gruppe Menschen schleppen wir uns zum Kailis-Block. Doch man lässt uns nicht hinein – er ist schon überfüllt. Die Männer schaffen es gerade noch, dass man uns wenigstens in den Schuppen hineinlässt. Wir setzen uns gleich neben der Tür auf unsere Bündel. Die Arbeiter machen sich auf den Weg in ihre Betriebe.

Es nieselt. Dort im Ghetto fällt der gleiche Regen. Dort wird genauso gemordet und Jagd auf Menschen gemacht. Wer nicht gehen will, bleibt in seinem Blut liegen.

Schon wieder Abend. Die Beine sind vom langen Sitzen wie gelähmt. Ich würde sie so gern ausstrecken und wenigstens für einen Moment den Kopf irgendwo anlehnen.

Es ist bereits spät, und der Regen hat immer noch nicht aufgehört. Wie schwer das alles ist! Wann ist es endlich vorbei?

Fromme Leute sagen, dass die Erde keine unschuldigen Opfer annehmen will und sie daher wieder ausspuckt. Aber Mama meint, die Sache sei viel einfacher: Viele Getroffene fallen noch lebend in die Gruben. Sie ersticken und schwellen deshalb an. Weil es so viele sind, reißt die Erdschicht, mit der man die Gruben bedeckt, auf, und in den Rissen erscheinen hier und da Hände, Beine, Gesichter …

Deshalb füllt man die Gruben jetzt nicht mehr ganz bis zum Rand. Ehe man sie zuschüttet, werden die Leichen mit ungelöschtem Kalk bestreut.

Mir gehen schreckliche Gedanken durch den Kopf. Sie lassen nicht einmal ein flüchtiges Einnicken zu, obwohl ich schon die zweite Nacht nicht schlafen kann.

Wieder tagt es. Mama und die anderen sind zur Arbeit gegangen. Jetzt warten wir auf den Abend, damit wir zurück ins Ghetto können.

Die Herbsttage sind kurz. Aber niemand beeilt sich: Man hat Angst, dass die Aktion dort noch nicht zu Ende sein könnte.

Nun sind wir wieder im Ghetto.

Beklemmende Leere. Auf den Straßen liegen weggeworfene Bündel. Fenster und Türen sind weit offen. Unter den Füßen knirschen die Splitter zerschlagener Fensterscheiben.

Unsere Wohnung ist leer. Keiner der siebzehn Mitbewohner ist mehr da … Alle Sachen sind mit Daunen wie mit Schnee bedeckt. Diese Verbrecher haben die letzten Kissen aufgeschlitzt.

Und wie soll es weitergehen? Wie bisher? Wie lange noch?

Das Wüten der Deutschen wird immer schlimmer. Wahrscheinlich läuft es für sie an der Front überhaupt nicht nach Plan.

Die Flucht aus dem Ghetto wird schwerer. Die Bevölkerung ist eingeschüchtert und hat Angst, Menschen zu verstecken. In den Zeitungen ist ein Befehl Murers abgedruckt: Sollte man bei jemandem einen versteckten Juden finden, werden alle Mitbewohner erschossen oder gehängt. Man erzählt sich, dass auf dem Katedraln- und dem Lukischker Platz sowie am Rathaus schon einige Bewohner der Stadt gehängt wurden, weil sie Juden versteckt hatten.

Wer kann, flüchtet heimlich in die umliegenden Ortschaften. Dort soll es etwas ruhiger sein. Die Menschen verkaufen ihre letzten Habseligkeiten und mieten Lastwagen. Kinder tragen sie in Rucksäcken oder schmuggeln sie als Erwachsene verkleidet heraus. Nach der Arbeit kehren sie dann nicht mehr ins Ghetto zurück. Sie verstecken sich an einem verabredeten Ort und warten, bis es dunkel wird.

Doch bislang ist die Flucht nur ganz wenigen Menschen geglückt: Viele werden unterwegs aufgegriffen.

Lieber Gott, gibt es denn keine Rettung?

Noch keine Woche ist die Aktion mit den gelben Scheinen her, da geht es schon wieder los …

Diesmal müssen die Inhaber gelber Scheine und ihre Angehörigen nicht nur für einen, sondern für drei volle Tage das Ghetto verlassen.

Frau Rose, eine Bekannte von uns, will sich nicht mehr verstecken. Sie meint, dass man sie in diesen drei Tagen sowieso finden wird. Und sollte sie auf wunderbare Weise auch diesmal am Leben bleiben, werde man sie beim nächsten Mal kriegen. Früher oder später kämen alle Juden nach Ponar. Keiner werde entrinnen.

Mich schaudert, wenn ich Frau Rose so reden höre. Mama ist sogar richtig böse darüber: Wie kann man so etwas sagen – dass man damit einverstanden ist zu sterben? Sitzen und warten, bis sie kommen und dich zur Schlachtbank führen …

Doch nicht alle haben sich so ihrem Schicksal ergeben. In der Nachbarwohnung wird fieberhaft am «Bau» einer Maline gearbeitet. Kleine Wäschebündel, Brotkanten und Töpfe mit gekochten schwarzen Erbsen werden in ein winziges Zimmer gebracht. Dann folgen die Menschen. Mit Sorge schaut man auf die Nachbarin mit dem Baby – hoffentlich wird es nicht weinen. Wie viele Male hat das Weinen eines Kindes ein Versteck verraten! Ein junges Mädchen und ihr Bruder, als dessen Frau sie registriert ist, bringen ihre Eltern in die Maline. Die Tür zu der Kammer verstellen sie mit einer großen alten Anrichte, die an der Wand festgenagelt wird. Auf die Regale stellen sie das Geschirr der ganzen Wohnung und eine kleine Flasche Schnaps, die extra für diesen Zweck besorgt wurde. Die soll die Mörder ablenken, falls sie zu nahe kommen.

Wir befinden uns wieder im Ghetto. Gleich als Erstes bin ich zu der Wohnung mit der Maline gelaufen.

Die Maline ist zerstört … Die Anrichte von der Wand weggerückt. Es hat nichts genützt. Wahrscheinlich hat das Kind angefangen zu weinen.

Ich stelle mir vor, wie das abgelaufen ist …

Der erste Tag. In dem kleinen Zimmer ist es still, dunkel. Das

Kind schläft. Soldaten kommen in die Wohnung, durchsuchen sie kurz und gehen wieder. Von der Straße sind Schreie und Schüsse zu hören, doch die Menschen in dem Zimmerchen glauben, dass sie hier sicher sind.

In der Nacht weckt die Mutter das Kind, spielt ein wenig mit ihm, füttert es. Es soll wach bleiben, damit es tagsüber schläft. Aber ausgerechnet jetzt fallen ihm die Augen zu. Es schläft ein. Was wird am Tag werden?

Frühmorgens. Man hört Soldaten ins Ghetto marschieren. Heute scheinen sie gründlicher zu suchen. Und das Kind schläft nicht. Weil es sich an die Dunkelheit gewöhnt hat, mag es nicht mehr still liegen – es brabbelt etwas in seiner Sprache, spielt mit seinen Zehen. Aber dort, hinter der Wand, im großen Zimmer wüten die Soldaten: Sie werfen alles durcheinander, klopfen die Wand ab! Öffnen die Anrichte! … Gott sei Dank haben sie den Schnaps gefunden. Sie trinken und lachen wiehernd. Das zieht sich endlos hin! Wenn bloß das Kind jetzt nicht zu weinen anfängt! Die Mutter drückt es fest an ihr Herz und schließt sein Mündchen mit ihren Lippen – falls es husten muss, wird sie den Husten einfach verschlucken.

Endlich sind die Schurken verschwunden. Auch der zweite Tag geht zu Ende. Nur noch ein Tag.

Der dritte und letzte Tag ist angebrochen. Alle Augenblicke dringen neue Soldaten in die Wohnung ein. Heute sind sie besonders grausam. Wie wilde Hunde durchstöbern sie jeden Winkel. Und das Kind ist heute sehr reizbar, es fängt an zu weinen … Um Himmels willen. Es weint! Und sie sind schon auf der Treppe. Kommen wieder in die Wohnung … Jemand drückt ein Kissen auf das Kind. Die Mutter will das Kissen herunterwerfen. Zu spät. Die Banditen haben es schon gehört … Sie schieben die Anrichte beiseite und dringen in das Zimmer ein. Einer reißt der Mutter das Kind vom Schoß, packt es an den Füßen und schmettert es gegen die Wand …

Die Mutter verliert den Verstand. Mit dem leblosen kleinen Körper ihres Kindes im Arm geht sie nach Ponar …

Gens bekräftigt, es werde in Zukunft ruhig bleiben. Er hat eine Versammlung einberufen und dort verlauten lassen, die deutschen Machthaber hätten ihm Folgendes zugesichert: Jetzt, da im Ghetto nur noch gute, für die Deutschen unentbehrliche Fachkräfte geblieben sind, wird niemandem mehr etwas zuleide getan. Man muss nur gut und fleißig arbeiten und gehorchen. Wenn wir mit unserer Arbeit Nutzen bringen und gewissenhaft alle Befehle ausführen, werden wir am Leben bleiben.

Ich habe selber gesehen, wie jemand daraufhin eine verächtliche Handbewegung machte, ausspuckte und Gens mit «du deutscher Papagei» anschrie.

In derselben Versammlung gab Gens auch etwas über eine neue Anordnung bekannt: Jede Arbeitsbrigade muss einen verantwortlichen Brigadier – einen so genannten Kolonnenführer – haben. Er ist für die ganze Brigade verantwortlich und hat darauf zu achten, dass sich beim Gang zur Arbeit kein Fremder einschleicht, der auf diese Weise in die Stadt gelangen will. Der Brigadier hat auch beim Marsch durch die Straßen der Stadt für Ordnung zu sorgen. Er muss immer eine Liste sämtlicher Mitglieder seiner Brigade dabeihaben und kontrollieren, ob alle zur Arbeit erschienen sind. Wer nicht zur Arbeit kommt, hat ein ärztliches Attest vorzulegen. Diejenigen, die ohne einen triftigen Grund der Arbeit fernbleiben, muss er dem Ghettoarbeitsamt melden. Das Arbeitsamt teilt dies der Arbeitspolizei mit, die den Säumigen für eine Nacht ins Ghettogefängnis steckt. Am nächsten Morgen wird er dann wieder freigelassen, unter der Bedingung, dass er unverzüglich zur Arbeit geht.

Die Arbeit wird übrigens «bezahlt». Männer bekommen 1,20 Mark am Tag, Frauen eine Mark, Kinder bis sechzehn Jahre 80 Pfennig. Diese Summe gehört dem Arbeitenden. Eine gleich große Summe muss der Arbeitgeber außerdem ans Gebietskommissariat abführen.

Man sollte aber nicht annehmen, dass der Arbeiter den ganzen Verdienst auf die Hand bekommt. Nein, jetzt streckt noch die Ghettomacht die Hand nach diesem armseligen Verdienst aus. Zehn Prozent nimmt sich das Steueramt. Wenn in der speziellen Steuerkarte nicht vermerkt ist, dass die Steuer bezahlt wurde, bekommt der Betreffende keine Brotkarten. Weitere zehn Prozent sind an die so genannte Winterhilfe abzuführen. Was bleibt uns anderes übrig – je näher der Winter kommt, desto mehr sind wir auf diese Hilfe angewiesen.

Auch die restlichen Arbeiter der Kailis-Fabrik haben das Ghetto verlassen: Ihr Direktor hat ein weiteres Haus als Wohnblock bekommen. Leider mussten wir im Ghetto bleiben, für uns reicht der Platz nicht. Ich sage «leider»; denn in den Kailis-Blocks ist es zur Zeit ruhig. Auch während der vergangenen blutigen Aktionen im Ghetto, bei denen beinahe siebentausend Menschen nach Ponar getrieben wurden, gab es in den Kailis-Blocks nur oberflächliche Kontrollen.

Im Ghetto wird es jetzt auch Wohnblocks geben. Alle, die am selben Ort arbeiten, werden auch zusammen in einem Haus wohnen. Die einen halten das für ein schlechtes Zeichen; denn wenn jetzt jemand entlassen wird, kommt er gleich nach Ponar. Man kann sich nicht mehr verstecken. Andere meinen, das sei bloß deutsche Gründlichkeit, im schlimmsten Fall eine neue Methode, um Menschen aufzuspüren, die keinen gelben Schein besitzen.

Sollte nur das ihre Absicht gewesen sein, war ihre Mühe vergeblich. Wer nämlich keinen gelben Schein hat, blieb, wo er war. Die Menschen sind einfach näher zusammengerückt. Von diesen Illegalen wissen weder die Deutschen noch die Ghettopolizisten.

Wieder traurige Nachrichten: Man hat die Familien sowjetischer Offiziere, die bis jetzt in zwei Häusern in der Subotschgass festgehalten wurden, nach Ponar gebracht.

Heute wurden sie abtransportiert. Eine der Frauen rief einer gerade vorbeiziehenden Ghettobrigade vom Lastwagen aus zu: «Wo ist die Arbeitersiedlung Ponar? Wir sollen dort arbeiten.»

Das ist die Standardlüge: Sie tun so, als ob sie die Leute zur Arbeit bringen, und führen sie tatsächlich zur Schlachtbank …

Das Gebietskommissariat hat eine neue Verordnung erlassen: Den Juden ist es verboten, Kinder zur Welt zu bringen. Ein Volk, das zur Ausrottung verurteilt ist, darf keine neue Generation in die Welt setzen.

Heute verbieten sie uns, Kinder zu bekommen, und morgen ermorden sie die, die schon da sind.

Wenn man doch nur einen einzigen Tag ohne Todesangst leben könnte!

Vorige Nacht war im Ghetto wieder eine Aktion. Eine heimliche, ungewöhnlich stille Aktion, deshalb haben wir auch erst heute davon erfahren.

Diesmal hatte es der Tod auf die Familien der Arbeiter in den Werkstätten abgesehen, die direkt der Gestapo unterstellt sind. Obwohl es doppelt so schlimm war, in der Höhle des Löwen zu arbeiten, hatte es auch einen Vorteil: Der Brigadier dort konnte die Erlaubnis erwirken, dass in die gelben Scheine nicht nur Frauen und Kinder, sondern auch Eltern und Geschwister eingetragen werden durften. Um möglichst viele Menschen vor dem Tod zu bewahren, hatten die Besitzer gelber Scheine natürlich jede Menge «Verwandte» eintragen lassen. Die Deutschen müssen wohl dahinter gekommen sein, dass sich bei ihnen zu viele Arbeiter und zu große Familien angesammelt hatten.

Mitten in der Nacht rückte still und leise eine Gruppe von litauischen Soldaten ins Ghetto ein und marschierte gleich zu den Blocks, in denen die Arbeiter der Gestapo-Werkstätten untergebracht sind (Straschungass 3 und eine Haushälfte in der Straschungass 15). Leise weckten sie die Leute und überbrachten ihnen den Befehl des Gestapo-Chefs Neugebauer[1], das Ghetto zu verlassen. Der höfliche Ton er-

1 Rolf Neugebauer, SS-Obersturmführer, war von Februar 1942 bis Oktober 1943 Chef der Gestapo in Wilna. (A. d. Ü)

weckte den Anschein, man sei gekommen, um die unentbehrlichen Arbeiter aus dem Ghetto zu bringen, weil dort wieder Gefahr drohe.

In diesen Häuserblocks wohnten zufällig auch einige Familien, die nicht dorthin gehörten, weil sie es noch nicht geschafft hatten, in ihre Blocks umzuziehen. Jetzt freuten sie sich, dass sie sich den abziehenden Arbeitern anschließen und das Ghetto verlassen konnten.

Die Menschen wurden ins Lukischki gesteckt. Aber das schreckte sie nicht: Während der ersten Aktion mit den gelben Scheinen, als man sich vierundzwanzig Stunden mit der Familie an der Arbeitsstelle aufhalten musste, hatte man sie ja auch für eine Nacht in einem Teil des Gefängnisses untergebracht.

Am anderen Morgen kam Weiss mit einigen Gestapo-Leuten und ließ verlauten, die Arbeitsplätze seien reduziert worden und somit der größte Teil der Arbeiter entlassen. Die verbliebenen Arbeiter werde er nach einer Liste aufrufen. Sie kämen ins Ghetto zurück. Ihre bisherigen Privilegien seien aber nicht mehr gültig – sie könnten nur ihre Frauen und Kinder bis zu sechzehn Jahren mitnehmen. Eltern, Geschwister und alle Entlassenen müssten zurückbleiben.

Aus dem Gefängnis ist nur ein Häuflein Menschen ins Ghetto zurückgekehrt. Die übrigen wurden vermutlich nach Ponar geschleppt …

Wieder ist es unruhig. Die Inhaber gelber Scheine müssen Fragebögen ausfüllen. Mama hat schon einen ausgefüllt. Die Angaben sind sehr einfach: Nachname, Vorname, Geburtsdatum, Beruf, Arbeitsstelle, die Namen der Familienmitglieder, verwandtschaftliche Beziehung zum Ausweisinhaber (Ehemann, Ehefrau, Sohn oder Tochter) sowie deren Alter und Beruf. Es heißt, dass die auf dem Fragebogen angegebenen Familienmitglieder (man darf nur diejenigen eintragen, die blaue Nummern haben) rosa Scheine bekommen sollen.

Werden alle solche Scheine bekommen, oder werden sie sich wieder etwas ausdenken?

Den rosafarbenen Schein erhält jeder, aber nicht alle auf einmal, sondern jeden Tag nur eine gewisse Zahl von Leuten.

Mama hat schon rosa Scheine für uns bekommen. Jetzt habe ich ein eigenes Dokument. Na ja, es ist wohl kein besonders wichtiges; denn es ist nur im Ghetto gültig und lediglich von Gens unterschrieben. Auch der Stempel ist der hier übliche Davidstern mit der deutschen Aufschrift «Polizeiamt Ghetto Wilna».

Die Menschen hatten sich gerade wieder beruhigt: Wenn alle der Reihe nach rosa Scheine erhalten sollen, gibt es ja nichts zu befürchten. Doch gestern Abend brach plötzlich Panik aus: Murer hatte angeordnet, die Ausgabe der Scheine bis zum Morgen zu beenden. Auch die Beschwichtigungsversuche der Ghettopolizei, man halte die Scheine nur deshalb zurück, weil das Gebietskommissariat neue statistische Angaben benötige, helfen nicht.

Bei Tagesanbruch marschieren litauische Soldaten ins Ghetto ein und nehmen in den Straßen Aufstellung. Sie wollen offenbar abwarten, bis alle Arbeiter zur Arbeit in die Stadt gegangen sind. Aber niemand will gehen. Gens und seine Polizisten müssen Gewalt anwenden. Sie erklären, dass es sich lediglich um eine Kontrolle handele. Sollte man aber jemanden mit einem gelben Schein antreffen, der nicht zur Arbeit gegangen ist, werde sein Ausweis ungültig und seine ganze Familie abtransportiert.

Mama will auf keinen Fall gehen. Die Nachbarn müssen sie beinahe zwingen mitzukommen.

Und was wird aus uns? Hoffentlich halten sie uns wenigstens dieses eine Mal nicht zum Narren und begnügen sich mit einer Kontrolle. Es ist ohnehin schon bitter genug: Bei uns in der Wohnung wohnt ein Ehepaar, das keine rosa Scheine hat. Ihr Kind haben sie jemandem zugeschrieben, der im Besitz eines gelben Scheins ist. Sie selbst haben sich bei den letzten beiden Aktionen in der Maline von Bekannten versteckt, aber die soll jetzt ausgebessert werden und wurde vorübergehend geräumt. Da sie nun nirgendwo mehr hinkönnen, bleibt ihnen nichts anderes übrig, als sich im Bett zu verstecken. Wir haben sie bis zum Hals mit Kissen und Decken aus der ganzen Wohnung zugedeckt und obenauf noch Kleidungsstücke geworfen. Die Köpfe werden wir erst im letzten Moment zudecken, erst dann, wenn die Schritte der Mörder schon zu hören sind.

Ein stiller Wintermorgen. In der Luft schweben vereinzelte Schneeflocken. Wie eine durchsichtige Decke legen sie sich auf die Erde, werden aber bald von schweren Soldatenstiefeln in den Schmutz getreten. Von oben fallen wieder neue Schneeflocken und wollen den Matsch und die Stiefelspuren zudecken. Alles umsonst; denn jetzt werden sie von vielen Füßen zertreten: Man führt eine große Gruppe Menschen ab. Die zwei schrecklichen Aktionen haben sie überlebt und werden nun trotzdem umkommen. Wer kann Ponar noch entgehen? …

Plötzlich hören wir Schritte. Die Soldaten sind schon im Hof! Kommen die Treppe herauf! Klopfen an die Tür. Nein, nicht an unsere Tür, an die Nachbartür. Niemand öffnet. Sie verschaffen sich gewaltsam Zutritt … Eine Frau weint … Die Soldaten lachen wiehernd. Sie führen jemanden ab …

Schon hämmern sie an unsere Tür! Wir greifen uns die Kissen, decken damit die Gesichter der Versteckten zu, tarnen sie. Vor Schreck setze ich mich versehentlich aufs Bett. Unter mir hat sich etwas bewegt – wahrscheinlich habe ich jemandem wehgetan.

Die Schurken schauen sich jeden Schein genau an. Sie klopfen die Wände ab, rücken den Schrank vor, durchstöbern den Flur. Dringen in das Nachbarzimmer ein. Ich hebe den Zipfel eines Kissens leicht an, damit die Versteckten wenigstens ein bisschen Luft bekommen.

Die Mörder ziehen ab. Wir werfen die Kissen herunter. Unsere armen Nachbarn sind völlig verschwitzt und ringen nach Luft. Wir erfrischen sie mit kaltem Wasser und fächeln ihnen Luft zu. Nur langsam kommen sie zu sich. Aber sie trauen sich nicht, das Bett zu verlassen – die Mörder könnten noch einmal wiederkommen.

Am Ghettotor stehen Lastwagen mit Verdeck. Diesmal treiben die Henker ihre Opfer nicht zu Fuß vor sich her. Sie wollen verhindern, dass sie fliehen, wie das schon oft passiert ist. Meistens trifft den Beherzten eine Kugel. Der Abtransport mit Autos ist schneller und einfacher. Man bringt sie in den Wald. Dort wird noch lange das Krachen von Schüssen zu hören sein. Danach wird es wieder still werden. Und nur die Bäume werden, stumm vor Trauer, das Andenken der Opfer ehren.

Unser Nachbar hat auch einen rosa Schein bekommen. Es hat sich herausgestellt, dass nach Ausgabe der Scheine an alle Familienmitglieder noch Blankoscheine übrig waren. Und da man Arbeitskräfte braucht, gibt man nun auch Scheine an jene aus, die sich während der furchtbaren Aktionen verstecken konnten.

Man wird ihnen also nichts mehr tun. Wie Unrecht Frau Rose doch hatte, als sie zu schnell jede Hoffnung verlor. Wenn sie sich damals versteckt hätte, wäre sie vielleicht nicht gefunden worden und würde heute noch leben wie wir. Aber wie lange noch? Zumindest können die Lebenden noch hoffen, aber sie …

Die neuen rosa Scheine sind die gleichen wie unsere, aber neben der Nummer steht der Buchstabe «S». Das bedeutet, der Schein gilt nicht für Familienmitglieder, sondern ist ein «Schutzschein». Dort ist auch der Beruf des Inhabers vermerkt. Die Frau des Nachbarn dagegen hat, wie wir, einen einfachen Schein für Familienmitglieder bekommen.

Es ist der Befehl ergangen, dass nicht nur die Besitzer von Schutzscheinen, sondern alle Ghettobewohner arbeiten müssen – Frauen, Kinder, alte Leute. Wer arbeitet, erhält zusätzlich einen blauen Schein, eine Arbeitsbescheinigung.

Ich möchte ebenfalls in der Stadt arbeiten gehen. Aber Mama lässt mich nicht. Sie meint, ich würde erfrieren. Und außerdem, wie kann man die Kinder allein lassen? Ich habe aber das Gefühl, dass sie bald nachgeben wird: Ihr Verdienst und der von Mira sind so gering, dass wir dringend noch ein paar Rubel benötigen. Und die Hauptsache: Vielleicht werde ich auch etwas aus der Stadt mitbringen können.

Hurra! Den Deutschen geht es an den Kragen! Sie werden aus der Gegend von Moskau vertrieben! Die Rote Armee hat bereits Kalinin[1] befreit!

Sie sind in einer Zwangslage. Sie frieren wie die Hunde. Dumm nur, dass sie sich gern auf unsere Kosten wärmer anziehen möchten: Laut Anordnung müssen wir alle Pelzmäntel, Pelzkragen, -mützen und sogar -manschetten abliefern. Alle Pelzsachen müssen bis fünf Uhr nachmittags zum Judenrat gebracht werden. Andernfalls droht die Todesstrafe!

Kurz, wir müssen abliefern. Dabei arbeiten die Menschen doch hauptsächlich draußen im Freien. Während bisher nur diejenigen gefroren haben, die gehofft hatten, der Krieg würde bis zum Winter vorbei sein, und deshalb keine Wintermäntel mit ins Ghetto genommen hatten, werden nun alle frieren müssen. Und ausgerechnet jetzt ist es bitterkalt; niemand kann sich an einen derart strengen Winter erinnern. Aber die Besatzer nehmen darauf keine Rücksicht – jeden Tag kommen sie ins Ghetto, greifen sich Frauen und sogar Kinder und lassen sie Schnee räumen. Die Arbeit gilt als Gelegenheitsarbeit, dafür gibt es keine Scheine und nicht die geringste Bezahlung. Man jagt die Leute einfach hinaus, und dann heißt es: Arbeite!

Mama hat von unseren Mänteln die Kragen abgetrennt und weggebracht. Sie sagt, dass beim Judenrat Lastwagen stehen, die man mit ganzen Packen voller warmer Hüte, Kragen und Mäntel belädt.

Ich bin hingelaufen, um mir das anzusehen. Es stimmt, beladene Autos verlassen das Ghetto und kehren leer zurück.

Was würden wir ohne den Lehrer Jonaitis machen? Wahrscheinlich noch mehr hungern. Letzte Woche hat er uns ein Tontöpfchen mit Schmalz zukommen lassen. Das hatte ihm seine Mutter aus dem Dorf geschickt. Obenauf, unter dem Papier, lag ein kleiner Brief von

1 Heute wieder Twer

ihr, den er wohl übersehen hat. Anscheinend hat er das Geschenk der Mutter gar nicht erst ausgepackt und gleich an uns weitergeschickt.

Leider ist er sehr unvorsichtig: Gestern brachte er Papas Herbstmantel direkt ans Ghettotor und gab ihn Mira. Und er selbst läuft in kaputten Schuhen herum. Mama hat ihm schon etliche Male gesagt, er soll Papas Schuhe anziehen, die noch bei ihm stehen. Nach langem Zureden hat er versprochen, die Schuhe zu tragen, aber nur unter der Bedingung, dass Mama dafür Geld von ihm nimmt. Das wäre ja noch schöner!

In letzter Zeit ist es etwas stiller. Also versuche ich einmal, unser Leben hier näher zu beschreiben.

Auch im Ghetto sind nicht alle Menschen gleich. Manche haben mehr Sachen von zu Hause mitgenommen, manche bekommen Hilfe von christlichen Freunden, und manche haben weder das eine noch das andere. Letztere erhalten eine klägliche Unterstützung von der «Sozialfürsorge» des Judenrats: Man zahlt ihre Miete (wer seine Miete nicht bezahlt, bekommt auch keine Brotkarten), bemüht sich um Steuervergünstigungen, schenkt ihnen Holzpantinen, Karten fürs Bad oder Suppengutscheine. Es ist natürlich nicht leicht, solche Hilfeleistungen zu bekommen, denn die Zahl der Bedürftigen ist groß.

Neulich hat die Sozialfürsorge zusammen mit der Winterhilfe eine Kleidersammlung durchgeführt und die Leute aufgefordert, mit denen zu teilen, die nichts haben. Und die Menschen teilen, geben mitunter ihr letztes Hemd weg …

Die gesammelte Kleidung bekommen Waisenkinder und Leute, die schon in Lumpen gehen und die beim Schneeschaufeln in den Straßen oder während der Arbeit an der Bahn und auf dem Flugplatz frieren.

Übrigens ist es wirklich ein Unglück, auf dem Flugplatz arbeiten zu müssen. Dort hat ein schrecklicher deutscher Sadist das Sagen, der kein größeres Vergnügen kennt, als mit seinem Gewehr auf Hüte zu zielen oder erschöpfte und halb erfrorene Menschen nach der Arbeit bis in die Nacht hinein auf dem Bauch über den ganzen Flughafen kriechen zu lassen.

Eine große Hilfe für diejenigen, die schon an Hungerödemen leiden, sind die Ghettosuppenküchen. Es gibt eine ganze Reihe solcher Küchen. Dort werden Suppen aus übrig gebliebenen Lebensmitteln gekocht. (Das Versorgungsamt bestimmt einen Termin, bis zu dem man die laut Coupon auszugebenden Lebensmittel kaufen muss. Wer zu spät kommt, weil er krank war oder kein Geld hatte, geht leer aus. Oft bekommt man mit nur einem oder zwei Coupons gar keine Perlgraupen oder Erbsen.) Eine Portion Suppe kostet 25 oder 30 Pfennig. Das ist vielleicht nicht teuer, wenn es denn eine richtige Suppe wäre. Aber wo bekommt man heute schon eine richtige Suppe?

Wieder eine Aktion. Keine große, aber immerhin eine Aktion.

Während der Nacht kam still und leise ein Trupp nüchterner litauischer Soldaten ins Ghetto. Sie haben die Ghettopolizisten angewiesen, auf ihren Posten zu bleiben, während sie selbst bestimmte Adressen aufsuchten, die jeder von ihnen bei sich hatte.

Still und höflich weckten sie die Leute, befahlen ihnen, warme Sachen mitzunehmen, und warteten geduldig, bis sie angekleidet waren und ihre Sachen gepackt hatten.

Erst als man hinter dem Ghettotor anfing, sie auf Lastwagen zu laden, begriffen die Menschen ihre Lage …

Es stellte sich heraus, dass Murer von Gens neue Opfer gefordert hatte. Gens hatte daraufhin eine Liste von Angehörigen der so genannten Unterwelt aufgestellt – Menschen, die ihm nicht passten oder der Ghettopolizei lästig waren – und den Henkern ihre Adressen gegeben. Nachts waren dann in Ponar wieder Schüsse zu hören.

Ich habe bis jetzt nicht gewusst, dass es im Ghetto eine Organisation von Aktivisten gibt, die im Untergrund arbeiten. Niemand nennt ihre Namen, aber sie sind da. Ihre Neujahrsaufrufe waren beeindruckend. Richtige, gedruckte Aufrufe (vielleicht sogar im Ghetto selbst gedruckt?). Sie fordern dazu auf, Widerstand zu leisten, sich nicht wie Schafe zur Schlachtbank führen zu lassen. Unsere Mütter, Brüder und Schwestern liegen schon in Ponar, schreiben sie. Genug der Opfer! Wir müssen kämpfen!

Die Stimmung hat sich gebessert. Die Menschen wiederholen die Worte des Aufrufs. Sie verfluchen Gens dafür, dass er auf Murers Forderungen eingegangen ist.

Das neue Jahr, 1942, ist da. Aber man hört keine Neujahrsglückwünsche. Vielleicht ist dies unser letztes Jahr. Hitler soll in seiner Neujahrsansprache gesagt haben, dass Juden ab 1943 nur noch im Museum zu sehen sein werden.

Wenn man ihm bis dahin keine endgültige Niederlage beibringt, kann er seine Drohung wahr machen …

Unser Nachbar hat die letzte Nacht im Ghettogefängnis verbracht: Er hatte versucht, in seinen Taschen Kartoffeln durchs Ghettotor zu schmuggeln.

Das Gefängnis befindet sich im Hof der Bibliothek, in der Straschungass 6. Eigentlich ist das schon das Lidsske Gessl, aber von der anderen Seite ist alles vernagelt, und der Eingang befindet sich im Hof in der Straschungass.

Im Gefängnis gibt es nummerierte Zellen. Ein Teil davon ist für «kleine Verbrecher» bestimmt. Sie sitzen, weil sie ohne einen triftigen Grund von der Arbeit ferngeblieben sind, weil sie versucht haben, etwas ins Ghetto zu schmuggeln, oder einen Ghettopolizisten beleidigt haben. Diese Zellen sind immer voll.

Es gibt auch eine Zelle für Leute, die eine längere Strafe absitzen müssen, zum Beispiel für Diebstahl und dergleichen.

Eine spezielle, etwas komfortablere Zelle ist für die gesetzesbrüchigen Ghettopolizisten vorgesehen: Für Unachtsamkeit, Befehlsverweigerung oder Schlafen während der Dienstzeit kann der Dienststellenleiter eine Strafe verhängen – von 24 Stunden bis hin zu drei Tagen Haft.

Anfangs haben die Leute über das Gefängnis gelacht, aber jetzt lacht keiner mehr. Es ist oft die letzte Station, bevor es nach Ponar geht. Wenn Murer Nachschub für den Opferaltar in Ponar fordert, räumt Gens zuallererst das Ghettogefängnis.

Ich werde einmal unsere «Staatsordnung» beschreiben. Wie in jedem richtigen Staat gibt es bei uns Behörden. Während es dort Ministerien, Abteilungen und Komitees gibt, haben wir den Judenrat mit seinen Abteilungen und die Ghettopolizei.

Außer dem Arbeitsamt, der Sozialfürsorge, der Bibliothek und dem Krankenhaus, über die ich schon geschrieben habe, gibt es noch viele andere Institutionen.

Das so genannte Versorgungsamt gibt durch die Hauswarte Brotkarten aus, verteilt die für das Ghetto bestimmten Lebensmittel an die Läden und kontrolliert ihre Ausgabe.

Das «Wohnungsamt» ist für Wohnungsangelegenheiten zuständig, richtiger, für Zimmerchen und Ecken. Wenn es nach einer Aktion irgendwo «geräumiger» geworden ist, weist man dorthin Menschen ein, die bisher in noch größerer Enge gelebt haben (natürlich auf Anordnung). Das Wohnungsamt hat eigene Renovierungsbrigaden, die von Zeit zu Zeit die Zimmer kalken. Aber in den Genuss eines gekalkten Zimmers kommen nur hoch gestellte Polizisten, die Mitglieder des Judenrats und andere Privilegierte. Für einfache Sterbliche ist das nicht gedacht.

Im Ghetto gibt es noch viele andere Institutionen: für technische Angelegenheiten und Finanzen, die Leitung der Werkstätten, das Einwohnermeldeamt und sogar eine Beerdigungsabteilung (schließlich sterben die Menschen nicht nur an Schussverletzungen). Die Stadtverwaltung hat dem Ghetto dafür einen alten Gaul und einen

Leichenwagen zur Verfügung gestellt. Fast jeden Morgen bewegt sich schon ganz früh ein Trauerzug durchs Ghetto – der schwarze Leichenwagen mit einem Häufchen Trauernder. Sind es mehrere Särge auf einmal, ist die Zahl der Begleiter etwas größer. Die Trauernden begleiten den Toten bis zum Ghettotor und nehmen dort von ihm Abschied – die einen still weinend, die anderen laut schreiend. Danach öffnet sich das Tor wie ein Schlund, verschlingt den Leichenwagen und schließt sich wieder. Für eine Weile ist noch das Klappern der Hufe zu hören. Das war's … Jetzt knallt der Fuhrmann mit der Peitsche, und der Gaul läuft so schnell er kann durch die Stadt. Er muss es bis zum Friedhof schaffen, ehe die Stadt erwacht: Sogar einem toten Juden ist nicht alles erlaubt …

Für die Kinder im Ghetto sorgt eine spezielle Kinderabteilung. Für Waisen gibt es Kinderheime und Internate. Die Kinder sind in Altersgruppen aufgeteilt. Die Kleineren lernen, die Älteren arbeiten in den Ghettowerkstätten oder in speziellen Transportbrigaden. Ein Junge, der in der Stadt arbeitet, wird nicht mehr im Internat aufgenommen, auch wenn er Waise ist. Man geht davon aus, dass er schon ein erwachsener Mensch ist. In Wirklichkeit aber ist er noch ein Kind …

Es gibt auch zwei Schulen – eine in der Straschun-, die andere in der Schawler Gass. Sie befinden sich absichtlich etwas weiter weg vom Ghettotor: Wenn ein Mitarbeiter der Gestapo unerwartet ins Ghetto kommt, braucht er nicht unbedingt zu sehen, wie viele Kinder noch hier sind. Die Lehrer selbst haben Tische und Bänke hierher geschleppt, sogar eine Tafel haben sie aufgetrieben. Sie unterrichten Chemie ohne Labor, Biologie ohne eine einzige Pflanze, alles ohne Schulbücher – aber sie unterrichten.

Jeden Tag um 12 Uhr mittags werden die Kinder in die Ghettoküche gebracht, wo es Suppe gibt. Sie kommen in ihren klappernden, mit Wachstuch bezogenen Holzschuhen und warten, bis man sie einlässt. Schon am Abend vorher beginnen sie von diesem Moment zu träumen. Gierig schlürfen sie ihre Portion, lecken die Schüssel aus, gehen traurig hinaus und sehnen schon wieder den nächsten Tag herbei, wenn man sie wieder hierher bringt …

Kinder. Die junge Generation. Bleiche kleine Gesichter, eingefallene Bäuche, von den Holzschuhen wund gescheuerte Füße. Auch sie sind Hitlers Feinde. Auch von ihnen muss man «Europa säubern».

Für die älteren Kinder gibt es ein Gymnasium. Doch es steht halb leer. Nicht, weil es im Ghetto weniger Kinder in diesem Alter gibt als anderswo, sondern weil sie arbeiten. Sie gelten nicht mehr als Kinder. Ich vergesse manchmal selber, dass ich ja auch erst fünfzehn werde. Ich darf gar nicht daran denken; sonst sehne ich mich wieder nach der Schule. Ich würde so gerne lernen. Über Schriftsteller und Gedichte, Länder und Völker sprechen. Jetzt könnte ich auch an Lehrsätzen, sogar an der Physik Gefallen finden. Aber … Mama und Mira arbeiten, jemand muss auf die Kleinen aufpassen und vor den Läden anstehen.

Neid ist zwar nicht schön, aber ich bin manchmal neidisch auf die Kinder, die noch nichts begreifen.

Ich habe mir nie klar gemacht, wie vielseitig der Mensch ist – wie viele Gefühle und Bedürfnisse er hat. Unsere jetzige Existenz kann man schon nicht mehr Leben nennen. Jeden Tag droht der Tod, wir hungern, frieren, quälen uns, und doch, der Mensch bleibt Mensch: Er denkt nicht nur an den Tod und ans Essen. Und Künstler können selbst hier nicht ohne die Muse leben.

Neulich morgens wurden Bekanntmachungen für ein Konzert ausgehängt, das das zweite Polizeirevier gemeinsam mit einer Gruppe von Künstlern vorbereitet. Daneben hingen am nächsten Tag kleine Zettel mit roter Aufschrift: «Auf dem Friedhof singt man nicht!»; «Die Polizisten sind sicher und satt und haben etwas anzuziehen – jetzt brauchen sie auch noch Konzerte!»; «Leute, geht nicht in ihre Aufführungen!»; «Statt im Konzert zu sitzen, überlegt euch lieber, wie man den Deutschen Schaden zufügen kann!»

Das Konzert fand trotzdem statt, war aber schlecht besucht.

Jetzt will das Kulturamt ein Theater eröffnen.

Die letzte Nacht war ein Fest – ein Luftangriff.

Wir schliefen schon, als durch eine starke Explosion plötzlich die Scheiben zu wackeln anfingen. Vor Schreck sprangen wir auf, glaubten, das Ghetto würde gesprengt. Dann wieder ein Krachen. Jemand rief: «Bomben!»

Hurra! Man befreit uns! Aber Mama ist ein sehr nüchterner Mensch. Sie sagt, dass man die Deutschen nicht mit einem einzigen Luftangriff in die Knie zwingen kann. Na fein, dann werden sie eben noch mehr Bomben abkriegen. Dafür wird sie niemand bedauern.

Gens und seine Polizisten waren außer sich – wenn sie jemanden mit einer glühenden Zigarette am Fenster stehen sahen, warfen sie gleich mit Steinen. Bomben krachten, Scheiben splitterten, Polizisten pfiffen – ein wahrer Aufruhr.

Auf einmal wurde es still. Die Flugzeuge entfernten sich, und wir waren wieder allein, eingesperrt im Ghetto, in den Fängen des Feindes.

Die Flieger kamen noch einmal zurück, irgendwo, weit weg, krachte es noch mehrmals. Danach wieder diese beklemmende Stille.

Unweit des Ghettos hat eine Bombe eingeschlagen.

Diese Nacht werden offenbar die Wachen am Tor verstärkt. Wenn das nicht bedeutet, dass die Gestapo Angst vor uns hat!

Heute Morgen kam Neugebauer wütend ins Ghetto gestürmt. Jemand hatte ihm gemeldet, dass in der Nacht zwei Leuchtraketen aus dem Ghetto abgeschossen worden seien. Man habe also von dem bevorstehenden Luftangriff gewusst und darauf gewartet. Die Juden hätten den Bolschewiken ein Zeichen gegeben, ihnen bei der Orientierung geholfen. Er werde nicht nach den Schuldigen suchen. Für einen derartigen Verrat müssten alle geradestehen. Er werde eigenhändig das Ghetto in Brand setzen. «Sollen die Juden ruhig brennen und ihren Freunden, den Kommunisten, leuchten.»

Wenn sie das Ghetto tatsächlich in Brand stecken, werden die Häuser lichterloh brennen, und in den Häusern – wir. Keiner wird entkommen – die Gassen sind zu schmal. Und um uns herum – hohe Zäune.

Ich habe ganz umsonst Angst vor Ponar gehabt: Dort ist der Tod leichter.

Ich habe schon lange nichts mehr geschrieben. Das Leben ist eintönig: Alle Gespräche drehen sich nur um Ponar oder ums Essen. Einige Male habe ich A. R. gesehen. Aber worüber soll ich mich mit ihm unterhalten? Über die Schule? Wie lange kann man von Erinnerungen zehren? Jetzt gibt es nichts mehr zu bereden – er arbeitet, und ich habe meine eigenen Sorgen. Aber die kann ich nur mit Mama teilen, nicht mit ihm.

Es ist schon März. Bald kommt der Frühling …

Wieder macht sich Unruhe breit: Die gelben Scheine werden bald ungültig.

Als sie im Herbst ausgegeben wurden, kamen uns die fünf Monate Gültigkeit sehr lang vor. Der 30. März schien noch in weiter Ferne. Wir hatten die Hoffnung, dass die Deutschen bis dahin vertrieben sein würden. Jetzt kommt der Tag immer näher, und sie sind noch immer da.

Jeder versucht irgendwie herauszufinden, was aus uns wird. Aber keiner weiß etwas. Hat denn nicht ein einziger Gestapo-Mann oder ein Mitarbeiter des Gebietskommissariats etwas ausgeplaudert? Solche Geheimniskrämerei bedeutet nichts Gutes …

Ich habe eine bemerkenswerte Neuigkeit erfahren: Im Ghetto gibt es eine illegale Organisation, die sich zum Kampf gegen die Besatzer rüstet. Das ist die F. P. O. – die Farejnikte Partisaner-Organisazje[1].

1 Vereinigte Partisanen-Organisation

Ihre Mitglieder haben mit eigenen Händen eine Mine gebastelt und sie unter die Bahngeleise bei Wilejke[1] gelegt.

Hurra!

Doch darüber darf nicht gesprochen werden. Mama hat mir sogar verboten, es aufzuschreiben. Aber wie könnte ich so einen wichtigen Punkt auslassen?

Während der letzten drei Nächte vor Ablauf der gelben Scheine haben die Männer in unserer Wohnung abwechselnd Wache gehalten, damit wir im Falle einer Aktion nicht im Schlaf überrascht werden.

Heute ist die letzte Nacht, da schläft niemand mehr.

Die Nacht ist beinahe frühlingshaft und doch wie leblos und erstarrt. Sie zieht sich endlos hin. Die Dunkelheit will nicht enden.

Wir quälen uns bis zum Morgen. Müssen wir zur Arbeit oder nicht? Die Ghettopolizisten brüllen natürlich, wir sollen wie immer zur Arbeit gehen. Doch wie ein Lauffeuer verbreitet sich das Gerücht, die Gestapo werde alle direkt von der Arbeitsstelle nach Ponar verschleppen und das Ghetto tagsüber «säubern» lassen.

Die Brigaden lösen sich auf: Alle laufen nach Hause, um sich zu verstecken, in Sicherheit zu bringen, die Türen zu verbarrikadieren. Die Ghettopolizisten greifen die Leute auf und jagen sie zur Arbeit.

Auch Mama haben sie beinahe gewaltsam aus der Wohnung geholt. Ich habe mich unterdessen im Hof versteckt, um nicht Abschied nehmen zu müssen.

Der Tag vergeht in banger Erwartung. Aber nichts passiert. Vielleicht wollen sie heute Nacht allem ein Ende machen?

Wir haben in Kleidern geschlafen. Zum Glück verlief auch diese Nacht ruhig. Die Deutschen haben wohl vergessen, dass die Frist abgelaufen ist?

1 Naujoji Vilnia

Man verlängert die Gültigkeitsdauer der gelben Scheine. Auch diesmal nicht bei allen auf einmal, damit es keine Panik gibt.

Mama hat ihren Schein schon verlängern lassen. Sie haben einfach das Datum 30. III. 1942 durchgestrichen und 30. IV. darüber gestempelt. Für genau einen Monat also ... Optimisten behaupten, in dieser Zeit werde man neue Ausweise drucken, die dann statt der gelben Scheine ausgegeben werden.

Diesmal haben die Optimisten Recht behalten: Die gelben Scheine werden tatsächlich durch Arbeitsausweise ersetzt. Ich habe schon einen gesehen. Es ist ein längliches Blatt aus festem rosa Papier, das zweimal gefaltet wird. Auf der ersten Seite (richtiger: auf dem Deckblatt) stehen Nachname, Vorname, Geburtsort und -datum, Wohnort (an dieser Stelle ist die Antwort schon vorgedruckt: «Wilna. Ghetto»), Beruf, Familienstand usw. Die beiden Innenseiten sind für Vermerke bestimmt, die das Arbeitsverhältnis betreffen: wo und als was man arbeitet, wann man eingestellt und wann entlassen wurde. Vorder- und Rückseite der dritten Seite sind für Eintragungen der Ghettoverwaltung vorgesehen.

Sobald alle Inhaber gelber Scheine ihre neuen Arbeitsausweise bekommen haben, wird man auch an die Leute mit blauen Scheinen welche ausgeben.

Die Bezeichnung «blaue Scheine» ist übrigens veraltet. Neuerdings druckt man diese Scheine auf grünem oder weißem Papier. Das blaue ist wohl ausgegangen.

Mama und ich hatten uns schon vor längerer Zeit abgesprochen, dass ich ab Frühjahr arbeiten würde. Und nun ist es so weit: Ich schleppe Wasser.

Als ich am ersten Tag frühmorgens das Ghetto verließ, bekam ich einen großen Schreck – auf den Straßen überall Deutsche! Und jeder von ihnen hätte uns anhalten und ins Gefängnis stecken können. Zusammen mit der ganzen Brigade schlich ich mich vorbei und wagte kaum aufzublicken. Und was für breite und saubere Straßen das waren! Hier war es sogar heller als im Ghetto!

Unterwegs sah ich unseren Französischlehrer Bakaitis. Vielleicht hätte ich ihn nicht anblicken sollen, dann hätte er mich nicht gegrüßt. So etwas kann nämlich zu Unannehmlichkeiten führen, wenn es bemerkt wird … Ich erinnere mich noch, wie er im Unterricht einmal erklärte, das französische Wort für Freundin werde mit einem männlichen Pronomen verwendet, und als Beispiel gab er uns «mon amie Rolnikaite». Da ist er nun, der «mon ami» – er geht in die Schule, und ich …

Ich arbeite in den Gemüsegärten eines reichen alten Mannes. Palewitsch heißt er. Die Gärten liegen ziemlich weitab, irgendwo in der Nähe des Kalwarisskumarkts. Der Besitzer ist sehr hartherzig. Gleich am ersten Tag warnte er uns, wir sollten es ja nicht wagen, auch nur eine einzige Möhre mitgehen zu lassen. Wenn wir beim Unkrautjäten eine Möhre oder eine Gurke essen wollten, würde er uns die schenken. Sollte er uns aber beim Mitnehmen auch nur einer Möhre erwischen, werde er dies sofort der Gestapo melden.

Bis jetzt gibt es aber weder etwas zu jäten noch zu essen. Wir schleppen Wasser zum Gießen.

Die ersten Eimer kamen mir ungeheuer schwer vor, vor allem, weil man sie sehr weit schleppen muss, bis zu den letzten Beeten. Im Ghetto ist das etwa eine Entfernung von zwei Straßenlängen. Ich schleppte die vollen Eimer und hastete mit den leeren zurück. Die Zeit wollte gar nicht vergehen. Um die Mittagszeit machten die polnischen Frauen, die nicht weit entfernt arbeiteten, eine Essenspause. Während sie aßen, warf ich ihnen verstohlene Blicke zu. Ich gab mir die allergrößte Mühe, dabei nicht aufzufallen oder gar den Eindruck zu erwecken, ich wollte betteln. Natürlich hätte ich nicht nein gesagt, wenn sie mir etwas angeboten hätten.

Nachdem ich ein bisschen gesessen und mich ausgeruht hatte, konnte ich mich kaum wieder aufrichten, so weh tat mir der ganze

Körper. Meine Hände zitterten, und die Eimer kamen mir noch schwerer vor. Die Arbeit wurde zur Qual.

Langsam, sehr langsam ging die Sonne unter.

Abends konnte mich Mama nicht überreden zu essen: Mir war schlecht, und der Kopf tat mir weh. Ich fühlte mich so elend, dass ich am liebsten losgeheult hätte. Mama meinte, die frische Luft hätte mich benommen gemacht. Aber was scherte mich der Grund – mir war übel, und damit basta!

Am anderen Morgen konnte ich nicht aufstehen. Mama flehte mich an und versuchte mir klar zu machen, dass ich jetzt, wo ich arbeitete, keinen einzigen Tag auslassen dürfe, sonst könne man das als Sabotage auslegen. Sie half mir beim Anziehen, als wäre ich ein kleines Kind, während ich vor Verzweiflung heulte: Nicht einmal meine eigene Mutter konnte mich verstehen, sich vorstellen, wie schwer ich es hatte. Mama zog mir das Hemd und das Kleid über und tröstete mich, dass man sich nach dem ersten Tag körperlicher Arbeit immer so fühle. Danach werde alles vorübergehen.

Gestern fiel es mir tatsächlich leichter, und heute ist es schon fast erträglich.

Damit mir die Arbeit nicht so öde vorkommt und die Zeit schneller verstreicht, zähle ich die Eimer. Heute waren es 96. Achtundvierzigmal habe ich zwei volle Eimer Wasser geschleppt.

Die Sowjetunion hat mit England und Amerika einen Vertrag gegen Hitler und seine Verbündeten unterzeichnet. Zusammen kann man viel mehr erreichen. Jetzt kann Hitler seinen Sarg bestellen.

Die Nachricht über diesen Pakt gilt als zuverlässig. Überhaupt sind die Informationen von der Front meistens richtig. Die illegale Widerstandsgruppe im Ghetto verbreitet die Meldungen des sowjetischen Informationsbüros unter der Bevölkerung.

Lange hat es keine neuen Anordnungen mehr gegeben, aber jetzt gibt es wieder welche. Der Bürgermeister hat verkündet, dass für das zweite Halbjahr 1941 jeder Bewohner des Ghettos eine «Kopfsteuer» zu entrichten habe. Das heißt, bald werden wir dann auch für die erste Hälfte dieses Jahres zahlen müssen. Mein Kopf wird auf 8 Reichsmark «geschätzt». Vielleicht ist das nicht viel Geld, aber woher nehmen? Es gibt fast nichts mehr zu verkaufen. Sogar die Kleinen verstehen das. Als Ruwele neulich von der Nachbarin gefragt wurde, was er esse, hat er geantwortet: «Den Ärmel von Mamas Nachthemd.»

Was für ein Glück, dass es Jonaitis gibt …

Litauen ist jetzt schon ein Jahr deutsch besetzt. Wie sich alles verändert hat! Wie viele unschuldige Menschen umgekommen sind! Wie anders ist dieses Jahr als die vorangegangenen! Nur wenn es keine Aktionen gibt, gleicht ein Tag im Ghetto dem anderen.

… Tagesanbruch. Müde, unausgeschlafene Menschen versammeln sich in der Rudnizkegass und stellen sich bei ihren Brigaden auf. Jungen mit hölzernen Bauchläden huschen, Hausierern gleich, zwischen den Leuten hin und her und preisen ihre Waren an: «Saccharin! Zigaretten! Zigaretten! Wer braucht Zigaretten? Feuersteine!» Frauen bieten verstohlen Roggenfladen zum Verkauf an.

Aus der Stadt kommen einige Schornsteinfeger zurück. Das sind die Reichsten im Ghetto. Als ich noch klein war, hatte ich Angst vor ihnen, später taten sie mir Leid, weil sie ewig schmutzig und rußverschmiert sind, und jetzt beneide ich sie – sie sind immer satt. In der Stadt fehlen nämlich Schornsteinfeger. Deshalb muss sich die Stadtverwaltung an die Gestapo wenden und um Erlaubnis bitten, Schornsteinfeger aus dem Ghetto holen zu dürfen. Die Schornsteinfeger sollen dann die nötigen Papiere bekommen, damit sie ohne Bewachung durch die Stadt und sogar in die Häuser gehen dürfen. Sie erhalten sogar Passierscheine, auf denen bestätigt wird, dass der Jude allein, ohne Begleitung «die Straßen passieren» darf. Für das Fegen der Schornsteine bekommen sie von gutherzigen Menschen etwas zu essen; manche geben auch noch etwas für die Familie mit.

Die rußigen Kästen der Schornsteinfeger werden von der Torwache nicht kontrolliert. Wahrscheinlich will man sich die Hände nicht schmutzig machen. Murer können sie auch nicht in die Hände fallen, weil sie die Kamine sehr früh morgens reinigen und ins Ghetto zurückkommen, wenn alle anderen erst zur Arbeit gehen.

Allmählich wird es leerer im Ghetto – die Brigaden gehen hinaus zur Arbeit. Jetzt tauchen in den Gassen vereinzelte Passanten auf. Das sind die Angestellten des Judenrats. Sie sind sauberer gekleidet, aber ihre Gesichter sind blass, fast durchsichtig.

Eine Elektrosäge beginnt zu kreischen und zu heulen. Leben kommt ins Ghetto: In den Ghettowerkstätten beginnt die Arbeit.

Eine Krankenschwester von der Sanitätspolizei geht vorbei. Sie bleibt beim Hausmeister stehen und sagt ihm, er solle gründlicher fegen. Dann tritt sie in den Hof. Heute kontrolliert sie die Wohnungen auf Staub und Schmutz. In der einen prüft sie mit dem Finger, ob dort Staub liegt, in der anderen sieht sie unters Bett. Wenn die Wohnung nicht sauber ist, schreibt sie es auf, und die Schuldigen müssen Strafe zahlen. Wer sich keine Karten fürs Bad leisten kann, erhält sie kostenlos, als Sozialhilfe.

Abends kommen die Brigaden zurück. Die Nacht bricht an. Das Leben verstummt – bis zum nächsten Morgen.

Als wir heute von der Arbeit kamen, war es ruhig am Tor. Plötzlich entstand ein Tumult – die Ghettopolizisten fingen an, die Menschen, die dort auf ihre zurückkommenden Angehörigen warteten, von der Sperre wegzujagen und jegliche Unruhe zu unterbinden. Was ist passiert?

Murer ist am Tor aufgetaucht! Er steht am Eingang und beobachtet missbilligend, wie die Polizisten von der Torwache die Kontrolle durchführen. Wenn ihm etwas nicht gefällt, kontrolliert er selber. Bei einer Frau findet er 20 Pfennig (man darf nur 10 Pfennig bei sich haben). Er befiehlt, sie in die Wachstube am Tor zu bringen, sie nackt auszuziehen und ihr 25 Stockschläge zu verpassen. Fünf Polizisten prügeln auf sie ein. Jeder verpasst ihr fünf Stockschläge. Der Sadist Murer ist noch nicht zufrieden. Er greift selber zum Stock. Er prügelt die Frau halb tot, bevor er endlich von ihr ablässt und wieder ans Tor geht. Jetzt ist das sadistische Ungeheuer auf den Geschmack gekommen und sucht neue Opfer.

Er bemerkt, dass bei einem älteren Mann etwas unter der Jacke hervorguckt. Es ist ein Kesselchen voll Suppe. Murer befiehlt ihm sofort, die ganze Suppe an Ort und Stelle aufzuessen. Wenn ihm das, was er bekomme, nicht genug sei, sagt Murer, solle er essen, bis er platzt. Der Mann beginnt zu essen. Doch das fällt ihm nicht leicht: Der gute Mensch, der ihm die Suppe geschenkt hat, hatte ihn vorher schon satt gefüttert. Die Suppe war für seine Familie bestimmt. Murer droht, er werde ihn nach Ponar schicken, wenn er den Behälter nicht auslecke. Der Mann würgt, aber er schluckt …

Am Ende hat Murer keine Lust mehr und sagt einfach nur noch «nach links», wenn er bei jemandem etwas findet. Seine Gehilfen führen denjenigen ab ins Gefängnis. Menschen müssen dafür sterben, dass sie ihren Kindern ein Stückchen Brot mitbringen.

Die zweite Front[1] lässt auf sich warten. Hitler nutzt das aus und greift an. Er hat es auf das Südufer des Schwarzen Meeres abgesehen. Auf der Krim werden blutige Kämpfe ausgetragen. Sewastopol verteidigt sich heldenhaft.

Im Ghetto herrscht eine fürchterliche Hitze. Es ist fast unmöglich zu arbeiten. Sogar der Hunger vergeht einem. Von einer baldigen Befreiung ist noch nichts zu spüren. Allerdings ist das Pflaster heißer geworden für die Besatzer. Partisanengruppen formieren sich. Ich habe gehört, dass sie sich auch bei uns im Ghetto bewaffnen. Aber alles geschieht im Geheimen. Mit anderen Worten, die Leute bleiben nicht tatenlos. Die Mörder werden ihrer Strafe nicht entgehen.

1 Gemeint ist die Front im Westen. (A. d. Ü.)

Wieder gab es Panik. Tagsüber fuhren einige Pferdewagen vor. Auf jedem saßen zwei litauische Soldaten. Ihr Rangältester, ein Deutscher, kam zu Gens ins Ghetto und verlangte von ihm ältere Menschen, denen man «Erholung auf dem Land» verordnen werde.

Es gibt nur sehr wenige alte Menschen im Ghetto. Die meisten sind während der Aktionen umgekommen. Dafür gibt es neue Greise – Menschen, die im Ghetto sehr früh alt und schwach geworden sind. Einige wohnen bei ihren Angehörigen, andere im Altersheim. Letzteres besteht aus einigen dunklen, stinkenden Zimmerchen, die mit eisernen Betten voll gestellt sind. Die Heimbewohner sind fast alle ans Bett gefesselt. Aber auch wer sich mehr schlecht als recht auf den Beinen hält, gleicht eher einem Schatten als einem Menschen.

Auf Weisung von Gens haben sich die Ghettopolizisten darangemacht, die alten Leute abzuholen. Dabei haben sie wie Papageien die Sprüche der Deutschen wiederholt: Es bestehe kein Anlass zur Besorgnis; man bringe sie lediglich nach Posspeschek[1] zur Erholung. Aber wer glaubt ihnen noch?

Sie fingen natürlich mit dem Altersheim an. Da viele von den Alten nicht mehr gehen können, kamen die Polizisten mit Fuhrwerken ins Ghetto. Sie trugen diese hilflosen lebenden Skelette hinaus und legten sie auf die Wagen.

Andere holte man direkt aus ihren Wohnungen. Die Aktion begann so unerwartet, dass sich niemand mehr verstecken konnte.

Die Soldaten gaben sich höflich, schrien nicht, schlugen nicht. Sie ordneten sogar an, die Alten von mehreren Polizisten und einer Krankenschwester begleiten zu lassen. Die Wagen würden, so versprachen sie, bald zurückkommen und für die alten Menschen einen Koch, Brot, Töpfe und Geschirr holen.

Was hat das zu bedeuten?

1 Pospieškis

Die Polizisten, die die alten Leute begleitet haben, versichern, dass sie tatsächlich nach Posspeschek gebracht wurden. Dort sei bereits alles für einen Erholungsaufenthalt vorbereitet gewesen. Das ist natürlich eine von ihren ganz gewöhnlichen Lügen.

Wunder über Wunder! Die Alten sind tatsächlich in Posspeschek! Sie werden ganz gut versorgt, niemand schlägt sie, man fotografiert sie sogar. Doch ihre Angehörigen bitten Gens, sie ins Ghetto zurückbringen zu lassen. Gens will davon nichts hören. Er versichert ihnen, dass sie nach zwei Wochen Erholung alle frisch und gesund ins Ghetto zurückkehren werden.

Natürlich wurden die Alten getäuscht. Heute früh forderten die Deutschen Gens auf, ihnen seine Polizisten zu schicken, damit sie die Menschen wieder ins Ghetto überführen könnten. Aus technischen Gründen sei es nicht möglich, sie so lange dort zu behalten wie ursprünglich vorgesehen.

Die Polizisten fuhren nach Posspeschek und setzten die alten Leute auf Lastwagen. Die Autos fuhren in die Stadt, aber nicht ins Ghetto …

Nun wurde immer klarer, wohin sie gebracht werden sollten.

Die Alten fingen an zu weinen: Einige beteten, andere verabschiedeten sich innerlich von ihren im Ghetto zurückgebliebenen Kindern und Enkeln. Eine alte Frau erzählte ihrer umgekommenen Tochter traurig, sie werde bald bei ihr sein …

Jetzt wurde sogar den Ghettopolizisten angst und bange; denn sie sollten die Leute bis an ihr Grab begleiten, und Mörder mögen bekanntlich lebende Zeugen nicht.

Die Polizisten kamen allein zurück. Die mehr als hundert alten Menschen wurden umgebracht.

Wozu diese ganze Farce mit dem «Erholungsheim» nötig war, bleibt uns unbegreiflich. Es sei denn, die Deutschen wollten sie einfach nur hinters Licht führen.

Der Herbst steht vor der Tür. Die Besatzer wollen sich mit Holz eindecken. Zum Holzfällen im Wald fordern sie natürlich wieder Menschen aus dem Ghetto an. Sie versprechen sogar, dass die Hälfte des Einschlags ans Ghetto geht: Je fleißiger die Menschen arbeiten, desto mehr Holz bekommt das Ghetto.

Gens erklärt, dass alle Männer, die zur Zeit nicht arbeiten, zum Holzfällen in den Wald müssen, einschließlich derjenigen, die beim Arbeitsamt gemeldet sind. Doch die Menschen sind eingeschüchtert, glauben nicht, dass man sie zum Holzfällen bringt, und wollen sich vor dieser «ehrenwerten» Tätigkeit drücken. Aber es hilft nichts. Es heißt, sogar die Mitarbeiter des Judenrates müssten eine gewisse Anzahl von Tagen im Wald arbeiten. Das wäre gar nicht so schlecht. Dann kämen sie auch einmal in den Genuss schwerer Arbeit.

Die Deutschen haben es jedoch nicht eilig damit, Juden in den Wald zu schicken. Man munkelt, das sei wegen der vielen Partisanen in den Wäldern, die Brücken sprengen und Züge zum Entgleisen bringen. Und man kann doch nicht Juden dorthin schicken, die sich bestimmt den Partisanen anschließen und sie unterstützen werden ...

Die Deutschen haben keine Wahl – statt ihre eigenen Leute zu schicken, die von den Partisanen umgebracht werden, nehmen sie nun doch Bewohner des Ghettos. Gens hat allerdings den Befehl erhalten, Ghettopolizisten mitzuschicken, die streng darauf achten sollen, dass die Holzfäller keinen Kontakt zu den Partisanen aufnehmen. Auch die kleinste Zuwiderhandlung werde das Ende des Ghettos bedeuten.

Gestern Abend waren die Ghettopolizisten bis spät damit beschäftigt, all jene zu benachrichtigen, die in den Wald fahren sollen.

Erneut bricht Panik aus. Die Menschen versuchen sich zu verstecken. Die Ghettopolizisten fangen sie wieder ein und wiederholen die Worte von Gens, ihre Angst sei unbegründet, man hole sie bloß zum Holzfällen. Wozu brauche man sonst Ghettopolizisten und sogar einen Dienstleiter? Dieses Argument überzeugt natürlich niemanden – wenn die Deutschen etwas im Schilde führen, kommt es ihnen auch nicht auf ein paar Ghettopolizisten an. Irgendjemand hat das Gerücht verbreitet, man hole die Menschen nicht zum Holzfällen, sondern zu Minenräumarbeiten auf den Feldern.

Unglück sind wir schon gewöhnt, also gehen die Leute trotzdem zum Arbeitsamt. Sie gleichen eher Schatten auf einem Friedhof als Holzfällern. Einige haben kleine Bündel bei sich, aber die meisten haben gar nichts mitgenommen. Wozu sich abschleppen, wenn die Angehörigen die Sachen besser gegen Brot eintauschen können?

Zwölf Uhr. Die ersten zehn Fuhrwerke kommen ins Ghetto. Auf jedem sitzt ein Soldat. Die Frauen fangen an zu weinen und zu schluchzen. Sie werden von den Ghettopolizisten auseinander getrieben.

Das Tor geht auf und schließt sich bald darauf wieder.

Die abtransportierten Menschen arbeiten wirklich im Wald. Einige Frauen haben von ihren Männern ein paar Zeilen erhalten (ein Bauer hatte sie einer vorbeikommenden jüdischen Brigade zugesteckt). Alle laufen zu diesen Glücklichen, um die Zettel zu lesen.

Murer hat sich in den Ghettowerkstätten Möbel bauen lassen. Als Armlehnen für die Stühle hat er Löwenköpfe verlangt.

Im Moment wird ein Modell von Wilna für ihn gebaut – es ist so groß wie der Saal des Judenrats. Viele Menschen mühen sich daran ab: Wenn es dem «Löwen»[1] gefällt, kann man damit vielleicht eine kleine Erleichterung erwirken.

Gita (wir arbeiten zusammen in den Gemüsegärten) redet mir schon lange zu, ich soll in den Chor eintreten. Sie sagt, dort ist es sehr interessant. Die Hauptsache ist, dass man beim Singen wenigstens für ein Weilchen abschalten kann.

1 Gemeint ist Murer. (A. d. Ü.)

Dieser Tage bin ich hingegangen. Der Chorleiter Durmaschkin hat mich vorsingen lassen, mein Gehör und mein Gedächtnis getestet und mich gleich zur Probe dabehalten. Leider singt der Chor in hebräischer Sprache, und ich verstehe kein Hebräisch.

Die Sänger erzählen, dass es anfangs sehr schwierig war. Nach jeder Aktion fehlte ein Teil der Sänger, und es mussten neue gefunden werden. Das war gar nicht so einfach: Die Leute gingen nicht gerne zum Chor, klagten, sie seien müde, die Angehörigen ließen sie nicht gehen, und viele waren einfach in Trauer. Nicht selten, vor allem nach Aktionen, warf man Steine gegen die Fenster und forderte, nicht zu singen. Der Chor hatte noch nicht einmal einen Probenraum – jedes Mal traf man sich woanders. Trotzdem wurde zweimal die Woche – dienstags und freitags – geprobt. Inzwischen hat der Chor zwei Räume (in der Straschungass 12), ein Klavier und sogar eine einheitliche Chorkleidung – dunkelblaue Röcke (für die Männer Hosen) und weiße Blusen. Nach jedem Konzert bekommen die Sänger ein Kilo Brot.

Übrigens ist Durmaschkins Chor nicht der einzige. Es gibt noch einen, der in jiddischer Sprache singt. Der Chorleiter heißt Slep. In diesem Chor singt die wunderbare Sängerin Lyuba Levicka[1], die vor dem Krieg Solistin beim Rundfunk war.

Durmaschkin hat auch ein Symphonieorchester gegründet, was sich ebenfalls schwierig gestaltete: Erstens gibt es im Ghetto kaum noch Musiker. Wer nicht schlau genug war, sich als Tischler, Glaser oder wenigstens als Schuster eintragen zu lassen, und sich weiterhin stolz Musiker nannte, liegt schon lange in Ponar. Und alle, die jetzt eine neue Arbeit haben, bemühen sich, gute Facharbeiter zu werden, damit man sie nicht entlässt. Dadurch werden die Finger grob und ungelenk. Und überhaupt, wie kann man nach zwölf Stunden

1 Prominente Opernsängerin, die als «Singvogel des Ghettos» in die Geschichte des Wilnaer Ghettos einging. Lyuba Levicka wurde 1943 in Ponar erschossen. (A. d. Ü.)

schwerer Arbeit noch eine Geige halten? So mancher, der es könnte, hat keine Geige. Und wenn er mal eine besaß, hat er sie längst gegen Brot eingetauscht.

Aber es scheint eine Gesetzmäßigkeit zu sein: Je größer die Schwierigkeiten, desto größer der Enthusiasmus. Irgendwie ließ sich doch ein Orchester zusammenstellen. Noten bekommt Durmaschkin von guten Menschen aus der städtischen Philharmonie. Jetzt studiert das Orchester zusammen mit dem Chor Beethovens Neunte Symphonie ein.

Der Text zum vierten Satz ist Schillers Ode «An die Freude». Den Inhalt hat mir jemand übersetzt. Es heißt dort, alle Menschen seien Brüder. Bestimmt ist das so … Nur schade, dass die Deutschen davon nichts wissen oder wissen wollen …

Der heutige Tag hätte der letzte in meinem Leben sein können. Morgens bin ich wie immer zur Arbeit gegangen. Auch tagsüber ahnte ich nichts Schlimmes. Im Gegenteil, ich würde sogar sagen, ich hatte gute Laune, denn ich hatte Mamas Bluse gegen Mehl eintauschen können.

Das Mehl schüttete ich in ein extra dafür gestepptes «Korsett» und wartete auf den Abend, um es unters Kleid zu ziehen. Den Gürtel wollte ich enger schnallen, damit ich nicht zu dick aussähe, wenn ich das Mehl durchs Ghettotor schmuggelte.

Auf dem Rückweg von der Arbeit raunt uns ein Passant zu, wir sollen nicht ins Ghetto gehen – dort sei es unruhig.

Wir sind ratlos. Was tun? Wo sollen wir hin? Und was geht im Ghetto vor? Eine Aktion? Der Brigadier fordert uns auf weiterzugehen, weil unser unschlüssiges Herumstehen Verdacht erregen könne.

Wir kommen nur langsam voran. Einige sind dafür, wieder zur Arbeit zurückzukehren; andere meinen, es sei glatter Selbstmord, abends nicht ins Ghetto, sondern in die entgegengesetzte Richtung zu gehen.

Noch ein Passant warnt uns, nicht weiterzugehen: Am Ghettotor sei die Wache verstärkt worden.

Murer also! Wer keine Schmuggelware dabeihat, wird wieder ruhiger. Alle, die etwas Verbotenes mit sich führen, versuchen, unauffällig die Taschen von Kartoffeln und ähnlichen Dingen zu leeren. Aber wo soll ich mit dem Mehl hin? Ich kann mich doch nicht mitten auf der Straße ausziehen?

Das Ghetto ist schon ganz nahe. Wir müssen uns auf der Stelle etwas einfallen lassen, bevor es zu spät ist. Am besten die Flucht ergreifen. Ich werde es mir nie verzeihen, wenn sie mich mit dem Mehl erwischen und nach Ponar bringen, weil ich den richtigen Moment verpasst habe und dem Feind in die Falle gegangen bin.

Gita bittet mich, ihr den gelben Stern vom Rücken zu reißen, sie will nicht zurück ins Ghetto. Dann will ich auch nicht ... Mutig betreten wir beide den Bürgersteig. Ich bekomme schreckliche Angst ... Gita hakt sich bei mir ein, und wir beschleunigen unsere Schritte. Da sind wir schon auf der Kowner Straße. Dort lauert Gefahr – zu viele Menschen. Wir kehren wieder um. Ein kleiner Durchgang bringt uns auf die Klejne Stefangass. Doch die ist sehr kurz. Bald sind wir wieder an der Kowner Straße angelangt. Also kehren wir noch einmal um. Von weitem ist das Ghetto zu sehen. Am Tor ist immer noch eine Warteschlange ...

Wir machen nochmals die Runde. Aber wie lange soll das so weitergehen? Wenn uns jemand bemerkt, versteht er bestimmt sofort, was los ist. Wir überqueren die Kowner Straße und gehen durch mir unbekannte Gassen. Gut, dass Gita aus Wilna stammt. Ohne sie hätte ich mich in den kleinen Straßen sicher verlaufen.

Es ist dunkel geworden. Bald wird man niemanden mehr ins Ghetto lassen. Womöglich sind schon alle Brigaden von der Arbeit zurückgekommen, und wir können uns nirgends mehr dazugesellen. Aber wir müssen gehen ...

Angestrengt blicken wir auf das Geschehen am Ghettotor. Soweit wir sehen können, steht dort noch immer eine Menschenmenge, doch die Lage scheint sich etwas beruhigt zu haben. Wir gehen näher heran, wollen uns einer vorbeiziehenden Brigade anschließen, aber man lässt uns nicht – wer will unseretwegen sein Leben riskieren? Während wir so neben der Brigade herlaufen, mit einem Fuß auf dem Gehweg, mit dem anderen auf dem Pflaster, sind wir schon fast am Ghetto angelangt. Gita zupft mich am Ärmel, wir treten auf den Gehweg und gehen schnellen Schrittes am Ghetto vorbei, als hätten wir nichts damit zu tun.

Wieder schleppen wir uns durch dunkle Gassen. Die Fenster sind verdunkelt. Wir tasten uns praktisch an den Wänden entlang. Diesmal kommen wir an der Sawalnegass heraus. Von weitem nähert sich auf der Fahrbahn eine Menschenmenge. Sicher eine jüdische Brigade. Gita flüstert mir zu, dass wir mit dieser Brigade unbedingt zurück ins Ghetto müssen. Sonst laufen wir Gefahr, die ganze Nacht draußen auf der Straße bleiben zu müssen, und das bedeutet Lukischki-Gefängnis.

Als die Brigade näher kommt, mischen wir uns unter die Menschen. Hier sind die Leute viel freundlicher. Einige brummen zwar, wir seien nicht richtig im Kopf, aber als sie den Grund unseres «Spaziergangs» erfahren, nehmen sie uns in die Mitte und versprechen, uns vor den Ghettopolizisten abzuschirmen. Am Tor angekommen, versucht mir einer sogar die Hand auf die Schulter zu legen, damit man den fehlenden Stern nicht bemerkt.

Murer ist tatsächlich nicht mehr da. Dafür geben sich unsere eigenen Polizisten umso größere Mühe. Sie finden das Mehl, für das wir so viel riskiert hatten, und nehmen es mir ab …

Mama macht darum nicht großes Aufheben. Zum Glück sei ich heil wieder zurück. Sie hatte schon schlimme Befürchtungen.

Erst jetzt erfahre ich, was sich hier zugetragen hat. Gegen Abend, als die Menschen von der Arbeit zurückkamen, war Murer plötzlich am Tor vorgefahren. Er rannte in den kleinen Laden, wo die am Ghettotor beschlagnahmten Sachen zusammengetragen werden, sah sich kurz an, was und wie viel konfisziert worden war, stürmte wieder zurück, verprügelte ein paar Ghettopolizisten und schrie, sie suchten nicht gründlich genug. Er drohte, sie auch nach Ponar bringen zu lassen. Inzwischen war Gens dazugekommen. Er befahl, die schuldigen Polizisten ins Ghettogefängnis zu werfen, und rettete sie damit aus Murers Krallen.

Im Ghetto machte sich Schrecken breit. Die Leute waren verängstigt und verunsichert. Gruppenweise wurden die «Sünder» ins Gefängnis abgeführt. Als die Frauen ihre Männer und Brüder unter den Verhafteten erblickten, schrien, schluchzten und schimpften sie. Alle waren zu Tode erschrocken über Murers Drohung, er werde die Missachtung seiner Befehle nicht dulden. Schließlich habe er verboten, Lebensmittel von außerhalb ins Ghetto zu bringen, und diese «verdammten Juden» hätten sein Verbot missachtet. Um ihnen eine Lektion zu erteilen, würden hundert Spekulanten erschossen!

Ein Teil der Verhafteten wurde dann nachts doch freigelassen. Zehn Frauen wurden erschossen. Sie hatten in Naj-Wilejke gearbeitet und waren Murer persönlich in die Hände gefallen. Man hat sie nach Ponar gebracht. Der Rangälteste der Wache musste unterschreiben, dass er sie vom Leiter des Ghettogefängnisses übernommen habe und für ihre Ablieferung in Ponar hafte …

Der Monat November ist da. Es ist kalt, fast schon wie im Winter. Ob wir wohl durchhalten? Sogar ohne Aktionen dürfte es schwierig werden.

Ein Trost ist, dass es mit den Deutschen in diesem Winter bestimmt zu Ende geht. Sie bekommen tüchtig Schläge an der Front. So lange wird schon an der Wolga gekämpft, und trotzdem können sie Stalingrad nicht einnehmen. Tapfer verteidigen die Rotarmisten jede Straße, jedes Haus.

Den Deutschen geht es nicht nur an der Front schlecht. Jemand hat mir anvertraut, dass sich die Ghettopartisanen, die Mitglieder der F. P. O., bewaffnen. Die Waffen werden natürlich nicht durchs

Ghettotor, sondern heimlich durch die Kanalisation hereingebracht, werden unter Brennholz versteckt und sogar in Särgen. Der Betreffende hat mir auch gesagt, dass es erst sehr wenige solcher Partisanen gibt, aber daran sei Gens schuld. Er redet den Menschen ein, sie könnten nur durch Gehorsam und gute Arbeit Ponar entgehen. Sollten die Machthaber erfahren, dass es im Ghetto auch nur einen einzigen Partisanen gibt, würden sie sofort das ganze Ghetto in die Luft sprengen. Die Menschen können sich den Partisanen nicht anschließen, weil sie damit den Tod anderer in Kauf nehmen würden. Deshalb halten sie sich noch zurück.

Ich glaube, ich habe noch gar nicht darüber geschrieben, dass es im Ghetto einen Jugendklub gibt. Er hat sogar einen eigenen Raum. Im Klub gibt es verschiedene Arbeitskreise: Drama, Literatur, Geschichte, Musik, Wissenschaft und anderes. Die Mitglieder des Klubs haben eine eigene Hymne.

Mir gefällt besonders, wie ein Sextett des Klubs ein Gedicht des sowjetischen Dichters Itzik Fefer[1] mit Musikbegleitung vorträgt. In dem Lied heißt es sinngemäß: «Wo die Kugel ihr Ziel verfehlt, trifft das Lachen ins Schwarze.»

Man munkelt, dass sich im Klub auch die Partisanen treffen. Aber wen ich auch frage, keiner weiß irgendetwas. Vielleicht wissen sie es, aber sagen es nicht? Es ist schließlich ein Geheimnis. Ich würde es nur zu gern herausfinden. Manchmal schaue ich einen Menschen an und denke: Vielleicht ist er ein Partisan? Welche Geheimnisse verbergen sich in seinem Kopf?

Vorgestern brachte man Schlossberg, den Dienstleiter der Ghettopolizei, der die Holzfällarbeiten im Wald überwacht hat, mit einer

1 Itzik Fefer (geb. 1900) wurde auf Befehl Stalins am 12. August 1952 erschossen. Mit ihm zusammen wurden zwei Dutzend der bedeutendsten jüdischen Literaten und andere bekannte Persönlichkeiten hingerichtet. (A. d. Ü.)

schweren Bauchwunde zurück ins Ghetto. Sofort kam Gens ins Krankenhaus. Während ihres Gesprächs war sonst niemand auf der Station, aber es wird erzählt, seine eigenen Leute hätten auf ihn geschossen. Schlossberg hätte immer wieder damit gedroht, Gens von ihren Verbindungen zu den Partisanen in den umliegenden Wäldern zu erzählen und von ihrer Absicht, sich den Partisanen anzuschließen und andere mitzuziehen. Deshalb habe man es für nötig befunden, ihn unschädlich zu machen.

Gestern Morgen haben wir ein freudiges Ereignis gefeiert – das 100 000. entliehene Buch. So viele Bücher wurden nämlich in den fast vierzehn Monaten seit Bestehen des Ghettos gelesen. Dr. Daniel Fajnschtejn hielt eine Rede, die viele interessante Beobachtungen enthielt: So lesen die Leute am meisten nach den Aktionen. In den ersten Tagen erscheint verständlicherweise niemand, aber danach kommen eine Menge Menschen, die alle eine leichte Lektüre wollen. Wird es dann im Ghetto ruhiger, geht die Zahl der Leser und der ausgeliehenen Bücher wieder zurück.

Ich zerbreche mir schon lange den Kopf, wer eigentlich Recht hat: diejenigen, die sich sehr für Kultur und Bildung im Ghetto einsetzen, oder diejenigen, die das verurteilen. Darüber gibt es zwei Auffassungen: Der einen zufolge hat die erste Gruppe Recht. Sie meint, dass Kultur eine Form von Protest ist – sich nicht in sein Schicksal fügen, sich auch geistig nicht unterkriegen lassen. Der anderen zufolge lenkt Kultur nur vom Wesentlichen ab: vom Kampf.

Gens ist nun offiziell Herrscher des Ghettos. Bisher war immer von zwei Machtgruppen die Rede: dem Judenrat mit seinem Vorsitzenden Anatol Fried und der Polizei mit ihrem Chef Jacob Gens (obwohl Gens schon früher praktisch der Alleinherrscher war). Jetzt lässt man offiziell verlautbaren, dass Gens zum Ghettovorsteher ernannt und berechtigt ist, das Ghetto nach eigenem Gutdünken zu leiten. Kurz, er ist der «Führer» des Ghettos.

Zum Polizeichef wurde Salek Dessler[1] bestimmt (bis jetzt war er Kommandant des zweiten Polizeireviers). Fried wird Stellvertreter von Gens und ist für Verwaltungsangelegenheiten zuständig.

Gita hat mir viel Interessantes über die Kommunistin Sonia Madeysker[2] erzählt. Mit einem gefälschten Pass, der sie als Polin ausweist, sollte sie die Frontlinie überschreiten und sich nach Welikije-Luki[3] durchschlagen. Unterwegs wurde sie jedoch gefasst. Beim Verhör schwieg sie und wurde zum Tode verurteilt. Am Abend vor ihrer Hinrichtung gelang ihr die Flucht. Sonia Madeysker ist nach Wilna zurückgekehrt und lebt nun illegal in der Stadt. Todesmutig hilft sie bei der Beschaffung von Waffen, kommt ins Ghetto und hält Verbindung mit den illegal arbeitenden städtischen Organisationen.

Wieder nichts Gutes: Murer kontrolliert jetzt die Wohnungen im Ghetto.

Letzte Woche kam er unangekündigt und ging in den erstbesten Hof. Mit dem Fuß stieß er die nächstgelegene Tür auf, drang in die Wohnung ein und stürzte sich auf das Lebensmittelregal. Als er dort nur eine Brotrinde fand, ließ er sich zeigen, was im Topf kochte. Nachdem er sich davon überzeugt hatte, dass sich im Topf nur ein paar Graupen mit Wasser befanden, lief er zum Schrank, um zu kontrollieren, ob es dort Kleidungsstücke ohne Davidstern gab. Wütend darüber, nichts gefunden zu haben, drang er in die nächste

1 Salek Dessler, Wilnaer Kaufmannssohn und als Student Mitglied einer revisionistischen Verbindung, war einer der meistgehassten Ghettopolizisten. Er arbeitete offen mit der Gestapo zusammen, die ihn nach der Liquidierung des Ghettos ermorden ließ. (A. d. Ü.)

2 Sonia Madeysker (geb. 1914 in Wilna) war seit der deutschen Besatzung Wilnas im kommunistischen Untergrund tätig. Kurz vor der Befreiung wurde sie von der Gestapo verhaftet und starb an den Folgen eines missglückten Selbstmords. (A. d. Ü.)

3 Strategisch wichtige Stadt im Gebiet Pskow, Russland (A. d. Ü.)

Wohnung ein. Aber auch dort fand er keine verbotenen Lebensmittel.

Vor einigen Tagen begab er sich wieder auf Inspektion. In einer Wohnung bemerkte er zufällig auf dem Fensterbrett einen eingetrockneten Lippenstift. Daraufhin verprügelte er die erstbeste Frau, die ihm in die Hände fiel.

Gleich wurde in den Straßen ein Befehl von Gens ausgehängt (ich glaube, es war schon der zweite dieser Art), Frauen dürften keinen Schmuck tragen (als ob es im Ghetto noch Frauen gäbe, die Schmuck besäßen) und keine Kosmetik benutzen.

Jetzt kontrollieren auch die Ghettopolizisten die Regale, Schränke und Töpfe in unseren Wohnungen.

Bislang waren die Malinen eigentlich nur für Menschen vorgesehen. Inzwischen braucht man sie also auch für Lebensmittel.

Meine Aufzeichnungen und Gedichte habe ich ebenfalls versteckt. Es wäre eine Katastrophe, wenn die gefunden würden; dann nimmt man uns alle mit. Mama sagt, ich müsse ja nicht alles aufschreiben; nur das Wichtigste auswendig lernen für den Fall, dass das Geschriebene vernichtet werden muss. Sie will wegen meiner Aufzeichnungen nicht unser aller Leben riskieren, wenn Murer weiterhin die Wohnungen durchsucht. Ich weiß sowieso fast alles auswendig. Bis ich bei meiner «schönen Arbeit» mal ein Stück Papier finde, muss ich alles in Gedanken festhalten und auswendig lernen, damit ich es nicht vergesse.

Es geht das Gerücht um, Murer kontrolliere schon wieder die Wohnungen, weil Gens ihn gebeten habe, das Ghetto zu erweitern – also einige angrenzende Häuser einzubeziehen, damit die Ghettowerkstätten vergrößert werden könnten. Eine Vergrößerung auf Kosten der Wohnungen sei nicht möglich, da es ohnehin schon eng genug sei. Sobald er mehr Platz habe, werde er die jetzigen Werkstätten erweitern, neue schaffen und damit die Produktion steigern, was für die deutschen Machthaber gewiss sehr wichtig sei.

Ein vergeblicher Versuch. Murer kann auf andere Weise Platz für Werkstätten schaffen …

Das Ghettogebiet ist ein bisschen erweitert worden. Man hat uns eine Reihe von Häusern in der Jatkewer und in der Straschungass überlassen. Hinzu gekommen ist auch die Oschmener Gass. Außerdem hat man uns einige Haushälften «geschenkt», deren Rückseite ans Ghetto grenzt, deren Front aber an Straßen außerhalb liegt. So hat das Ghetto an der Dajtsche Gass halbe Höfe dazubekommen, nämlich von Nr. 21 bis 33. In diese Hinterhöfe hat man all jene umgesiedelt, deren Wohnungen an die Ghettowerkstätten oder Verwaltungsgebäude grenzten. Man kann nur durch Mauerlöcher in diese Höfe gelangen.

Wir wohnen jetzt in der Dajtsche Gass 31. Unser halber Hof ist durch eine gemauerte Wand von der freien Haushälfte abgetrennt, die außerhalb des Ghettos liegt. In der Mauer gibt es nicht einen Spalt, durch den wir auf den verbotenen Teil des Hofes blicken könnten. Sogar der Balkon wird von einer dicken Wand zerschnitten. Uns bleibt als Hof nur ein gepflastertes Viereck und ein Stückchen Himmel zwischen den hohen Mauern. Wir sind wie eingesperrt in einem großen, ausgetrockneten Brunnen. Die Deutschen haben genau darauf geachtet, dass auch die Keller und Dachböden zugemauert wurden, sodass noch nicht einmal eine Katze hineinkriechen kann.

In unseren früheren Hof wurde die Schlosserei verlegt. In der Rudnizkegass 6 hat man die Tischlerwerkstätten vergrößert und eine Näherei und eine Strickerei eingerichtet. Lastwagen bringen Berge von zerrissenen und blutbefleckten Soldatenmänteln sowie Handschuhe, Socken und Wäsche ins Ghetto und fahren alles gewaschen und geflickt wieder hinaus.

Auch die Schuhmacherwerkstätten sind erweitert worden, insbesondere die Abteilung für «Manila-Schuhe». Dort werden aus Manila-Hanf sehr schöne, farbenfrohe Damenschuhe gefertigt. Wenn

Gens Abordnungen der Gestapo durchs Ghetto führt, zeigt er ihnen gewöhnlich diese Abteilung. Immer stehen einige Dutzend der schönsten Paare als Geschenke bereit. Mit einschmeichelnder Stimme fragt er dann, welches Paar den Herren am besten gefalle und wohin er das kleine Ghettosouvenir bringen dürfe …

Es gibt auch zwei Chemielabore, in denen Schuhcreme, Zahnpasta und sogar Seife aus Pferdeknochen hergestellt werden. Abnehmer für alle diese Produkte ist die Stadtverwaltung.

Beide Labore werden von einem Mann namens Gesunthajt geleitet. Es heißt, er sei Astronom, aber das ist nicht wichtig. Wichtiger ist, dass es im Ghetto ein geheimes «Labor» gibt, in dem einige Männer eine Mine gebastelt hatten, mit der sie dann nicht weit von Wilejke eine Brücke sprengten.

Hier im Ghetto hat man eine Uhrmacherwerkstatt eröffnet – natürlich nicht für uns, sondern für die Deutschen. Wir haben schon fast vergessen, wie eine Uhr aussieht. Weil die Reparatur alter Uhren aber nicht besonders interessant ist, hat eine Gruppe von Spezialisten nach den Plänen eines Ingenieurs eine elektrische Uhr fürs Ghetto gebaut. Die hat man mitten auf der Straße aufgehängt. Den Deutschen gefiel die Uhr. Sie wollten sie für sich haben. Gens konnte sie nur mit Mühe und Not davon überzeugen, dass die Uhr wegen der Pünktlichkeit im Ghetto dringend gebraucht wird. Man werde umgehend eine neue, noch bessere Uhr für die Herrschaften anfertigen.

Inzwischen arbeite ich nicht mehr bei Palewitsch in den Gärten. Er hat uns entlassen. Im Winter braucht er uns nicht.

Ich arbeite nun als Reinemachfrau in der Kaserne in der Brejte Gass. Eine ganze Etage muss ich putzen – die Schlafräume der Soldaten und Offiziere, die Kanzlei, den Esssaal, die Flure und die Treppe. Mitunter schickt man mich auch zum Kartoffelschälen in die Küche.

Die Arbeit ist sehr schwer, aber sie «lohnt» sich. Manchmal lassen die Soldaten ein bisschen Suppe übrig. Die gieße ich dann in einen Blechbehälter, verbinde mir den Arm, lege ihn in eine Schlinge, die ich aus einem um den Hals zusammengebundenen Tuch mache, und verstecke den Behälter unterm Ellenbogen. Wenn mich am Ghettotor ein Polizist durchsuchen will, tue ich so, als hätte ich starke Schmerzen am Arm. Dabei sehe ich zu, dass ich jedes Mal an einen anderen Polizisten gerate, damit meine Masche nicht auffällt. Schon dreimal ist es mir auf diese Weise geglückt, einen Behälter mit Suppe durchs Ghettotor zu schmuggeln.

Heute habe ich eine sehr traurige Nachricht erhalten. Mama habe ich davon noch gar nicht erzählt. Während wir in der Kaserne Kartoffeln schälten, fiel dem Koch ein, uns quälen zu müssen. Eine Frau schlug er brutal, weil sie ihn angeblich nicht genauso angeredet hatte, wie er es wollte, nämlich mit «Gnädiger Herr Koch». Eine andere zwang er, einen großen Kessel mit Kartoffeln, den normalerweise zwei Soldaten anheben, allein auf die Herdplatte zu stellen. Ein solches Gewicht konnte sie natürlich nicht hochheben und wurde ebenfalls erbarmungslos geschlagen. Danach fiel ihm ein, uns ins Verhör zu nehmen. Er wollte wissen, wo wir geboren sind, wo wir gelebt haben und was wir vor dem Krieg gemacht haben. Als er hörte, dass ich mit meiner Familie bis 1940 in Plungė gewohnt habe, war er sichtlich erfreut. Ich aber kriegte einen Schreck: Was verband uns bloß mit diesem Mann? Es stellte sich heraus, dass er vor dem Krieg zusammen mit einem gewissen Benjamin Scher aus Plungė, der inzwischen nicht mehr am Leben sei, in der Armee gedient hatte. An dem Samstag vor Kriegsausbruch wurde Benjamin vom Truppenübungsgelände nach Wilna geschickt, um Elektrokabel zu besorgen (er war Elektriker). Sonntag und Montag, als die Deutschen noch nicht in Wilna waren, hielten ihn litauische Offiziere in einer Kaserne fest, am Dienstag wurde er von litauischen Soldaten ermordet und im Kasernenhof verscharrt.

Benjamin war Papas leiblicher Cousin …

Abends gerieten wir in Angst und Sorge. Mama kam und kam nicht von der Arbeit zurück. Wir wollten schon zu jemandem aus ihrer Brigade gehen, um zu erfahren, was passiert ist, da erschien sie endlich. Wir erfuhren, dass sie in unserer alten Wohnung in der Stadt gewesen war. Uns hatte sie nichts von ihrem Vorhaben erzählt, um uns nicht zu beunruhigen.

Als sie mit der Brigade von der Arbeit kam, hat sie die Judensterne abgerissen, sich umgeguckt, ob sie jemand dabei beobachtet hat, ist auf den Gehsteig getreten und schnell in die Richtung unserer früheren Wohnung gegangen. Vielleicht würde man ihr einige der dort verbliebenen Sachen überlassen. Wir haben einfach nichts mehr zu verkaufen oder zu tauschen.

Der Hof. Die Treppe. Sie klingelte. Ein Mann, ein Litauer, öffnete. (Was wäre gewesen, wenn ein Deutscher geöffnet hätte?! Sie wusste doch nicht, wen man dort untergebracht hatte.) Mama sagte sofort, wer sie sei und warum sie gekommen sei. Der Mann war verlegen und brummte, es wären keine Sachen von uns mehr dort; die Deutschen hätten alles mitgenommen, und sie seien in eine leere Wohnung eingezogen. Aber Mama konnte durch die offene Flurtür unseren Tisch, sogar mit unserem dunkelgrünen Tischtuch, das Buffet und das Sofa sehen. Ohne hereingebeten worden zu sein, wagte unsere bescheidene und höfliche Mutter daraufhin, das Esszimmer zu betreten, und zeigte dem Mann, dass noch alles an Ort und Stelle war. Sie bat, wenigstens das Tischtuch mitnehmen zu dürfen, um es gegen Brot für die Kinder einzutauschen. Der Mann ließ sich jedoch nicht erweichen. Er machte Ausflüchte: Die Deutschen hätten alles registriert und angeordnet, nichts anzurühren. Dann bat Mama ihn, sie auf den Dachboden klettern zu lassen: Dort lägen noch alte Sachen. Die könnten wir jetzt gut gebrauchen. Der Mann ließ sich nur schwer überreden. Leider fand sie dort nichts mehr – der Boden war leer und sauber ausgefegt. Nur in einer Ecke lag noch ein Bild von Papa, das früher im Büro gehangen hatte.

Mit dem Bild unterm Mantel versteckt, kam Mama völlig erschöpft und niedergeschlagen ins Ghetto zurück. Sie hatte so sehr gehofft und lange mit sich gerungen, bis sie sich schließlich zu diesem Schritt entschloss. Und alles vergebens …

Ich dachte, wir würden den zweiten Winter hier nicht überstehen, aber wir leben noch. Wir sind zwar noch ausgelaugter, hungriger und zerlumpter als zuvor, aber nicht mehr so schreckhaft und niedergeschlagen. Nicht, dass wir jetzt weniger Angst vor Ponar, vor neuen Aktionen hätten, nein, die Gefahr ist uns bewusst, nur wir reden nicht mehr einzig und allein davon. Unsere Hauptgesprächsthemen sind jetzt die Niederlagen der Deutschen an der Front, die Partisanen in den Wäldern und die F. P. O. im Ghetto selbst. Immer öfter sind die Worte eines Liedes zu hören:

Wenn schon sterben, ist's besser,
ein Held zu sein.
Liefern den Hals ans Messer –
nein, o nein, o nein!

Ojb schojn umkumen – is besser
heldisch zu fargejn.
Ojssschtrekn doss halds zum messer –
nejn, o nejn, o nejn!

Wenn ich solche Worte höre, kommt es mir so vor, als ob die Freiheit in greifbarer Nähe ist. Ich fange an, mir vorzustellen, wie sich alles abspielt, wie wir befreit werden, nach Hause zurückkehren und Papa wiedersehen.

Ach, wenn es doch nur schon so weit wäre! …

Man hat die Sängerin Lyuba Levicka erschossen. Auf Befehl Murers. Sie musste für eineinhalb Kilo Erbsen sterben, die sie ins Ghetto bringen wollte. Im Vorbeifahren hatte Murer Lyuba Levicka und Stupel ins Ghetto gehen sehen. Er hielt sie an und ließ sich zeigen, was sie bei sich trugen. Bei der Levicka fand er Erbsen und bei Stupel Kartoffeln. Er befahl, die beiden ins Lukischki abzuführen.

Alle sprachen von der Verhaftung der Levicka. Es gab nicht einen Menschen im Ghetto, der sie nicht kannte.

Man erzählt sich, sie habe im Gefängnis gesungen. Nicht einmal die gemeinen, finsteren Aufseher haben es ihr verboten. Sie hat die ganze Zeit auf Rettung gehofft. Doch die Tage vergingen, die Kräfte schwanden und damit auch die Hoffnung. Aber sie brauchte sich nicht lange im Gefängnis zu quälen – noch nicht einmal zwei Wochen. Sobald sich ein paar solcher angeblicher Verbrecher angesammelt haben, werden sie auf einem offenen Lastwagen nach Ponar gebracht. Lyuba hat den ganzen Weg gesungen. Auf der Fahrt durch die Straßen schlug sie der Begleitsoldat, um sie am Singen zu hindern. Aber keine Macht der Welt konnte diese plötzlich erstarkte Stimme zum Schweigen bringen. Und wie sie gesungen hat! Ein Lied nach dem anderen, den ganzen Weg. Noch an der offenen Grube sang sie ihr Lieblingslied «Zwei weiße Täubchen», doch sie konnte es nicht mehr zu Ende singen …

Die Deutschen haben Trauer angeordnet! Drei Tage lang müssen alle Theater, Kinos, Restaurants usw. geschlossen bleiben. Hurra! Sie trauern um ihre Divisionen, die an der Wolga zerschlagen wurden. Mir ist richtig nach Tanzen zumute! Ich bin von Herzen froh über Hitlers Trauer!

Offenbar ist auch die Blockade von Leningrad inzwischen durchbrochen! Jetzt wird man die Deutschen jagen, und wie man sie jagen wird![1] Dabei haben wir erst Anfang Februar. Da werden sie noch ganz schön frieren!

In der Kaserne haben sie mich entlassen. Nun arbeite ich in der Möbelfabrik Vilnius als Poliererin. Von morgens bis abends poliere ich Skier.

Ich bekomme nur wenig Politur, aber die Skier müssen glänzen. Also versuche ich sie blank zu reiben.

Letzte Woche waren auf allen Tischen, Fensterbrettern und Werkbänken Handzettel ausgelegt. Die Deutschen versuchen, Jugendliche für die Arbeit in Deutschland anzuwerben. Auf den Zetteln waren auch Fotos von Zimmern mit weiß bezogenen Betten und seidenen Gardinen an den Fenstern. Unter den Fotos hieß es, dass alle, die von hier nach Deutschland gehen, so wohnen würden. Aber kein einziger Arbeiter beeilt sich mit der Bewerbung. Der Meister erzählt, am folgenden Tag seien illegale Flugblätter aufgetaucht. Darin hieß es, die Versprechungen der Deutschen seien glatte Lügen. Die litauische Jugend solle bloß nicht daran glauben und nach Deutschland fahren, sondern in Litauen bleiben und für die Freiheit kämpfen!

Die Deutschen werden in die Flucht geschlagen! Schon sind Woronesch, Charkow, Rostow und viele andere Städte befreit! Warum sind wir nur so weit von der Front entfernt? Wir könnten längst frei sein.

1 Die Leningrader Blockade wurde erst im Januar 1944 durchbrochen. (A. d. Ü.)

Aber jetzt dauert es nicht mehr lange. Bestimmt nicht! Wir müssen nur durchhalten. Dass sie uns ja nicht in die Luft sprengen, bevor sie die Flucht ergreifen!

Es ist schon März. Der erste Frühlingsmonat. Doch hier ist es noch kalt und schmutzig. Wir sind bedrückt, obwohl wir uns über die Verluste der Deutschen freuen. Aber wenn ich darüber nachdenke, wie weit wir noch von der Front entfernt sind und dass jeder Tag neues Unglück bringen kann, wird die Hoffnung schwächer. Man muss schon sehr stark sein, um sich den Glauben zu bewahren. Nicht nur wenn gute Nachrichten von der Front kommen, sondern immer. Auch jetzt, wo man uns wieder erniedrigt, uns wie Hunden eine Nummer um den Hals gehängt hat.

Bei der Gestapo hat man offenbar beschlossen, dass wir noch nicht ausreichend gekennzeichnet sind, dass Sterne und Scheine für derart «gefährliche Elemente» wie wir nicht genügen. Deshalb wurden eine Kontrollregistrierung (anhand der früheren Angaben) und die Ausgabe von «Pässen» und Blechmarken angeordnet.

Der so genannte Pass ist ein Stück gelbe, in der Mitte gefaltete Pappe. Darauf stehen Nachname, Vorname, Name des Vaters, Geburtsort und -jahr, Familienstand, Augen- und Haarfarbe, Gesichtsform und Körpergröße. Außerdem wird ein Fingerabdruck gemacht, wie bei Verbrechern.

Die Marke ist rund und aus einem Stück Blech geschnitten, der Rand uneben. In der Mitte ist ein Davidstern eingraviert, der an drei Zacken die Buchstaben «W» und «G» (Wilnaer Ghetto) sowie «W» oder «M» (weiblich oder männlich) aufweist. Oben befinden sich zwei kleine Löcher für eine Schnur.

Frauen und Männer hat man getrennt registriert. Die Nummern der Pässe beginnen sowohl bei den Männern als auch bei den Frauen mit der Ziffer eins. Es gibt im Ghetto einige tausend Frauen mehr als Männer.

Diesen so genannten Pass muss man ständig bei sich haben, und die Blechmarke darf man auf keinen Fall abnehmen – weder tagsüber noch nachts. Die Polizisten der Torwache kontrollieren streng, ob alle die Marke beim Weggang zur Arbeit sowie bei der Rückkehr ins Ghetto tragen.

Mir hat dieses verdammte Blech gleich am ersten Tag die Haut aufgerissen. Außerdem lief es schwarz an. Mama hat mir gezeigt, wie man aus einem Stückchen Stoff ein kleines Futteral macht. Wir waren allerdings nicht die einzigen Schlauen. Einer der Offiziere bemerkte es und brüllte los: «Die frechen Juden versuchen auch noch, ihre Haut zu schützen!»

Aber was soll man machen, wenn dieses Blech die Haut wund reibt? Wir wussten uns zu helfen und haben ein Futteral genäht, das oben offen ist. Wenn man nun die Marke vorzeigen muss, braucht man sie nur an der Schnur herauszuziehen, das Futteral bleibt dabei an der Brust.

Die Jugendlichen bereiten sich auf den Frühling vor: Sie haben den Sportplatz, besser gesagt, das Plätzchen, in Ordnung gebracht. (Ich glaube, darüber habe ich noch nicht geschrieben. Der Sportplatz befindet sich in der Straschungass 6 auf dem Hof, direkt unter den Fenstern des Ghettogefängnisses.) Sie haben die Hauswände rund um den kleinen Platz frisch gekalkt und die dort aufgemalten Bilder von Sportlern sowie die Schriftzüge «Ein gesunder Geist in einem gesunden Körper!», «Sei stark und fest!», «Wenn du auf bessere Zeiten hoffst, werde Mitglied in unserer Sportler-Familie!» neu koloriert. Außerdem haben sie den kleinen grünen Zaun um den Platz und die Pforte gestrichen.

Es heißt, die Hälfte der Sportler seien Partisanen. Sie trainieren hier. Seltsam, alle reden ganz offen über die F. P. O., über ihre Waffen; alle wissen, dass sie mit den städtischen Untergrundorganisationen und den Partisanen in den Wäldern in Verbindung stehen, aber wer sie sind, ist nicht bekannt. Das ist auch gut so; denn wer illegal arbeitet, muss konspirativ vorgehen.

Ich war auf einem interessanten Abend für rhythmischen Ausdruckstanz. Kleine Mädchen zeigten rhythmische Übungen, dann tanzten die älteren Mädchen. Mir hat ihr Tanz «Die gekränkte Braut» sehr gefallen. Doch den tiefsten Eindruck hat bei mir der Tanz «Der gelbe Stern» hinterlassen, choreographiert und einstudiert von der Ballettmeisterin Nina Gerstein. Ich kann ihn nicht vergessen, habe ihn immer noch vor Augen.

Ein kleines Mädchen läuft auf die Bühne. Es tanzt ausgelassen, sorglos, schwebt wie ein schöner Schmetterling. Plötzlich wird es dunkel. Von oben senkt sich ein riesiger gelber Davidstern herab. Die Musik wird traurig. Das Mädchen erschrickt. Vor dem Hintergrund des schwarzen Vorhangs wirkt der Stern wie eine riesige lauernde Spinne. Das Mädchen will fliehen, sich befreien. Es windet sich, fleht, droht, aber alles ist vergebens – es bricht zusammen, wie von einem Schuss niedergestreckt … Richtiger wäre gewesen, das Hakenkreuz zu zeigen, aber alle verstehen den Sinn: Schließlich ist es das Hakenkreuz, das uns zwingt, den gelben Stern zu tragen.

In den umliegenden Ortschaften (Oschmian, Michalischki[1] und anderen) fanden Aktionen statt. An die dreitausend Menschen wurden erschossen.

Noch dreitausend … Hunderttausende hat man bereits ermordet! Fast das ganze Volk! Man vernichtet uns! Man schafft uns aus der Welt!

Es heißt, dass in diesen Ortschaften ab dem 1. April alle Ghettos liquidiert werden. Die Deutschen sind davon überzeugt, dass die Juden sich jetzt, da die umliegenden Wälder voller Partisanen sind, diesen anschließen werden. Deswegen wollen sie die Juden ins Wilnaer und Kowner Ghetto überführen.

Diesmal scheinen sie die Wahrheit zu sagen – es wurden sogar

1 Ašmenos, Michailiškiai

schon Ghettopolizisten hingeschickt, um die Registrierung vorzunehmen und aufzuschreiben, wer in welches Ghetto will. Sollten sich jedoch weniger Leute für das eine Ghetto und mehr für das andere eintragen als vorgesehen (man sagt, für Wilna dreitausend, für Kowne fünftausend Menschen), werden die Polizisten darüber entscheiden.

Gestern hat Gens weitere Polizisten losgeschickt. Sie sollen die Leute begleiten. Heute kam die erste Gruppe der Umsiedler an. Sie wurden auf Fuhrwerken gebracht, die eins nach dem anderen eintrafen, auf jedem zweiten saß ein litauischer Soldat. Bei der Einfahrt ins Ghetto wurden sie gezählt. Außerdem ließ man sie nicht alle auf einmal, sondern gruppenweise hinein. Die Übrigen mussten am Ende der Karmelitngass, unweit des Ghettos, im strömenden Regen warten.

Die Neuankömmlinge sind glücklich. Sie hatten nicht mehr daran geglaubt, ins Ghetto gebracht zu werden.

Zuerst trafen diejenigen ein, die sicher waren, nach Wilna zu kommen, und hier die Ersten sein wollten, sowie Leute, die meinten, sowieso nach Ponar gebracht zu werden, und deshalb nicht lange auf den Tod warten wollten. Jetzt lassen sie den Zurückgebliebenen durch die Bauern, auf deren Wagen sie gekommen sind, die Nachricht übermitteln, sie könnten getrost ins Kowner Ghetto fahren.

Und wieder sind die Menschen betrogen worden …

Von allen Juden, die man nach Kowne abtransportiert hat, konnten sich nur einige wenige retten. Sie haben sich illegal ins Ghetto eingeschlichen und die grauenhafte Wahrheit erzählt.

Sie wurden mit der Bahn transportiert. Nichts ahnend saßen sie in den Waggons, sprachen nur über das zukünftige Leben in Kowne. Wenn die Zukunft ungewiss ist, gleicht sie der Vergangenheit. Und die Vergangenheit erscheint in der Erinnerung immer rosiger, als sie es in Wirklichkeit war.

Doch plötzlich verlangsamt der Zug seine Fahrt. Ein Wald! Soldaten! Die einen versuchen verzweifelt, die Gitter vor den Fenstern herauszubrechen. Andere schreien, hämmern mit den Fäusten gegen die Wände. In manchen Waggons haben die Männer die an den Türen sitzenden Wachposten hinausgestoßen, sind abgesprungen und geflüchtet: einige in den Wald, andere entlang der Bahnlinie, wieder andere übers Feld. Die Soldaten eröffnen das Feuer. Nun kommen auch die Henker gelaufen, die schon an den offenen Gruben gewartet hatten. Trotzdem springen die Menschen mutig von den Waggons und versuchen zu fliehen. Junge, Alte, Frauen, Kinder – keiner bleibt im Zug. Verwundete brechen zusammen, Unverletzte werfen sich auf die Soldaten, reißen ihnen die Gewehre aus der Hand und würgen sie, werden jedoch von Kugeln niedergestreckt. Die Verwundeten krümmen sich vor Schmerzen, schreien und rufen um Hilfe. Die Soldaten fluchen, verbinden sich gegenseitig die zerbissenen Hände, jagen den Unglücklichen hinterher, stolpern über Verwundete und Tote, durchbohren mit ihren Bajonetten, wer ihnen in die Quere kommt. Unterdessen springen immer mehr Menschen von den Waggons. Ein Soldat befiehlt dem Lokführer, den Zug weiterfahren zu lassen, doch die Menschen lassen sich dadurch nicht am Herunterspringen hindern. Viele geraten beim Sprung aus dem fahrenden Zug unter die Räder oder brechen sich die Beine.

Als sie alle Geflüchteten niedergemacht haben, zerren die Soldaten ein Häuflein Greise und Frauen aus den Ecken der Waggons und treiben sie an die Gruben. Durch den Wald krachen wieder Schüsse.

Die Schienen sind über und über mit Leichen bedeckt. Auch die Straßengräben sind voll. Sogar auf den Feldern kann man in einiger Entfernung hier und da Leichen erkennen. Männer, Frauen und kleine Kinder – bis vor kurzem standen sie noch mitten im Leben! Die Mörder gehen zwischen den toten Körpern umher, mustern sie, versetzen ihnen Fußtritte, schlagen mit dem Gewehrkolben auf sie ein, drehen sie auf die andere Seite, um sicherzugehen, dass ihre Opfer auch wirklich tot sind. In Zweifelsfällen rammen sie ihnen das Bajonett in den Leib. Sie wühlen in den Taschen, in den weggeworfenen Bündeln. Sowie sie etwas Wertvolles finden, stecken sie es ein.

Die Soldaten sind fort. Nur die Wache ist zurückgeblieben. Sie muss auf die Leichen aufpassen …

Nacht … Die Erde atmet schwer: Auf ihr lasten die Körper unschuldiger Opfer. Frische junge Gräser streicheln sanft die zu Boden gedrückten Gesichter. Vielleicht wollen sie sie mit ihrer frühlingshaften Frische wieder zum Leben erwecken. Jedoch …

Gegen Morgen bekam Gens den Befehl, 25 jüdische Polizisten nach Ponar zu schicken, wo sie die Leichen einsammeln und in die Gruben werfen sollen. Dieser Auftrag wurde der Ghettopolizei ganz offen erteilt, um die Menschen wissen zu lassen: Widerstand und Flucht sind zwecklos …

Die Ghettopolizisten machen sich unter verstärkter Bewachung auf den Weg. Sie sind bedrückt, haben große Angst: Die Beseitigung von Leichen ist nicht nur eine unangenehme, sondern auch eine gefährliche Arbeit. Wer weiß schon, ob er lebend wieder zurückkehrt – die Deutschen haben es nicht gern, wenn Zeugen ihrer grausamen Verbrechen zurückbleiben …

Gegen Abend bringen Fuhrwerke die Habseligkeiten der Opfer ins Ghetto.

Wir wissen alle, dass man die Menschen zwingt, sich nackt auszuziehen, bevor man sie erschießt, und dass ihre Sachen aus Ponar weggeschafft werden. Aber bis jetzt wurden sie nicht ins Ghetto gebracht, wir haben sie nie gesehen. Und was man nicht mit eigenen Augen sieht, nimmt einen nicht so mit.

Einer der Wagen rollt über die enge Fahrbahn. Die Kleidungsstücke bewegen sich hin und her, als sei Leben in ihnen … Da hängt ein Ärmel herunter, wie ein lebendiger Arm … Noch gestern früh hat ein Mensch beim Anziehen seinen Arm hineingesteckt, und jetzt ist dieser Arm schon erstarrt, tot … Dort liegt ein Kindermantel … Wie alt war das Kind, das ihn getragen hat? Eine Mütze. Sie scheint einen abgeschlagenen Kopf zu verdecken. Die Mütze verrutscht … Darunter steckt ein Schuh …

Ich möchte weinen, heulen, beißen, schreien. Noch gestern haben unter dieser Kleidung lebendige Herzen geschlagen, gestern noch waren das Menschen aus Fleisch und Blut! Und heute? Und heute sind sie schon nicht mehr. Man hat sie ermordet. Hört ihr? Ermordet!

Spätabends kommen die Ghettopolizisten zurück. Sie wirken niedergeschlagen. Einer ist bewusstlos. In einer verstümmelten Leiche mit zerschmettertem Kopf hat er seine Mutter erkannt …

Sie erzählen nichts, die Polizisten. Sie sagen nur, dort gäbe es sehr viele Leichen, sie hätten nicht alle wegräumen können. Morgen müssten sie noch einmal fahren.

Sie haben einen kleinen Jungen mitgebracht, den sie in einem Graben neben seiner toten Mutter gefunden haben. Das Kind ist nicht verwundet, aber durch das Liegen im Wassergraben stark unterkühlt und sehr schwach. Es wird ins Krankenhaus gebracht. Auch unter den Sachen auf den Fuhrwerken waren ein paar Kinder versteckt.

In der Abenddämmerung haben sich einige Männer ins Ghetto geschlichen. Sie waren als Erste aus dem Zug gesprungen, hatten den Wachsoldaten angegriffen, ihn fast getötet und waren dann geflüchtet. Zum Glück sind sie im Kugelhagel unverletzt geblieben.

Zum Wegräumen der restlichen Leichen hat man 25 andere Polizisten geschickt.

Das Ghetto trauert.

In unserer Brigade fehlen jetzt schon den zweiten Tag zwei Männer. Krank sind sie nicht. Sie sind auch nicht mehr im Ghetto, sondern zu den Partisanen gegangen. Alle schweigen, tun so, als wüssten sie nichts. Auch der Brigadier erwähnt sie nicht.

Murer wird versetzt. Alle wünschen ihm, dass er auf seinem Weg zum neuen Einsatzort ein schreckliches Ende nimmt.

Wer ihn ersetzen wird, weiß keiner.

An Murers Stelle tritt Kittel[1], der sich durch seine bestialischen Grausamkeiten und die Liquidierung mehrerer Ghettos und Arbeitslager bereits einen Namen gemacht hat. Folglich müssen wir uns auf noch schlimmere Aktionen und Zwangsmaßnahmen gefasst machen als unter Murer …

Im Ghetto wächst die Aufregung. Die einen erwägen ernsthaft, sich den Partisanen in den Wäldern anzuschließen, andere bemühen sich, ihre Freunde in der Stadt ausfindig zu machen, bei denen sie sich eventuell verstecken können, wieder andere bauen Malinen im Ghetto selbst.

Vor seiner Abreise aus Wilna kam Murer noch einmal ins Ghetto. Wir fürchteten, er werde seinen Abschied mit weiteren Opfern «krönen». Zum Glück ist nichts dergleichen geschehen. Man weiß noch nicht einmal, warum er gekommen ist. Vielleicht, um sich ein letztes Geschenk abzuholen?[2]

Die Stimmung ist fürchterlich. Kittel will seine Herrschaft damit beginnen, dass er die Männer kastrieren lässt. Die Optimisten unter uns versuchen uns einzureden, er werde das nicht eigenmächtig veranlassen können. Er müsse vorher in Berlin anfragen, und bis die Antwort einträfe, könne sich noch so manches ändern.

Niemand glaubt den Tröstern, alle sind furchtbar deprimiert.

1 SS-Hauptscharführer Hans-Bruno Kittel stammte aus Österreich und war vor dem Krieg Saxophonist. Bevor er im Juli 1943 die Nachfolge Franz Murers als Stellvertretender Gebietskommissar antrat, war er in Riga Gestapo-Beauftragter für jüdische Angelegenheiten. (A. d. Ü.)

2 Die Offiziere verließen das Ghetto selten mit leeren Händen. (A. d. Ü.)

Ich habe schon lange nichts mehr geschrieben. Mag sein, dass die Hitze daran schuld ist, vielleicht auch meine Stimmung. Allerdings hat sich auch nichts Besonderes ereignet. Jetzt schreibe ich im Morgengrauen, nach einer sehr unruhigen und schlaflosen Nacht. Wir wissen nicht, was uns der kommende Tag bringen wird. Vielleicht ist dies meine letzte Eintragung. Kittel droht, das Ghetto zu liquidieren. Ich will versuchen, alles der Reihe nach wiederzugeben.

Die Nacht begann sehr unruhig. Niemand wusste irgendetwas. Aber schon die Tatsache, dass Gens sämtliche nächtlichen Ausgangsgenehmigungen für ungültig erklärt und angeordnet hatte, außer den Ghettopolizisten dürfe in dieser Nacht niemand auf der Straße sein, versprach nichts Gutes.

Unser Nachbar wagte sich trotzdem hinaus – man muss doch wissen, was vorgeht. Wir standen an den Fenstern, wollten auch etwas mitbekommen, erfahren, hören, verstehen. Aber es waren nur die Trillerpfeifen der Polizisten zu hören, mal von ferne, dann wieder ganz nah – Schritte, Schreie. Schüsse krachten. Jemand schrie und rannte weg.

Unser Nachbar kam mit einer sehr traurigen Nachricht zurück. Das illegale Stadtkomitee der Kommunistischen Partei ist ausgehoben worden. Die Spuren führen auch ins Ghetto. Die Gestapo fordert von Gens die Auslieferung von Itzik Witenberg[1], der Mitglied des Stadtparteikomitees und Kommandant der F. P. O. ist.

Gens bestellte Witenberg zu sich. Nichts ahnend ging Witenberg hin. Gens ließ ihn verhaften und übergab ihn der litauischen Polizei, die schon auf ihn wartete. Während sie ihn abführten, überfielen bewaffnete Partisanen die Polizisten, befreiten ihren Kommandanten und versteckten ihn. Unter den Befreiern Witenbergs war ein Mann mit Schnurrbart[2], den ich vom Sehen kenne. Dann ist er also auch Mitglied der F. P. O.!

1 Itzik Witenberg (geb. 1907 in Wilna) war die treibende Kraft im Widerstandsbündnis zwischen Kommunisten, Bundisten und Zionisten. (A. d. Ü.)

2 Das war Schmuel Kaplinski, der spätere Kommandant der Partisaneneinheit «Für den Sieg».

Gens war außer sich über diesen Misserfolg. In Begleitung seiner Polizisten durchstöberte er jeden Winkel. Die Gestapo hat offenbar gedroht, das Ghetto zu liquidieren, falls man Witenberg nicht ausliefere.

Bald wird es Tag. Ich höre mit dem Schreiben auf. Ob man uns wohl zur Arbeit gehen lässt?

Ich bin eben erst von der Arbeit gekommen. Es gibt traurige Nachrichten: Witenberg ist in den Händen der Gestapo.

Jetzt habe ich Genaueres über die Ereignisse der vergangenen Nacht und des heutigen Tages erfahren.

Als die Ghettopartisanen von der Verhaftung Witenbergs erfuhren, gaben sie die Parole «Lise ruft»[1] aus. Das bedeutete sofortige Mobilisierung sämtlicher F. P. O.-Mitglieder.

Vergeblich versuchte Gens, Witenberg zu finden. Jedes Mal wenn sich die Ghettopolizisten dem Haus näherten, in dem sich die Partisanen verbarrikadiert hatten, wurden sie von den bewaffneten Kämpfern in die Flucht geschlagen.

Gens beschloss, seine Taktik zu ändern. Er befahl, die Suche einzustellen. Durch einen Verbindungsmann ließ er Witenberg das Ultimatum der Gestapo übermitteln: entweder Witenberg oder das ganze Ghetto.

Der Bote brachte Gens die folgende Antwort: Die Partisanenorganisation ist nicht der Meinung, dass eine Auslieferung Witenbergs das Ghetto retten wird. Da Kittel bereits von Liquidierung gesprochen hat, wird er das Ghetto ohnehin liquidieren. Die Partisanen werden Widerstand leisten. Und Witenberg, ihr Kommandant, gemeinsam mit ihnen. Er wird den Kampf anführen.

1 Ein Mädchen namens Lise, Mitglied der F. P. O., war bei dem Versuch, Waffen ins Ghetto zu schmuggeln, verhaftet und später erschossen worden. Ihr Name wurde zur Parole der Partisanen.

Die Gestapo werde Witenberg also nicht bekommen.

Die Zeit lief. Gens schickte den Boten erneut zu Witenberg.

Doch da ließ dieser plötzlich verlauten, er werde sich stellen. Er wolle nicht schuld sein am Tod von zwanzigtausend Menschen. Ruhig und ohne viel Aufhebens verabschiedete er sich von seinen Kameraden, bat sie, den Kampf fortzusetzen, und begab sich zu Gens, bei dem in Kürze die Gestapoleute eintreffen sollten.

Auf der anderen Seite des Ghettos, vor dem Hoftor des Hauses, in dem Gens wohnte, hielt ein geschlossenes Auto der Gestapo. Gens führte Witenberg hinaus, sofort ergriffen ihn bewaffnete Soldaten, stießen ihn ins Auto und fuhren davon.

Sie werden Witenberg sicher foltern und dann erschießen.

Ich weiß nicht, wie lange ich noch zu leben habe, aber für jeden Augenblick muss ich Witenberg dankbar sein. Heute[1] hat er mich gerettet. Und nicht nur mich – auch Mama, Mira, die Kleinen, Tausende Mütter und Kinder …

Wir erfahren, dass Witenberg Gift bei sich trug. Bei der Gestapo hat er sich das Leben genommen.

Unser Nachbar meint, dass wahrscheinlich nicht das ganze illegale Stadtkomitee aufgespürt wurde. Zweifelsohne gehörten außer Witenberg auch noch andere Mitglieder der F. P. O. dem Komitee an. Da man aber keine weiteren Auslieferungen fordere, sei das ein Zeichen, dass die übrigen Mitglieder nicht bekannt sind.[2]

1 Das war der 16. Juli 1943. Er ging als «Witenberg-Tag» in die Geschichte des Wilnaer Ghettos ein. (A. d. Ü.)

2 Mitglieder des illegalen städtischen Parteikomitees waren auch der Sekretär der Ghettoparteiorganisation, Berl Scherschnewski, der die erste Partisanengruppe aus dem Ghetto in den Wald brachte, und Cheyna Borowska, die bei der Liquidierung des Ghettos mit einer großen Gruppe durch die Kanalisationsrohre in den Wald entkam und Kommissarin der Einheit «Für den Sieg» wurde.

Eine große Gruppe von Mitgliedern der F. P. O. hat sich den Partisanen im Wald angeschlossen. Das waren hauptsächlich Leute, die man während der Jagd auf Witenberg mit der Waffe in der Hand gesehen hat. Im Ghetto zu bleiben wäre jetzt doppelt gefährlich für sie.[1]

Jeder Tag bringt neue Nachrichten. Da sich immer mehr Menschen den Partisanen im Wald anschließen, hat Gens die Brigadiere angewiesen, der Torwache Listen ihrer Brigaden vorzulegen und jeden Tag morgens und abends zu melden, wie viele Menschen das Ghetto zur Arbeit verlassen und wie viele zurückkehren.

Vor kurzem wurde in der Stadt Swirski, ein Mitglied der F. P. O., verhaftet: Da man bei ihm Waffen fand, wurde er ins Lukischki-Gefängnis geworfen. Auch seine beiden Töchter hat man aus dem Ghetto ins Gefängnis gebracht. Als ein Soldat in die Zelle kam, um den Vater zu holen, stürzte die jüngere Tochter zu ihm und wollte ihn nicht loslassen. Der Soldat schoss, und das Kind starb in den Armen des Vaters. Er und seine ältere Tochter wurden nach Ponar geschafft.

Heute früh hat ein Polizist von der Torwache einen jungen Mann angehalten, der eine Waffe ins Ghetto schmuggeln wollte. Der Bursche versuchte den Polizisten zu überreden, ihn laufen zu lassen. Dabei erklärte er, die Waffe sei für den Kampf gegen die Besatzer, und dieser Kampf gehe alle an. Letzten Endes würden die Deutschen auch die Ghettopolizisten nicht schonen. Doch der Polizist wollte davon nichts hören. Er brüllte los, wegen solcher Hitzköpfe müsste das ganze Ghetto leiden. Wenn alle sich nur ruhig verhielten und keinen Widerstand leisteten, würde es keine Aktionen mehr geben. Dann würden alle am Leben bleiben und die Freiheit erleben. Ge-

1 Das waren B. Scherschnewski, R. Burokinska, die Brüder L. und G. Gordon, J. Dubtschanski, R. Scherschnewska, J. Matzkewitsch und andere.

gen die Deutschen zu kämpfen hätte keinen Sinn. «Mit einem Revolver kommt man nicht gegen Maschinenpistolen und Panzer an. Aber wegen deines Revolvers könnten sie das ganze Ghetto vernichten!»

Als der junge Bursche merkte, dass er bei dem Polizisten nichts ausrichten konnte, gab er einen Schuss auf ihn ab und verschwand im Gedränge.

Der verwundete Polizist wurde ins Krankenhaus gebracht. Im Nu waren sämtliche Honoratioren des Ghettos zur Stelle. Die Ärzte wurden angewiesen, alles Erdenkliche zu tun, um den Verwundeten zu retten. Doch es half nichts, der Polizist starb.

Betrübliche Nachrichten: Eine große Gruppe von F. P. O.-Mitgliedern, die in den Wald wollten, geriet an der Mizkuner Brücke[1] in einen Hinterhalt. Es kam zu einem heftigen Schusswechsel. Leider war der Feind in der Übermacht. Von der ganzen Gruppe überlebten nur einige wenige …

Doch das schreckt die anderen nicht ab: Wieder haben sich zwei Gruppen in die Wälder abgesetzt, überwiegend unverheiratete Männer. Für Leute mit Familie ist das zu schwer.

Vorige Nacht hörten wir es an unserer Wohnungstür klopfen. Das waren zwei jüdische Polizisten, die unseren Nachbarn Kaufmann samt Familie zu Gens beorderten. Kaufmann und seine Frau machten sich allein auf den Weg, das Kind ließen sie bei der Großmutter – es war krank.

Wenig später kamen die Polizisten ein zweites Mal und sagten, die Eltern hätten sie darum gebeten, ihnen das Kind zu bringen. Die Großmutter wickelte es daraufhin warm ein und brachte es selbst hin.

1 Brücke bei Mickunai, einem Ort in der Nähe von Wilna. (A. d. Ü.)

21. Juli 1934: Ich bin sieben Jahre alt geworden.
Spaziergang im Park von Palanga mit meinen Eltern, Mira und – im Kinderwagen – der kleinen Rajele.

Meine Mutter Taiba Rolnikene,
umgekommen im Konzentrationslager.

Mein Vater Hirsch Rolnikas.
Er kämpfte in der 16. Litauischen Division gegen den Faschismus.

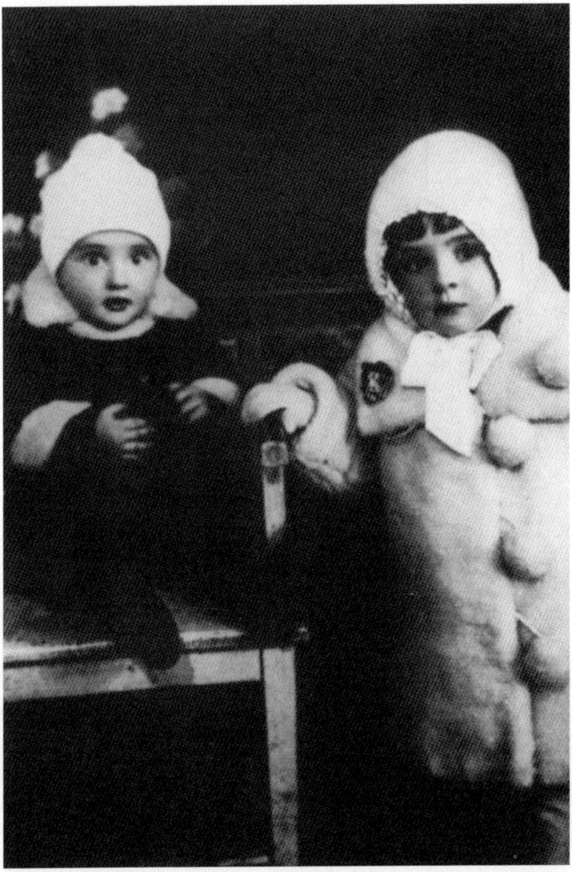

Meine jüngeren Geschwister Rajele und Ruwele,
umgekommen im Konzentrationslager.

Meine Schwester Mira Rolnikaite. Sie konnte aus dem Ghetto entkommen und überlebte zusammen mit elf weiteren Juden dank der Hilfe eines litauischen Priesters, eines Lehrers sowie einer Nonne.

Meine Familie: Im Vordergrund meine Großeltern, zwischen meinen Eltern die drei Brüder meines Vaters und neben Mira ein entfernter Cousin von uns.

Lehrer Jonaitis, der uns in der Zeit der Okkupation so sehr half.

An diesem Torweg trennten die Deutschen mich am 24. September 1943 von Mama, Rajele und Ruwele.

Die sieben Straßenzüge des Wilnaer Ghettos – nachempfunden von Künstlern des Ghettos.

Konzentrationslager Stutthof: Krematorium (oben) und Gaskammer (unten).

Wir bekamen einen großen Schreck: Wenn man sogar mitten in der Nacht nach einem Kind schickte, drohte dem Ghetto offenbar Gefahr, und Gens wollte seine Leute in Sicherheit bringen.

Kaufmann war Leiter einer Brigade, die auf der Heeresbaustelle eingesetzt war, Mitglied des von Gens geschaffenen Brigadierrates und dazu ein guter Bekannter von Gens.

Die Großmutter kehrte zurück, konnte jedoch nichts erzählen. Das Kind hatte sie bei der Mutter gelassen. Sie säßen in den Räumen der Kriminalpolizei, dort befänden sich noch andere Brigadiere, mit ihren Familien. Weshalb man sie gerufen habe und dort festhalte, wisse niemand.

Wir konnten den Morgen kaum erwarten. Auf den Straßen war es ruhig, die Menschen machten sich auf den Weg zur Arbeit. Alle Brigaden, deren Leiter man nachts zu Gens gerufen hatte, mussten ohne sie losmarschieren. Andere würden die Brigadiere für einen Tag vertreten. Als ich abends von der Arbeit kam, erfuhr ich alles …

Während der Nacht hatte man eine ganze Gruppe von Brigadieren mit ihren Angehörigen zur Kriminalpolizei kommen lassen. Alle warteten auf Gens, in dessen Namen sie dorthin gerufen worden waren. Gens erschien aber nicht. Stattdessen kam Towbin, der Kommandant der Arbeitspolizei, der das nächtliche «Spiel» organisiert und auch nach dem Kind der Kaufmanns geschickt hatte.

Bei Tagesanbruch sagte Towbin den Brigadieren, Gens würde sie bitten, zum Ghettogefängnis hinüberzugehen. Den Brigadieren kamen Bedenken, aber da sie sahen, dass es im Ghetto still blieb, beruhigten sie sich wieder. Außerdem versicherte ihnen Beigel, der Kommandant des Ghettogefängnisses, dass ihnen keine Gefahr drohe.

Plötzlich hörten die Brigadiere, wie sich von der Stadtseite her, durch das Lidsske Gessl, ein Auto dem Gefängnis näherte. Auf der Treppe waren die schweren Schritte von Soldatenstiefeln und die Stimmen der Ghettopolizisten zu hören. Sie holten jemanden aus der benachbarten Gefängniszelle. Vom Hof her donnerte auch die Stimme von Gens. Die Brigadiere warteten in großer Angst.

Als das Auto abgefahren war, kam Beigel in die Zelle gelaufen und erklärte sichtlich erleichtert, die Gefahr sei vorbei. Dann teilte er ihnen den Grund für das Durcheinander mit.

Kittel hatte offenbar die Erschießung all jener Brigadiere gefordert, aus deren Brigaden auch nur ein einziger Mann zu den Partisanen gegangen war. Da diese Brigadiere jedoch gute Beziehungen zu Gens hatten, schickte Gens statt ihrer andere Leute zum Erschießen. Die Brigadiere würden bald nach Hause gehen können.

Plötzlich war wieder das Geräusch eines vorfahrenden Autos zu hören. Die angekommenen Soldaten klopften an die Pforte. Beigel wurde weiß vor Schreck und öffnete. Wutentbrannt stürmte Kittel an ihm vorbei. Er befahl Gens, sofort zu ihm zu kommen.

Kittel herrschte ihn an, fluchte und drohte ihm, er werde es nicht zulassen, dass man ihn hintergehe. Er forderte die Auslieferung der echten Brigadiere.

Die Brigadiere konnten von ihrer Zelle aus jedes Wort mithören ... Gens befahl, die Tür zu öffnen ...

Kaufmanns Frau stürzte ans Fenster – erster Stock, das Fenster vergittert. Unten wartete seit Tagesanbruch die Großmutter. Behutsam schob die Mutter das Kind durch die Gitterstäbe, rief: «Soll wenigstens das Kind leben!», und ließ es fallen – in die Arme der Großmutter. Das weinende Enkelkind an sich gedrückt, begleitete sie ihren Sohn und die Schwiegertochter in Gedanken auf dem letzten Weg ...

Gegen Abend kam Kittel ins Ghetto und ließ alle Ghettobewohner zusammenrufen. Er teilte uns mit, dass vor wenigen Stunden in Ponar zweiunddreißig Menschen erschossen worden seien – elf Brigadiere und ihre Familien. Sie hätten sterben müssen, weil sie schlecht auf die Mitglieder ihrer Brigaden aufgepasst hätten. Das sollten sich alle merken. Vom heutigen Tage an werde man für jeden, der zu den Partisanen in die Wälder gehe, dessen ganze Familie, seinen Brigadier und alle Mitglieder seiner Brigade erschießen ... Die Machthaber seien gut informiert, wer zu den Partisanen gehe; denn sie würden alle unterwegs geschnappt. Die Erschießung der zweiunddreißig Menschen sollte allen eine Lehre sein. Die Juden hätten selber Schuld: Sie könnten in Ruhe arbeiten und leben, wenn sie durch ihr Verhalten nicht ihren eigenen Tod heraufbeschworen. Und noch etwas: Er, Kittel, werde es nicht dulden, wenn man ihn, so wie heute, betrüge und ihm statt der richtigen Brigadiere irgendwelche alten Leute unterschiebe.

Im Nachhinein stellte sich Folgendes heraus: Als die erste Gruppe der angeblichen Brigadiere nach Ponar gebracht wurde, entnahm jemand aus der Gruppe den Gesprächen der Wachleute, warum man sie abtransportierte. Er sagte daraufhin, sie seien gar keine Brigadiere. Kittel bekam einen Wutanfall. Die alten Leute ließ er trotzdem nach Ponar bringen. Er selber kehrte jedoch um und forderte die Auslieferung der echten Brigadiere.

Durchs Ghetto laufen kleine Jungen mit Plakaten, auf denen zu lesen ist, dass sich morgen, am Sonntag, alle Brigadiere und Arbeiter im Theatersaal einzufinden haben. Gens wird eine wichtige Rede halten.

In seiner Rede spricht Gens noch einmal von den Brigadieren. Er fordert, alle sollten aufeinander aufpassen. Wenn auch nur einer sich den Partisanen im Wald anschließe, werde man nicht nur seine ganze Familie und den Brigadier erschießen, sondern die ganze Brigade. Als Vorsichtsmaßnahme werde nun jede Brigade in Zehnergruppen eingeteilt. Diese bekämen jeweils einen Gruppenältesten, der für alle die Verantwortung trage. Jeder, der den Verdacht habe, dass ein Mitglied seiner Gruppe zu den Partisanen gehen wolle, müsse dies unverzüglich melden. Damit würde er sowohl sich als auch die ganze Brigade retten.

Unsere Brigade ist schon in Zehnergruppen eingeteilt worden. Gut, dass ich noch zu jung bin und niemand mich als Gruppenälteste vorgeschlagen hat. Niemand will eine solche Verantwortung auf sich nehmen.

Der Monat August beginnt mit guten Nachrichten: Die Deutschen mussten sich aus Orjol und Bjelgorod zurückziehen! In Moskau wurde aus diesem Anlass Salut geschossen.

So viele Städte sind schon befreit! Aber alle sind weit weg von Wilna. Man schätzt, dass die Rote Armee frühestens in einem halben Jahr hier sein wird. Also noch volle sechs Monate! ... Nein, nein, bloß nicht daran denken. Besser glauben, glauben!

Kittel ist einfach eine Bestie, kein Mensch! Der schlimmste Mensch kann nicht so grausam sein!

Glänzend gelaunt kam er mit seinem Gefolge ins Torflager Kene[1] und brachte sogar Geschenke mit – Zigaretten, Tabak und Marmelade. Die Zigaretten und den Tabak ließ er an die besten Arbeiter verteilen, die Marmelade an deren Kinder. Er sah sich das Lager an, die Arbeitsplätze, fragte, ob es im Lager einen Barbier gebe, und ließ sich rasieren.

Der Lagerälteste und die Arbeiter konnten sich nicht erklären, was das zu bedeuten hatte. Einer witzelte, den Deutschen müsse es ganz schön schlecht gehen, wenn sie jetzt schon zu den Juden kämen, noch dazu mit Geschenken. Die meisten aber erinnerten sich noch sehr gut daran, dass vor den Aktionen auch im Ghetto bessere Lebensmittel auf die Karten ausgegeben wurden. So kam der Verdacht auf, dass die Marmelade vielleicht vergiftet sein könnte.

Kittel ließ sich, anders als sonst im Umgang mit «Untermenschen», sogar zu Gesprächen herab. Optimistisch antwortete er auf ängstliche Fragen nach der Zukunft des Lagers. Im Anschluss an die Besichtigung des Lagers und die Rasur beim Barbier ordnete er eine

1 Kena

Zusammenkunft aller Arbeiter in der Scheune an – er werde eine Rede halten.

In seiner Rede forderte er alle dazu auf, fleißig zu arbeiten, vor allem aber, sich nicht mit den Partisanen einzulassen. Die deutschen Machthaber seien nicht daran interessiert, die Juden umzubringen. Im Gegenteil, sie bräuchten Arbeitskräfte. Wer arbeitet, der bleibt am Leben! Die Deutschen würden sich bemühen, die Arbeitsbedingungen und die Versorgung zu verbessern. Heute hätten nur die besten Arbeiter Zigaretten und Marmelade bekommen, künftig würden alle solche Geschenke erhalten.

So unglaublich seine Worte auch klangen, hoben sie doch bei einigen Leuten die Stimmung.

Nach Beendigung seiner Rede ging Kittel zur Tür. Er stieß einen kurzen Pfiff aus – und wie aus dem Untergrund tauchten plötzlich Soldaten auf. Sie ließen ihn hinaus und verschlossen die Tür von außen. Die Menschen erschraken, fingen an zu schreien, schlugen mit den Fäusten gegen die Tür und die Wände. Doch niemand antwortete.

Panik bricht aus.

Alle drücken gegen die Tür in der Hoffnung, sie öffnen zu können, sie schreien, kreischen, drängeln. Einige versuchen, die Panik unter Kontrolle zu bekommen und sich dabei ihre eigene Angst nicht anmerken zu lassen. Beschwichtigend reden sie auf die Leute ein: Vermutlich habe man sie nur vorübergehend eingesperrt, um das Lager nach Waffen zu durchsuchen. Andere wieder machen den Menschen Angst: Kittel wolle bestimmt die Familienangehörigen abtransportieren lassen und nur die Arbeitenden im Lager behalten. Die Panik wächst. Gebrüll, Wehklagen, Chaos. Ein paar Leute versuchen, die große eiserne Scheunentür mit der Schulter aus den Angeln zu heben oder mit den Fäusten die Wand zu durchbrechen. Doch eiserne Türen sind stärker als starke Schultern, und die Wände sind taub gegen das Trommeln der Fäuste. Taub und gefühllos sind auch die Soldaten, die sich draußen kaputtlachen …

Plötzlich dringt Rauch durch die Türspalten und die Ritzen im Mauerwerk. Feuer!!! Die Hilferufe verwandeln sich in wilde Schreie. Viele klettern auf die Dachbalken, um über das Dach zu entkommen.

Der Rauch wird immer dichter. Ein junger Mann zieht einen Revolver aus der Tasche. Unter anderen Umständen hätte man ihm sicher nicht erlaubt, davon Gebrauch zu machen, jetzt fordert man ihn sogar dazu auf. Er schießt in die Luft. Einmal. Ein zweites Mal. Keine Antwort. Er schießt das Magazin leer, lässt nicht eine Kugel für sich …

Eine Flamme lodert auf, wird größer, kommt näher. Die Menschen kämpfen mit dem beißenden Rauch, schreien, rufen um Hilfe: Vielleicht hören es ja die Frauen in den Baracken und kommen zu Hilfe.

Das Feuer lodert, kommt bedrohlich nahe. Diejenigen, die an den Mauern stehen, weichen vor den Flammen zurück und drängen zur Mitte. Aber es ist eng, alle stehen dicht aneinander gepresst, können sich nicht von der Stelle rühren. Bei einigen haben Kleidung und Haare schon Feuer gefangen. Sich vor Schmerzen windend, drängen sie mit aller Macht zu der Mitte, die die Flammen noch nicht erreicht haben. Dadurch springt das Feuer auch auf andere über. Einige versuchen, sich gegenseitig zu helfen und die Flammen beim Nachbarn zu ersticken. Vergebens. Ein paar Menschen sind schon ohnmächtig geworden. Andere fallen auf sie. Die Flammen lodern immer stärker, wollen alle umfassen, verschlingen, in der mörderischen Hitze auslöschen.

Plötzlich sind gellende Schreie aus der Frauenbaracke zu hören. Die Frauen rufen um Hilfe. Auch sie brennen. Und die Kinder, die kleinen Kinder!! Das schwindende Bewusstsein wird von einem entsetzlichen Grauen durchschnitten.

Das Dach stürzt ein, die Mauern brechen zusammen, ein großer Scheiterhaufen aus Menschen und Balken lodert …

Und Kittel steht mit seinem Gefolge auf einer Anhöhe ganz in der Nähe und weidet sich an dem Bild. Ein wahrer Nero!

Einer von seinen Kumpanen witzelt, dass es schade sei um die Zigaretten und die Marmelade. Ein anderer entgegnet, das werde ihnen den Weg zu den Urvätern versüßen … Kittel bietet demjenigen tausend Reichsmark, der jetzt die Hände des Barbiers findet, der ihn rasiert hat. Und der dumme Jude hat sich so viel Mühe gegeben! Zum Teufel, wie schön ist es doch, auf der Welt zu sein: Vor einer halben Stunde waren alle diese verkohlten Körper noch Menschen. Die haben mit gespitzten Ohren jedes Wort verschlungen und geglaubt, sie seien für uns Deutsche unentbehrlich …

Als Kittel von dem Schauspiel genug hatte, setzte er sich ins Auto und fuhr davon. Den Soldaten schärfte er ein, das Übergreifen des Feuers auf die daneben stehenden Bäume zu verhindern und so lange zu bleiben, bis es verlöscht sei.

Der Scheiterhaufen brannte noch lange … Dann vermischten die Soldaten die Asche mit den verkohlten Gebeinen …

Als die Soldaten fort waren, trieb der Wind sein Spiel mit der Asche. Er wirbelte sie auf und blies sie in alle Himmelsrichtungen …

Aus dieser furchtbaren Hölle sind nur zwei Menschen entkommen – sie sind zufällig nicht in der Scheune gewesen. Als sie sahen, welche Vorbereitungen die Deutschen trafen, liefen sie weg, stahlen sich ins Ghetto und erzählten alles.

Kittel hat auch das Torflager von Resche[1] liquidieren lassen. Es heißt, die Deutschen hätten nach einem Gefecht mit den Partisanen im Wald eine Mütze gefunden, in deren Futter sich der Ausweis eines Arbeiters aus dem Lager von Resche befand. Diesmal machte es sich Kittel etwas leichter mit der Liquidierung. Er ließ alle erschießen und an Ort und Stelle verscharren …

Ich habe gehört, dass Tiktin, ein Mitglied der F. P. O., getötet wurde. Er hatte aus dem deutschen Waffenlager Burbischok[2] Munition be-

1 Riešė
2 Burbiškės

schaffen wollen. Als er merkte, dass man ihn entdeckt hatte, versuchte er zu fliehen, wurde jedoch von einer feindlichen Kugel getroffen.

Wie soll es weitergehen? Die Deutschen sehen doch, dass es im Ghetto keine gehorsamen, eingeschüchterten, passiven Opfer mehr gibt, mit denen sie tun und lassen können, was sie wollen. Jetzt wehren sich alle, so gut sie können. Witenberg, die F. P. O., die Abwanderung zu den Partisanen im Wald, die «Kowne-Aktion», bei der sich die Menschen sogar mit bloßen Händen gewehrt haben und über die Wachen hergefallen sind … Klar, dass die deutschen Machthaber eine solche Lage nicht dulden werden. Manche behaupten zwar, die örtlichen Deutschen hätten nicht mehr das Recht, selbstherrlich und ohne Anordnungen von oben die großen Ghettos zu liquidieren. Aber die höheren Instanzen werden eine solche Erlaubnis sicher nicht verweigern. Für sie macht es keinen Unterschied, ob es sich um die Lager von Kene und Resche oder um das Wilnaer Ghetto handelt. Was soll bloß aus uns werden?

Inzwischen haben die Deutschen die Fesseln noch enger geschnürt. Sie haben an alle Arbeitgeber eine vom Gebietskommissar unterschriebene Anweisung zur Behandlung der dort arbeitenden Juden verschickt. Danach ist erstens streng darauf zu achten, dass Juden ständig mit einem fest aufgenähten Judenstern herumlaufen. Zweitens dürfen sie nicht in kleine Gruppen aufgeteilt werden oder einzeln arbeiten. Drittens darf niemand seinen Arbeitsplatz verlassen, auch nicht in Begleitung. Viertens sind die Juden von den übrigen Arbeitern zu trennen. Fünftens müssen Anzeichen von Ungehorsam und Unwilligkeit sofort den deutschen Behörden gemeldet werden. Ferner sind Erleichterungen jeglicher Art verboten. Küchen und Esssäle an den Arbeitsstellen dürfen von Juden nicht betreten werden. Bei einem Verstoß gegen diese Vorschriften wird man die Arbeitgeber zur Verantwortung ziehen.

Aus Furcht vor Strafmaßnahmen sind alle emsig bemüht, die Anweisungen zu befolgen.

Und doch schließt sich die Jugend den Partisanen in den Wäldern an.

Es wird immer schlimmer. Die Leute erzählen sich, dass in fast allen Betrieben Juden entlassen werden sollen. Es werden nur einige wenige Arbeitsplätze übrig bleiben.

Die ewigen Optimisten behaupten, das sei unmöglich: Solange das Ghetto existiere, würden die Deutschen so viel Arbeitskraft wie möglich herausschinden. Und von heute auf morgen könnten sie das Ghetto sowieso nicht liquidieren, dazu bräuchten sie eine Genehmigung. Die Front rücke schnell näher. Bis sie die Genehmigung hätten, könnte die Rote Armee schon so nahe sein, dass die Deutschen nicht mehr ans Ghetto denken, sondern nur noch daran, wie sie ihre eigene Haut retten können.

Wenn es doch nur so wäre! ...

Das Arbeitsamt hat eine Liste der Betriebe bekommen, in denen alle Juden entlassen werden sollen.

Mama und ich sind nun auch ohne Arbeit ...

Heute ist wirklich ein merkwürdiger Tag. Morgens sammelten sich die Leute nach alter Gewohnheit an den Plätzen, von wo aus sie sonst zur Arbeit gegangen waren. Mit Neid schauten wir auf die wenigen Brigaden, die auch heute noch losgingen.

Das Ghetto ist den ganzen Tag über voller Menschen. Die Abwesenheit der Brigaden, die jetzt noch Arbeit haben, fällt gar nicht auf. Es ist ganz ungewohnt, diese vielen Menschen, vor allem Männer, tagsüber im Ghetto zu sehen. Und nirgends kann man hin, zu tun gibt es nichts und zu essen erst recht nichts.

Alles hat einmal ein Ende, außer dem Unglück. Das kennt keine Grenzen. Wir hatten gedacht, schlimmer könne es nicht kommen. Aber man sieht ja, es wird immer noch schlimmer ...

Morgen wird keiner mehr zur Arbeit gehen: Man hat alle ohne

Ausnahme entlassen. Das Ghetto ist abgeriegelt, isoliert von der ganzen Welt.

Während der Nacht war es ruhig.

Gens hat das Gerücht verbreitet, dass alle, die früher gearbeitet haben und auch jetzt noch arbeiten wollen, Arbeit bekommen werden. Allerdings nicht in der Stadt, sondern hier im Ghetto. Das Ghetto habe man nur abgeriegelt, um den Leuten den Weg zu den Partisanen zu versperren. Die Werkstätten, vor allem die Strickereien und Nähereien, würden erweitert. Es soll in drei Schichten gearbeitet werden. Eine Menge Soldatenmäntel und -wäsche sei schon eingetroffen, das alles müsse schnell gewaschen und ausgebessert werden. In den Werkstätten sollen Leute neu eingestellt werden.

Ich arbeite in der Strickerei. Sie ist so groß wie der ganze Saal des Judenrates! Dort stehen lange Reihen mit Tischen. An jedem Tisch sitzen zwanzig Frauen über ihre Arbeit gebeugt. Die Ältesten schaffen einen ganzen Berg zerrissener Handschuhe heran, an die wir Finger oder halbe Finger stricken. Von den drei Schichten beginnt die erste um 6 Uhr morgens, und die dritte endet um Mitternacht.

Es gibt nichts zu essen. Zwar wird das Essen auf Brotkarten jetzt etwas regelmäßiger ausgegeben, aber es ist sehr wenig. Der Hunger ist immer schwerer zu ertragen.

Mir kommt das Ghetto vor wie eine alte Maschine, aus der man alle Schrauben herausgedreht hat. Solange man sie nicht anrührt, steht sie noch. Sobald aber jemand sie auch nur mit dem Finger berührt, fällt sie in sich zusammen.

Frühmorgens – wir haben gerade mit der Arbeit begonnen (diese Woche bin ich in der ersten Schicht) – verbreitet sich das Gerücht, das Ghetto sei umstellt. Wir werfen die Arbeit hin und wollen in die Wohnungen zurück, aber der Schichtälteste lässt uns nicht weg. Er schließt die Tür ab und beordert uns wieder an unsere Plätze. Er selbst werde nachsehen und sich erkundigen.

Wir setzen uns also wieder hin und warten. Arbeiten können wir natürlich nicht mehr, dazu sind wir viel zu unruhig. Wir stellen Vermutungen an, werfen ängstliche Blicke auf die Tür.

Endlich kommt er zurück. Schon sein Anblick genügt, um Gewissheit zu haben, dass die Gerüchte wahr sind. Wir rennen alle los.

Was tun? Wohin laufen? Vielleicht suchen sie ausgerechnet dort, wo man sich verborgen hält, und ein anderer Unterschlupf wäre viel sicherer.

Aber wir haben keine Zeit mehr, uns zu verstecken – die Soldaten sind schon im Ghetto. Wir hasten hinunter in den Keller. Dort ist es feucht und modrig. In jeder Wand befindet sich ein Schlupfloch, durch das man in den nächsten Keller gelangen kann. Die Keller des ganzen Hauses scheinen miteinander verbunden zu sein. Richtige Katakomben.

Auch aus anderen Wohnungen haben sich Menschen hierher geflüchtet. Es mögen wohl einige hundert sein. Eng ist es und dunkel. Wir tasten uns an den Wänden entlang. Kinder weinen. Wir werden in den hintersten Winkel des Kellers gedrängt. Einige Männer bleiben an der Leiter stehen, wollen lauschen, was oben vor sich geht.

Im Dunkeln habe ich Mama und Ruwele verloren. Vermutlich sind sie in einen anderen Teil des Kellers geraten. Rajele halte ich fest an der Hand, damit ich sie nicht auch noch verliere. Mira ist bei der Arbeit geblieben. Als die Panik ausbrach, ist sie erst gar nicht zurück in die Wohnung.

Vom langen Stehen sind wir müde geworden und haben uns hingesetzt. Es ist kalt und feucht, aber so können wir zumindest die Beine ausruhen. Rajele nehme ich auf den Schoß.

Was mag da oben los sein? Ist das die Liquidierung oder nur eine weitere Aktion?

Die Zeit zieht sich endlos hin. Stille.

Einige haben angefangen zu sprechen, meinen, dass jemand sich in den Hof schleichen muss, um zu erkunden, was da vor sich geht.

Im Keller befindet sich auch ein Ghettopolizist. Er ist von der allgemeinen Panik erfasst worden und hat sich ebenfalls hierher geflüchtet. Für ihn ist es am ungefährlichsten, nach oben zu gehen. Er macht sich rundum sauber und verspricht, bald zurückzukommen.

Viel Zeit vergeht. Er ist immer noch nicht zurück. Wenn man jetzt schon Polizisten ergreift, ist die Liquidierung in vollem Gange. Das Ende …

Plötzlich klopft es. Niemand antwortet. Es klopft wieder. Das muss der Polizist sein.

Man öffnet ihm. In strengem Befehlston fordert er alle auf, den Keller zu verlassen.

Am Ausgang stehen noch zwei weitere Ghettopolizisten. Frauen und Kinder lassen sie passieren, die Männer halten sie zurück. Dabei brüllen sie, keiner solle sich widersetzen. Man bringe sie zur Arbeit nach Estland.

Wer glaubt ihnen das?

Es beginnt ein schreckliches Weinen und Schreien. Die Männer laufen zurück in den Keller, die Polizisten rennen hinterher, fangen sie wieder ein und jagen sie nach oben.

Als man alle Männer zusammengetrieben hat, werden sie abgeführt.

Ich gehe hinaus auf die Straße. Nur ganz wenige Soldaten sind zu sehen, die Ghettopolizisten haben freie Hand. Wie sich herausstellt, haben die Deutschen dreitausend Mann von Gens gefordert, die er selbst zusammenbringen soll. Die gesamte F. P. O. ist mobilisiert und steht kampfbereit in einigen Höfen in der Straschungass. Die Ghettopolizisten wissen davon und meiden diese Höfe.

Für Gens ist es nicht leicht, den Befehl der Deutschen auszuführen: Alle Männer halten sich verborgen. Ohne Kopfbedeckung und Mantel läuft Gens selbst von Hof zu Hof und schreit, die Männer sollten freiwillig aus ihren Verstecken kommen. Er garantiere, dass man sie zur Arbeit nach Estland bringe. Sollten die Männer nicht herauskommen, werde das ganze Ghetto ins Unglück gestürzt.

Keiner lässt sich blicken, man glaubt ihm schon lange nicht mehr.

Der Abend rückt näher, und Gens hat noch nicht einmal tausend Männer zusammen! Er verliert die Fassung, droht den Ghettopolizisten, sie nach Estland zu schicken, sollten sie die nötige Menge nicht zusammenbekommen. Die Polizisten geraten außer sich, rennen, jagen, schreien, schlagen. Im Bethaus sind sie bereits gewesen (ein Eckhaus an der Schawler und Jatkewer Gass ist zur Synagoge umgewandelt worden), haben ein Dutzend betender alter Männer herausgezerrt und sie zum Ghettotor getrieben. Dort stand Kittel. Als er sah, welche «Ware» man ihm lieferte, fuhr er die Polizisten an und befahl, die Alten ins Ghetto zurückzujagen.

Davon reden die Polizisten auf Schritt und Tritt. Das sei doch der beste Beweis dafür, dass die Männer zur Arbeit geschickt werden sollen.

Bei Einbruch der Nacht haben sie erst 1300 Männer gefasst. Und dreitausend müssen es laut Befehl sein …

Da ertönt ein Pfiff. Die Aktion wird abgebrochen. Die erschöpften Polizisten schickt man nach Hause. Aber nur bis zum nächsten Morgen.

Das Ghetto bleibt umstellt.

Wir legen uns angekleidet schlafen.

Heute wiederholte sich das Ganze. Viele wurden abtransportiert, einige Hundert lebendig begraben.

Es ist schwer zu sagen, wie die Deutschen davon erfuhren, dass sich im Keller des Hauses Straschungass 15 viele Männer versteckt hielten. Zusammen mit Gens kamen einige Offiziere in den Hof und verkündeten über Lautsprecher, alle, die sich im Keller versteckten, hätten unverzüglich auf den Hof zu kommen. Andernfalls würde man sie in die Luft sprengen! Sollten doch die Frauen ihren Männern und Brüdern das Leben retten, indem sie sie überredeten, ihr

Versteck zu verlassen. Das Gleiche wiederholte auch Gens. Vergebens. Niemand kam zum Vorschein. Der Rangälteste unter den Offizieren befahl den Frauen, innerhalb von fünf Minuten den Hof zu verlassen. Die Soldaten bereiteten die Sprengung vor. An der linken Seite des Hauses, direkt über dem Keller, legten sie Sprengstoff aus.

Unter den Frauen entstand eine furchtbare Panik. Einige beeilten sich, den Hof so schnell wie möglich zu verlassen, andere versuchten, die Soldaten an den Vorbereitungen zur Sprengung zu hindern, noch andere rannten wie wahnsinnig immer wieder zum Keller – mal schreiend, die Männer sollten herauskommen, mal sie beschwörend zu bleiben. Die Frauen, die mehr Fassung wahrten, stellten sich an den Eingang zum Keller und jagten die Panikmacherinnen weg. Sie erklärten, der Keller sei tief und betoniert, dem werde die Sprengung nichts anhaben können.

Als sie sahen, dass die Soldaten den Hof verließen, rannten auch sie los, die Augen vor Schreck geweitet, die Arme ausgestreckt, als wollten sie jemanden beschützen.

Eine gewaltige Explosion war zu hören. Ich stand ziemlich weit entfernt und wurde trotzdem fast taub davon. Die steinerne Mauer krachte ein und stürzte in sich zusammen. Eine riesige Staubwolke erhob sich. Als sie sich legte, erblickten wir Ruinen. Wo eben noch eine Haushälfte gestanden hatte, befanden sich jetzt nur noch Trümmer, Mauerreste, Ziegel, verbogene Eisenträger. Die Hälfte eines Zimmers im ersten Stock war wie wegrasiert – geblieben waren nur eine Wand, ein Stück vom Fußboden und ein ramponiertes Bett, das hin und her wackelte.

Die Frauen liefen sofort zu den Trümmern, um den Eingang zum Keller freizulegen. Jede schleppte, was sie nur konnte: Ziegel, Bretter, Draht. Immer mehr Frauen kamen in den Hof gerannt. Ich lief schnell in unsere Unterkunft, um Mama zu sagen, wo ich bin, und kam gleich wieder zurück zum Helfen.

An einer Stelle stießen wir auf einen verstümmelten Körper. Das Bein einer Frau kam zum Vorschein. Beim Weitergraben fanden wir einen Kinderfuß. Mich packte das Grauen, und ich lief auf die Straße. Ich kam erst wieder, als man die Tote und die gefundenen Leichenteile schon in ein Laken gewickelt und ins Leichenhaus gebracht hatte.

Die Frauen erzählen, die tote Frau habe ihr Kind im Arm gehalten. In der anderen Hand hielt sie einen Schlüssel. Sie konnte nicht mehr schnell genug hinaus, weil sie die Tür abgeschlossen hatte. Unglaublich, da wird das Haus gesprengt, und sie verschließt die Tür davor!

Plötzlich tauchte hinter uns ein Soldat auf. Er verbot uns weiterzugraben. Wer sich dem Befehl der Deutschen widersetze, müsse eben sterben. Er werde auf jeden schießen, der es wage, näher heranzukommen und auch nur einen einzigen Ziegelstein aufzuheben.

Die dreitausend Männer hat man dennoch nicht zusammenbekommen. Morgen soll die Aktion fortgesetzt werden.

Heute haben die Deutschen ein Versteck der Ghettopartisanen entdeckt (im Hof des Hauses Straschungass 12). Die Partisanen warfen Handgranaten auf die Deutschen, die sofort das ganze Haus in die Luft sprengten. Unter den Trümmern wurden nicht nur die Partisanen, sondern auch viele Frauen und kleine Kinder begraben.

Selbst Deutsche – und nicht wenige – mussten mit dem Leben bezahlen. Gens versucht unentwegt, sich zu rechtfertigen. Er hatte doch immer behauptet, im Ghetto gäbe es keine Partisanen, nur gute und gehorsame Arbeiter. Die Handgranaten hätten ein paar junge Bengel geworfen, mit denen er schnell fertig werden würde.

Gens lässt nun mit noch größerer Kaltblütigkeit Männer einfangen. Wenn auch Frauen dabei sind, die sich als Männer verkleidet haben, weil sie sich nicht von ihren Männern trennen wollen, stellt er sich ahnungslos. Was kümmert ihn das. Hauptsache, die Anzahl stimmt! Aus den «Kräftigsten» organisiert er eine Hilfspolizei, die bei der Männerjagd helfen und vor allem den Sportplatz bewachen soll, wo sich die Mitglieder der F. P. O. aufhalten. Keiner darf den Platz verlassen. Jeglicher Kontakt zwischen den F. P. O.-Mitgliedern und der Ghettobevölkerung sei zu unterbinden, damit die Partisanen nicht für einen Aufstand gegen die Deutschen agitieren könnten. Gens fürchtet sich vor einem direkten bewaffneten Zusammenstoß mit den Henkern.

Die Aktion hat vier Tage gedauert. Endlich ist sie vorbei. Das Ghetto ist jetzt nicht mehr umstellt.

Heute, am letzten Tag, hat es Braude, einen guten Freund von Gens, Verbindungsmann zwischen den Arbeitsämtern in der Stadt und im Ghetto, erwischt. Auch er war in diesen Tagen herumgelaufen, hatte kommandiert, Jagd auf Männer gemacht und sie festgenommen. Als heute ein paar Deutsche in der Nähe waren, zog er aus dem Stiefelschaft eine Peitsche und setzte einem Juden nach. Er wollte sich bei ihnen wohl lieb Kind machen. Aber mit der Peitsche riss er auch einige Papiere heraus. Die Deutschen hielten ihn an und wollten die Papiere sehen. Braude versuchte sich herauszureden, doch sie befahlen ihm, die Papiere vorzuweisen. Das waren gefälschte Dokumente, die auf einen anderen Namen und eine andere Nationalität lauteten. Die Deutschen richteten ihn schrecklich zu und warfen ihn auf einen Lastwagen, auf dem schon andere eingefangene Männer lagen. Trotz aller Bemühungen konnte auch Gens ihn nicht retten. Die Deutschen kontrollierten sogar besonders scharf, um ganz sicherzugehen, dass ihnen dieser «freche Jude» auch ja nicht entkam.

Die Aktion ist beendet, das Ghetto nicht mehr umzingelt. Was nun?

Übrigens haben wir jetzt September. Das Schuljahr fängt an. Wieder ohne mich. In der Schule haben sie mich bestimmt schon vergessen. Oder halten sie mich für tot?

Gens hat die kräftigsten Polizisten und fast die gesamte Hilfspolizei in die Rosser Gass geschickt. Dort hält man die eingefangenen Männer fest; sie sollen nach Estland gebracht werden. Die Polizisten sollen helfen, sie in Güterwaggons zu verfrachten.

Sie kommen jedoch schnell wieder zurück: Die Waggons stehen erst morgen zur Verfügung.

Die Nachricht, dass alle Männer am Leben sind und auf die Waggons warten, hat die Menschen im Ghetto vorübergehend beruhigt. Doch überall starrt einem die Verzweiflung entgegen.

Wieder waren die Ghettopolizisten in der Rosser Gass. Als sie zurückkamen, teilten sie mit, sie hätten alle Männer in einen Truppenzug gesetzt, der noch heute Nacht Richtung Estland abfahre.

Gleichzeitig brachten die Polizisten eine noch schlechtere Nachricht mit. Sie hätten gehört, dass am Bahnhof ein Schild hänge (oder in den nächsten Tagen angebracht werde) mit der Aufschrift «Judenfrei». Das heißt, in der Stadt gibt es keine Juden mehr …

Wo soll man noch hin? Wohin fliehen?

Gestern ist Gens erschossen worden. Wir haben erst heute davon erfahren, aber schon gestern um die Mittagszeit spürten wir, dass sich da etwas zusammenbraute. Jemand erzählte, von Neugebauer sei ein Abgesandter gekommen und hätte Gens und Dessler die Waffen abgenommen – zwei Revolver und Handgranaten, die sie für den dienstlichen Gebrauch bei sich trugen.

Gens wurde zur Gestapo beordert.

Am Abend war er immer noch nicht zurück.

Die F. P. O. – jetzt schon viel schwächer als früher (fast jede Nacht verschwinden Gruppen junger Menschen durch irgendwelche Keller und Kanalisationsrohre) – machte wieder mobil. Sogar die Polizisten irrten verloren und verschreckt umher.

Was hatte das zu bedeuten? Die Angst griff um sich, wurde immer größer. Wir liefen alle in den Hof des Judenrats. Vielleicht würden wir dort etwas erfahren, was auch immer. Der Hof war voller Menschen, die in kleinen Gruppen zusammenstanden, jammerten, mutmaßten, aber niemand wusste etwas.

Da erschien Dessler in der Tür. Er bat die Leute, wieder in die Wohnungen zu gehen und nicht in Panik zu geraten. Dem Ghetto drohe keine Gefahr. Die Nacht werde ruhig verlaufen, und morgen sollten alle wie gewohnt zur Arbeit in die Werkstätten kommen.

Heute haben wir erfahren, dass Gens erschossen wurde. Wo und wie man ihn beseitigt hat, weiß keiner, jedenfalls nicht in Ponar, wird gesagt. Niemand außer den Polizisten vermisst ihn.

Die Deutschen lassen nie Zeugen ihrer Verbrechen am Leben. Dabei hatten sie auf ihn gesetzt, ihm sogar Waffen ausgehändigt. Er hatte das Recht, ohne Judenstern herumzulaufen und dabei den Bürgersteig zu benutzen. Er durfte in seine alte Wohnung in der Stadt gehen, wo seine Frau und Tochter lebten, und dort sogar übernachten. Nun ja, seine Frau war Litauerin, aber seine Tochter hätte im Ghetto leben müssen. Bei den Deutschen gelten sogar Enkel von Juden als Halbjuden.

Aus der Wohnung von Gens hat man alle Möbel und Sachen weggeschafft. Das Ghetto hat nun keinen Leiter mehr. Bestimmt wird Dessler dazu ernannt. Er ist jetzt sowieso der Älteste.

Leider werden wir einen unerwünschten Vorsitzenden bekommen – Kittel selbst. Er hat angeordnet, ihm ein Arbeitszimmer im Ghetto einzurichten, hat sich Möbel ausgesucht und befohlen, sie wieder in Ordnung zu bringen.

Wie schaffen wir das bloß, wenigstens noch eine Weile durchzuhalten? Die Deutschen sind auf dem Rückzug. Die Rote Armee greift bei Smolensk an. Jetzt brauchen wir nicht mehr lange auf die Freiheit zu warten!

Mira erlebt sie sicher schon bald. Ihr ist es gelungen, das Ghetto zu verlassen. Sie hofft, dass gute Menschen sie verstecken oder ihr dabei helfen, falsche Papiere zu besorgen. Vielleicht kann sie auch uns hier herausholen … Ob sie das wohl schafft?

Kittel hat wieder tausend Männer zur Arbeit in Estland angefordert. Alles fing wieder von vorn an: Soldaten umstellten das Ghetto, und die jüdischen Polizisten machten Jagd auf Männer.

Tagsüber erfahren wir, dass Dessler mit seiner Frau aus dem Ghetto geflohen ist und die ganze Ghettokasse mitgenommen hat. Auch Levas, der Kommandant der Torwache, ist flüchtig.

Wenn jetzt sogar diese Fischköpfe weglaufen, dann steht es schlecht um uns ...

Kittel stolziert mit seinem Gefolge im Ghetto umher. Die Straßen sind leer. Wir sitzen hinter verschlossenen Türen und verhängten Fenstern. Nur durch einen Spalt wagen wir nach den Gestapo-Leuten zu spähen.

Kittel hat sich das Mittagessen in sein Arbeitszimmer bringen lassen. Er und seine Leute saufen, während die Ghettopolizisten Männer einfangen. Aber das ist jetzt noch schwieriger, weil niemand mehr gehorchen will.

Gegen Abend verlässt Kittel sein Arbeitszimmer. Einige Dienststellenleiter der Polizei bitten ihn untertänig, die Aktion noch um einen Tag zu verlängern, weil sie die geforderte Anzahl von Männern noch nicht erreicht haben. Kittel erklärt daraufhin, er lasse die ganze Aktion abbrechen. Die eingefangenen Männer solle man nach Hause schicken.

Dann erteilt er noch den Befehl, Desslers Wohnung zu versiegeln, und verschwindet. Auch die Wache, die das Ghetto umzingelte, ist weg.

Eine schwere, unruhige Nacht steht uns bevor.

Es ist still im Ghetto – kein einziger Soldat. Wahrscheinlich weil Sonntag ist. Das Tor ist und bleibt verschlossen: Keiner kommt herein, und keiner geht hinaus. Wenn man uns so leben ließe, würden wir sogar aufs Essen verzichten! Ich glaube, wir könnten durchhalten. Die Rote Armee wird ja bald hier sein!

Kittel ist wieder im Ghetto. Er hat Oberhart[1] zum Polizeichef ernannt.

Man hat zehn Lastwagen voller Soldatenmäntel und Handschuhe gebracht. Die Frauen sagen, dass auf dem Bahnhof weitere sieben Waggons mit Sachen stehen. Das ist ein gutes Zeichen – wenn sie das Ghetto liquidieren wollten, würden sie doch nichts mehr hierher bringen.

Ein später Septemberabend. Wieder lastet eine bleierne Angst auf uns. Noch ist nichts passiert. Noch ist kein einziger Deutscher im Ghetto, aber die Angst quält uns.

Nachts kam Oberhart in die Nähwerkstatt (wo die Nachtschicht arbeitete) und verlangte, dass man ihm sofort eine Uniformbinde für den Ärmel nähte. Als sie fertig war, streifte er sie über den Arm und verschwand. Währenddessen sagte er nichts, erklärte nichts, doch es war ihm anzumerken, dass etwas im Argen lag.

Der Tag begann trist und grau. Im Ghetto herrschte Betriebsamkeit wie in einem Ameisenhaufen. Leute mit Kindern und mit Bündeln hasteten zu den Malinen. Diesmal wurden sogar die Ghettopolizisten von der allgemeinen Panik erfasst. Und das verstärkte noch die Angst. Dann kam Kittel mit einigen Gestapo-Leuten. Am Ghettotor empfing sie Oberhart und begleitete sie in den Hof des Judenrats. Unterwegs befahl er einigen Polizisten, die noch auf ihren Posten standen, alle Ghettobewohner zu einer Versammlung zusammenzurufen.

Ich lief auch zur Versammlung.

Die Deutschen stellten sich auf die Treppe, die zu Desslers Wohnung führte, und ließen sich ein Megaphon bringen. Einer verlas den folgenden Befehl des Gestapochefs: Die Juden des Wilnaer

1 Oberhart stammte aus Wien. Er war von Anfang an einer der mächtigsten und meistgefürchteten Ghettopolizisten, vorübergehend Leiter einer großen Arbeitsbrigade in einem deutschen Munitionslager und schließlich für kurze Zeit Chef der Ghettopolizei. Bald darauf ließ ihn Kittel erschießen. (A. d. Ü.)

Ghettos, die vor zwei Jahren hierher gekommen sind, werden in zwei Arbeitslager evakuiert. Das eine befindet sich in Estland, das andere hier in Litauen, bei Schawl[1]. Die Evakuierung hat im Laufe des heutigen Tages zu erfolgen. Jeder darf nur so viel mitnehmen, wie er selbst tragen kann.

Der Sprecher fügte von sich aus hinzu, er rate, einen Eimer, Töpfe und anderes Küchengerät mitzunehmen, da wir diese Dinge am neuen Arbeitsplatz nicht bekommen würden. In vier Stunden haben wir reisefertig zu sein. Punkt elf sei Abmarsch aus dem Ghetto.

Der Deutsche las den Befehl noch einmal vor. Danach wiederholte ihn Oberhart zweimal auf Jiddisch.

Das war alles. Wir sollten nach Hause gehen und uns um elf Uhr in der Rudnizkegass einfinden.

Ich überbringe Mama die traurige Nachricht. Rajele blickt uns erschrocken an: «Und wenn sie nicht die Wahrheit sagen und uns nach Ponar schaffen?» Was soll ich ihr antworten? Ich denke ja das Gleiche!

Mama lässt die Kleinen ihre Schultaschen ausleeren – sie will für jeden etwas Wäsche hineinpacken.

«Und meine Bücher? Nehmen wir die nicht mit?», fragt Ruwele traurig. «Dürfen wir denn dort nicht lesen?»

«Sobald wir wieder frei sind, mein Junge, kannst du lesen», tröstet ihn Mama. Aber ihre Stimme zittert dabei so, dass Ruwele ängstlich zu ihr aufschaut.

Mama packt die Sachen. Die Kleinen sitzen auf der Pritsche und schauen ihr dabei zu. Als sie die Mutter weinen sehen, blinzeln auch sie mit ihren großen Augen.

Ich versuche ihnen klar zu machen, dass sie nicht weinen sollen – vielleicht kommen wir wirklich in ein Lager. Selbst wenn es dort noch schlechter sein sollte, werden wir schon irgendwie durchhalten – schließlich müssen wir nicht mehr lange auf die Befreiung warten.

1 Šiauliai

Aber ich glaube selbst nicht an das Lager, und meine Worte trösten sie nicht.

Ich stehe am Fenster. Im Hof ist es matschig. Im Frühling wird es wieder trocken sein. Nicht nur hier – überall. Die Apfelbäume werden blühen. Die Blätter werden sich im Wind bewegen, als seien sie lebendig. Es wird herrlich duften. Der Himmel wird hellblau sein. Und sehr weit. Wie gut es tut, in den Himmel zu schauen! Oder sich eine Blume ins Haar zu stecken … Sollte ich hier lebend herauskommen, werde ich mich des Lebens freuen. Jede Minute würde ich mir bewusst machen, dass ich lebe, und es auskosten. Doch … Das wird nicht geschehen. Und diejenigen, die nach uns leben, werden sich vielleicht nicht so freuen können: Sie wissen ja nicht, wie schrecklich es ist, wenn einem das Leben genommen wird …

Mama sagt, wir müssen gehen.

Die kleinen Straßen sind voller Menschen. Still und mutlos trotten sie alle in die gleiche Richtung – zur Rudnizkegass. Einige schleppen große Bündel, andere haben fast gar nichts dabei. Wozu sich die letzten Stunden noch schwerer machen?

Ich trage einen Koffer, ein Bündel und über der Schulter Papas Herbstmantel, den der Lehrer Jonaitis damals zum Ghettotor gebracht hat. Mama konnte sich einfach nicht dazu durchringen, ihn zu verkaufen, und hat ihn für «schlechtere Zeiten» aufgehoben.

In der Rudnizkegass drängen sich die Menschen. Offenbar gehen alle. Wenn das Ghetto liquidiert wird, hat es keinen Sinn, sich weiter zu verstecken. Die Deutschen werden sicher die gleiche Taktik anwenden wie nach der Liquidierung des Zweiten Ghettos: Dort haben sie einfach das Wasser und die Energiezufuhr abgestellt und überall Wachposten platziert. Wer sich aus seinem Versteck heraustraute, wurde gefasst, die Übrigen kamen vor Durst und Sauerstoffmangel um.

Wir nähern uns dem Tor. Wie oft bin ich in diesen zwei Jahren hier entlanggegangen. Ob ich wohl je wieder hierher komme? Werde ich die Häuser, Fenster, Türen, den Kirchturm, der auf der anderen Seite des Tors hervorlugt, je wiedersehen?

Am Tor stehen Neugebauer, Kittel, Weiß und einige andere Gestapo-Leute. Sie zählen die Herauskommenden. Einer tippt mit einem Stock auf uns, fügt der Summe weitere vier hinzu, und wir verlassen das Ghetto.

Zu beiden Seiten der Straße stehen Soldaten auf den Bürgersteigen. Viele von ihnen mit Hunden. Bei solcher Bewachung ist an Flucht gar nicht zu denken.

Wir gehen durch die Hetmangass, überqueren die Brejte Gass und biegen in die Subotschgass ein. Da ist die Philharmonie, wo unser Schulchor zur Olympiade des Liedes aufgetreten ist.

Ich habe schon keine Kraft mehr, die Sachen zu schleppen. Papas Mantel rutscht mir immer wieder von der Schulter. Nicht nur mir fällt das Tragen schwer – im Straßenschmutz liegt eine Menge weggeworfener Bündel. Das Gehen wird dadurch noch beschwerlicher, denn man muss über sie hinwegsteigen oder einen Bogen darum machen. Ich bin am Ende meiner Kräfte. Mama will, dass ich den Mantel wegwerfe. Aber ich kann nicht. Das wäre so, als würde ich Papa wegwerfen.

Der Mantel rutscht trotzdem ganz herunter. Ich will ihn aufheben, aber jemand ist auf den Ärmel getreten. Als ich versuche, ihn hochzuziehen, werde ich angeschrien, jetzt lohne es sich nicht mehr, wegen der Lumpen zu zittern. Mama bittet mich, nicht zurückzubleiben, damit wir uns nicht verlieren.

Der Mantel ist liegen geblieben. Rücksichtslos wird er in den Schmutz getreten …

Unweit der Rosser Gass bleiben wir stehen. Der Zug ist ins Stocken geraten. Diejenigen, die vorne gehen, bewegen sich kaum weiter.

Was ist da los? Es kann doch nicht sein, dass sie uns gleich hier in der Stadt erschießen. Vielleicht lädt man uns auf Lastwagen?

Wir erfahren, dass sie die Leute durch einen Torweg hinter der Kirche jagen. Die Männer lässt man auf der Straße, man treibt sie weiter nach vorne, während Frauen und Kinder in den Hof gescheucht werden.

Die Frauen weinen, verabschieden sich von ihren Männern und wünschen ihnen ein langes Leben (sie werden wahrscheinlich zur Arbeit abtransportiert). Neben uns verabschiedet sich ein Ehepaar sehr gefasst – sie drücken einander die Hände und gehen auseinander, als würden sie sich schon bald wiedersehen. Eine junge Frau drängt nach hinten. Sie hat Männerkleidung in der Hand. Sie will sich wohl hier im Schutz der Menge umziehen und sich ihrem Mann anschließen.

Der Hof ist groß und voller Soldaten. Die Schwerkranken, die man aus dem Krankenhaus hierher gebracht hat, werden ins nasse Gras gelegt. Die anderen Kranken setzt man auf die Erde oder legt sie auf Tragbahren. Zwischen den Kranken irren durchgefrorene Waisenkinder aus dem Kinderheim umher, wollen sich an jemanden klammern. Die Köpfe kahl geschoren und viel zu dünn angezogen, zittern sie vor Kälte.

Man treibt uns ans andere Ende des Hofes und von dort in eine Senke, besser gesagt, einen Sumpf. Der ist von Soldaten umstellt. Auch in der schmalen Gasse, die aus dem ganzen Morast herausführt, stehen neben jedem Haus und auf den Dächern Soldaten mit Maschinengewehren …

Hier also, direkt in der Stadt …

Die Füße versinken im Schlamm, wir können sie kaum herausziehen. Durch den Matsch stapfend, nähern wir uns den Soldaten. Einer hebt die Maschinenpistole … Nein, damit zeigt er uns nur, dass wir weitergehen sollen. Sicher wird er uns von hinten erschießen. Ich habe Angst, mich umzublicken. Soll er wenigstens direkt ins Herz treffen! …

Schließlich werfe ich doch einen Blick zurück. Die Soldaten stehen noch genauso dort wie vorher – gleichgültig, grimmig.

Immer mehr Menschen werden in die Senke gejagt. Wir sind müde vom langen Stehen. Ich habe den Koffer in den Matsch gestellt. Mama sagt nichts. Wir setzen uns beide auf den Koffer. Die Kleinen nehmen wir auf den Schoß.

Vom Ghetto zieht sich ein endloser Menschenstrom. Der lästige Nieselregen will nicht aufhören. Wir sind schon nass bis auf die Haut. Es tropft von den Haaren, von Nase und Ärmeln. Mama sagt den Kleinen, sie sollen die Beine anziehen, damit sie nicht nass werden. Neben uns baut eine andere Mutter ein Dach für ihre Kinder, indem sie ein paar Äste in die Erde steckt und einen Mantel darüber legt. Merkwürdig. Wie kann man sich in so einem Moment vor einem Schnupfen fürchten? …

Mama weint. Ich bitte sie, sich doch zu beruhigen, wenigstens den Kleinen zuliebe. Aber sie kann nicht. Sobald sie uns ansieht, beginnt sie noch bitterlicher zu weinen.

Immer mehr Menschen treffen ein … Im Ghetto hat man nie so viele auf einmal gesehen. Bald wird es dunkel. Solange man noch etwas erkennen kann, will ich die Bäume, die Vogelnester, die Zweige, die Häuser in der Ferne, jedes einzelne Fenster in mich aufnehmen. Ich werde doch all das nie wieder sehen. Alles lebt – jedes Blättchen, jeder Regentropfen, sogar die kleine Fliege. Sie wird auch morgen noch leben, wenn wir schon nicht mehr sind … Nein, nein! Ich gehe nicht nach Ponar! Ich bleibe hier! Eher versinke ich, als dass ich von hier weggehe. Ich will nicht sterben. Doch das wollten diejenigen, die sie schon früher erschossen haben, auch nicht …

Es ist bereits dunkel. Noch immer regnet es. Die Soldaten zünden von Zeit zu Zeit Leuchtkugeln. Sie passen auf, dass wir nicht entkommen. Aber wie sollen wir bei so starker Bewachung fliehen?

Ruwele zuckt im Schlaf. Das Köpfchen an meine Schulter gelehnt, ist er eingenickt. Sein warmer Atem kitzelt meinen Hals. Der letzte Schlaf … Und ich kann gar nichts dagegen tun, dass dieser warme, atmende kleine Körper schon morgen in einer engen, blutverklebten Grube liegen wird. Andere werden auf ihn fallen. Vielleicht sogar ich selber …

Wozu mache ich mir solche Gedanken? Warum quäle ich mich damit? Es ist doch gar nicht so schrecklich. Nur am Anfang, wenn sie uns an den Rand der Grube treiben und wir dort stehen müssen.

Danach werde ich doch nichts mehr spüren. Für einen Lebenden ist der Anblick einer Leiche schrecklich. Aber dem Toten macht es nichts aus. Er merkt ja nichts mehr.

Ein Wachsoldat hat wieder eine Rakete abgeschossen. Ruwele ist davon aufgewacht. Er hat die Augen ganz weit aufgerissen, sich erschrocken umgeguckt und schwer geseufzt, gar nicht wie ein Kind.

Rajele schläft nicht. Mit ihren Fragen bringt sie Mama zur Verzweiflung: Treiben sie uns nach Ponar? Und wie? Zu Fuß oder auf Lastwagen? Bringen sie uns vielleicht doch in ein Lager? Wohin möchte Mama lieber – nach Schawl oder nach Estland? Und tut es weh, wenn man erschossen wird? Mama antwortet unter Tränen. Rajele streichelt sie, beruhigt sie, und nachdem sie Mama eine Zeit lang betrachtet hat, fängt sie erneut an zu fragen.

Wieder erhellt eine Leuchtrakete die Senke, die Gassen in der Umgebung und die reglos verharrenden Soldaten. Wenn ich doch nur irgendwie hinter sie gelangen könnte, bloß einige hundert Meter, dann wäre ich gerettet. Und nicht nur ich – auch Mama und die Kleinen. Aber wie? Die werden uns erschießen, wenn wir uns bewegen, oder die Hunde auf uns hetzen.

Mama weint: «Drei solche Kinder hergeben, solche Kinder!»

Die Nacht zieht sich hin …

Allmählich beginnt die Dunkelheit zu weichen. Sicher bringen sie uns bald weg.

Es ist schon fast hell. Jemand hat sich getraut, einen Soldaten zu fragen, warum man uns hier festhält. Zu unser aller Überraschung hat er sogar eine Antwort bekommen: Gestern habe man es nicht geschafft, das ganze Ghetto zu «säubern», deshalb werde man erst einmal alle hierher bringen.

Ganz in unserer Nähe hat sich ein Spatz auf einem Zweig niedergelassen. Er dreht das Köpfchen, guckt sich um und fliegt weg – auf die andere Seite, hinter die Wache. Ein Vogel darf das …

Aus dem Ghetto werden mehr und mehr Menschen hierher gejagt. Darunter auch die Familien der Polizisten. Die Polizisten selber hat man, wie die übrigen Männer, am Tor festgesetzt. Auch sie sind dem allgemeinen Los also nicht entgangen.

Eine der neu angekommenen Frauen setzt sich zu uns. Sie hat gesehen, wie oben im Hof gerade zwei Männer und ein Mädchen gehängt wurden – Partisanen aus dem Ghetto. Man hatte sie in der Stadt aufgegriffen. Sie wollten sich nicht ergeben und hatten das Feuer eröffnet. Dabei töteten sie einen Deutschen und verwundeten ein paar andere. Doch die Deutschen waren in der Überzahl. Sie nahmen den Partisanen die Waffen ab und brachten sie gefesselt hierher: Alle sollten bei der Hinrichtung zusehen. Es heißt, der getötete Deutsche sei Max Gross, der Beauftragte für Partisanenangelegenheiten, gewesen.

Jeder der drei Partisanen starb wie ein Held, erhobenen Hauptes, mit einem Lächeln auf den Lippen. Sogar das Mädchen, fast noch ein Kind, blickte den Henker verächtlich an und spuckte ihm ins Gesicht. Dann drehte sie sich zu uns um – alle sollten ihr Lächeln sehen! …

Die in der Nähe Sitzenden haben die Partisanen erkannt. Es waren Assja Big, Jacob Kaplan und Abraham Chwojnik.

Die Soldaten befehlen uns, aufzustehen und in den Hof hinaufzugehen. Die Sachen sind nass und schmutzig. Wozu brauchen wir sie überhaupt noch? Den Koffer habe ich zwar mitgenommen, aber das Bündel ist im Schlamm stecken geblieben.

Im Hof herrscht ein Gedrängel. Wir können uns kaum von der Stelle rühren. Je näher wir dem Tor kommen, desto größer wird der Andrang. Lassen sie denn niemanden hinaus? Aus der Senke wälzen sich immer mehr Menschen herauf. Wie lässt sich eine solche Menge aufhalten? Wir werden fast zerdrückt.

Was geht dort am Tor vor sich? Schlagen sie die Leute? Werden sie gefesselt? Oder verfrachtet man sie nach und nach auf Lastwagen?

Nein, das Tor ist geschlossen. Sie lassen die Menschen nur durch ein kleines Türchen passieren. Wir kommen näher. Es wird immer nur einer zur Zeit durchgelassen. Mama hat Angst, dass wir uns verlieren, und lässt mich vorangehen. Hinter mir soll Ruwele folgen, danach Rajele und als Letzte sie selbst. Auf diese Weise will sie uns alle im Auge behalten.

Ich gehe hindurch. Ein Soldat packt mich am Mantel und stößt mich zur Seite. Autos sind nicht zu sehen. Ich drehe mich um, will es Mama sagen, aber sie ist nicht da. Über die ganze Breite der Straße haben die Soldaten eine Kette gebildet. Hinter dieser Kette – noch eine, und dahinter – eine große Menschenmenge. Dort ist auch Mama. Ich laufe zu dem Soldaten und bitte ihn, mich durchzulassen. Ich erkläre ihm, dass man mich irrtümlich von meiner Mutter getrennt hat. Sie stehe dort drüben. Da sei meine Familie, und ich müsse zu ihr.

Ich rede auf ihn ein, beschwöre ihn, aber der Soldat beachtet mich überhaupt nicht. Er blickt auf die Frauen, die durch die Pforte kommen. Ab und zu schubst er immer mal wieder eine auf unsere Seite. Die Übrigen werden zu der Menschenmenge gescheucht, in der auch Mama steht.

Plötzlich höre ich Mamas Stimme. Sie schreit, ich soll bloß nicht zu ihr kommen! Und den Soldaten bittet sie, mich nicht durchzulassen, weil ich noch jung sei und gut arbeiten könne …

«Mama!», schreie ich, so laut ich kann. «Komm du zu mir!» Sie schüttelt nur den Kopf und ruft mit einer seltsam heiseren Stimme: «Lebe, mein Kind! Wenigstens du sollst leben! Nimm Rache für die Kleinen!» Sie beugt sich zu ihnen hinunter, sagt etwas und hebt sie mühsam nacheinander hoch, damit ich sie sehe. Ruwele blickt mich so merkwürdig an … Er winkt mit den Händchen …

Man hat sie beiseite gedrängt. Ich sehe sie nicht mehr.

Ich klettere auf einen Stein und schaue hinüber, aber Mama ist fort.

Wo ist sie? Mir wird schwarz vor Augen. Wahrscheinlich vor Anspannung. In den Ohren dröhnt und rauscht es … Wie kommt plötzlich dieser Fluss in die Straße? … Das ist kein Fluss, das ist

Blut … Viel Blut, es schäumt … Ruwele winkt mit seiner kleinen Hand, er möchte zu mir. Aber ich bin nicht in der Lage, ihm die Hand entgegenzustrecken … Ich schwanke. Die kleine Insel, auf der ich stehe, scheint zu sinken. Sie versinkt. Ich ertrinke …

Warum liege ich am Boden? Wo ist das Wasser geblieben? …

Hier ist gar kein Wasser. Ich liege auf dem Bürgersteig. Einige Frauen haben sich über mich gebeugt. Eine hält meinen Kopf, eine andere fühlt meinen Puls.

Wo ist Mama? Ich muss Mama sehen! Die Frauen lassen mich noch nicht aufstehen – ich war bewusstlos. Ich bin doch noch nie in Ohnmacht gefallen …

Kittel, Weiß und einige andere Gestapo-Offiziere sind eingetroffen. Die Frauen haben mir schnell wieder auf die Beine geholfen. Die Offiziere mustern uns und lassen uns in Zehnerreihen antreten.

Sie zählen uns einige Male. Offenbar verzählen sie sich immer wieder. Kittel ruft den Soldaten am Tor zu, sie sollen noch sieben «Schweine» herüberschicken, und dann sei Schluss. Alle Übrigen sollen nach links.

Wir sind 1700. Man gibt uns den Befehl zum Abmarsch. Ich blicke zurück, dorthin, wo Mama, Ruwele und Rajele verblieben sind. Immer noch kommen Menschen durch die Pforte …

Man führt uns durch die Rosser Gass. Dort scheuchen sie uns in einen großen Hof, der vermutlich nicht weit vom Bahnhof ist, denn hier stehen Güterwaggons.

Jeweils achtzig von uns müssen vor einem Waggon Aufstellung nehmen. Wir dürfen uns nicht bewegen. Wer sich vom Fleck rührt, wird erschossen.

An den Waggons machen sich Eisenbahner zu schaffen. Die einen kontrollieren, klopfen die Räder ab, die anderen tun gar nichts, starren uns bloß an. Die Mutigeren von uns Mädchen fragen leise, ob sie nicht wüssten, wo man uns hinbringt. Als Antwort zucken die Eisenbahner mit den Achseln oder blicken sich ängstlich um, ob jemand bemerkt hat, dass sie mit uns sprechen. Einige versuchen uns zu beruhigen. Nur ein junger Schnösel ärgert uns und sagt, wir würden nach Ponar gebracht. Er selbst sei der Lokführer.

Die Waggontüren werden geöffnet, und wir müssen hineinklettern. Die Waggons sind sehr hoch. Nur mit Mühe gelingt uns der Einstieg, indem wir uns gegenseitig an den Händen hinaufhelfen. Die Soldaten schlagen uns und treiben zur Eile an. Der Waggon ist bereits voll, trotzdem pferchen sie noch weitere Mädchen hinein. Dann machen sie sich selbst daran, «Ordnung zu schaffen» – sie schlagen mit Gewehrkolben auf uns ein und versetzen uns Fußtritte, damit wir näher zusammenrücken.

Schließlich kommt ein Offizier, zählt noch einmal alle im Waggon, schiebt die Tür zu und verriegelt sie.

Es ist dunkel. Direkt unterm Dach befinden sich einige kleine Gitterfenster. Eine Frau in der Ecke seufzt, dass man sogar beim Transport von Pferden nicht mehr als acht in einen solchen Waggon verlädt. Wieder ist es still ... Die Deutschen laufen den Zug entlang, schreien etwas, kommandieren. Monoton trommelt der Regen aufs Dach ...

Wo mag Mama jetzt sein? Was werden sie mit ihnen allen machen? Vielleicht sortiert man sie noch einmal aus. Der junge Eisenbahner, der uns ärgern wollte, hat doch gesagt, dass auch wir nach Ponar kommen. Aber wozu haben sie uns dann getrennt? Wahrscheinlich fehlt es an Eisenbahnwaggons, um alle auf einmal abzutransportieren, da haben sie beschlossen, sich «einen Spaß zu erlauben». Und morgen, beim Zechen, prahlen sie dann damit, wie gewieft sie uns an der Nase herumgeführt haben. Sie haben die Gesunden und Jungen ausgesucht, und wir Dummköpfe meinten, sie würden uns wirklich zur Arbeit bringen ... Ich weine. Was habe ich verbrochen? Was haben meine Mutter und die anderen Menschen verbrochen? Bringt man sie denn nur deshalb um, weil sie Juden sind? Woher kommt dieser wilde Hass auf uns?

Der Waggon macht einen Ruck nach vorn. Wir fahren ... Und Mama? Wo ist Mama? Warum hat man uns getrennt? Selbst das Sterben wäre nicht so schlimm, wenn sie bei mir wäre ...

Wir entfernen uns immer weiter von Wilna ...

Den Frauen kommt es auf einmal so vor, als würde der Zug langsamer werden. Ponar!!!

Diejenigen, die näher am kleinen Fenster sitzen, haben ein Mädchen hochgehoben. Mit einem Blick nach draußen bestätigt es, dass wir uns an einem Wald befinden. Die Begleitsoldaten schießen Leuchtkugeln ab, um den Wald zu erhellen. Ein Stacheldrahtzaun. In einiger Entfernung, zwischen den Bäumen, ist etwas Gelbliches zu erkennen. Ist das nicht der Sand an den Gruben? Der Zug bewegt sich kaum. Gleich bleibt er stehen … Das ist also mein Todestag … Der 24. September 1943. Nein! Ich werde nicht gehen! Sollen die mich gleich hier erschießen, aber dorthin gehe ich nicht!

Wieder ein Ruck des Zuges … Steht er? Nein! Wir fahren noch. Sogar schneller. Weg von Ponar?!

Wir fahren wirklich … Die Räder stampfen, bringen uns immer weiter weg von Wilna, von Mama. Wo mag sie jetzt sein?

Nacht. Eine lange, schwarze Nacht. Wenn ich doch nur für einen Augenblick die Beine ausstrecken könnte …

Durch die kleinen Fenster fällt das erste Tageslicht. Der Zug hält an. Vielleicht könnte man um etwas Wasser bitten? Ich habe solchen Durst.

Wir fahren weiter. Es ist heiß und stickig, und ich fühle mich so elend. Wenn die Räder nicht so ratterten, würde vielleicht jemand von der Wache unser Rufen hören und ein bisschen Wasser bringen. Vielleicht würde man für einen Moment die Tür aufmachen und etwas frische Luft hereinlassen. Wir ersticken.

Der Zug macht wieder Halt. Wir müssen in einer großen Stadt sein, denn vom Bahnhof dringt der Lärm vieler Menschen. Sie gehen um unseren Zug herum. Wir hämmern mit den Fäusten an die Wände, bitten, dass man uns aufmacht. Keine Antwort. Einige Frauen, die man zu den Fensterluken hochgehoben hat, betteln alle Vorbeigehenden um ein wenig Wasser an. Doch die zucken nur mit den Achseln und geben zu verstehen, dass die Soldaten sie nicht heranlassen.

Plötzlich tritt jemand an die Tür und schiebt sie auf. Luft!

Ein Soldat erscheint. Er brüllt, wir sollten nicht so einen Lärm machen. Falls er noch einen Ton höre, würden wir alle erschossen!

Es ist sicher bald Abend, und der Zug steht immer noch. Wir befinden uns in Schawl; mehr können wir nicht in Erfahrung bringen. Vielleicht gibt es hier tatsächlich ein Lager?

Eine der Frauen hat die Idee, einen Zettel aus dem Fenster zu werfen, eine andere gibt ein Stück Papier, ich – einen Bleistift. In vier

Sprachen schreiben wir auf, wer wir sind, woher wir kommen und wann wir abtransportiert wurden. Vielleicht findet ja jemand die Nachricht und man erfährt so von uns.

Es wird schon dunkel, aber der Zug rührt sich immer noch nicht. Meine Beine tun schrecklich weh. Mir kommt es so vor, als wollten sie an den Knien abbrechen.

Bei Tagesanbruch setzt sich der Zug endlich in Bewegung, bleibt allerdings wenig später wieder stehen. So geht es den ganzen Tag – wir stehen mehr, als wir fahren.

Gegen Abend hält der Zug an einem Wald, doch bald geht es weiter. Nachts rast er geradezu.

Wieder ein Halt. Anfangs haben wir nicht darauf geachtet, aber plötzlich werden wir hellhörig: Es wird deutsch gesprochen. Hunde bellen.

Jemand hat die Tür aufgerissen und blendet uns mit einer Taschenlampe. Der Lichtstrahl bewegt sich über die Wände und in die Ecken. Jemand brüllt: «Raus!» Die Ersten sind noch nicht heruntergesprungen, da klettern schon Soldaten in den Waggon und schlagen auf uns ein, stoßen und treiben uns an. Dabei sind die Beine vom langen Sitzen schwer wie Blei und wollen nicht gehorchen.

Auch mich stoßen sie hinaus. Zum Glück falle ich auf die Hände. Der Koffer, den man mir sofort hinterherwirft, trifft mich schmerzhaft im Kreuz. Ich kann mich kaum wieder aufrichten.

An jedem Waggon – das gleiche Bild.

Man lässt uns antreten. Gleich hier, im Wald. Die Lokomotive stößt einen langen Pfiff aus, die Waggons rucken einmal, und der Zug setzt sich in Bewegung. Wahrscheinlich zurück nach Wilna. Wir bleiben hier zurück, im fremden Wald …

Man treibt uns einen beleuchteten Pfad entlang. Die Lampen sind nicht abgeschirmt. In einiger Entfernung sehen wir weitere Lichter, ebenfalls nicht abgeschirmt. Sie beleuchten einen Stacheldrahtzaun. Ein Wachposten öffnet das Tor.

Ein Lager! Baracken! Lang, ebenerdig, aus Holz. Durch die Fenster dringt ein schwacher Lichtschein. Ringsherum machen sich Menschen zu schaffen. Alle tragen so merkwürdige gestreifte Pyjamas. An einer Baracke spielt sich etwas Seltsames ab: Menschen in solchen Streifenanzügen springen aus den Fenstern. Sie springen hinaus und hetzen zurück in die Baracke, tauchen wieder an den Fenstern auf und springen erneut hinaus. Soldaten schlagen auf sie ein und treiben zur Eile an. Die Leute fallen hin, raffen sich aber unter Schlägen wieder auf, laufen weiter und springen wieder. Was soll das? Sind das Verrückte, mit denen die Soldaten ihr Spiel treiben?

Man befiehlt uns, unsere Bündel auf einen Platz neben der Baracke zu legen. Sie lassen uns nichts mit hineinnehmen.

Den Platz bewachen zwei Soldaten. Hier drücken sich auch verschämt ein paar Männer in gestreiften Pyjamas herum. Leise beginnen sie mit uns zu reden, fragen, woher wir kommen. Wir wollen auch wissen, wohin es uns verschlagen hat. Es stellt sich heraus, dass wir uns im Konzentrationslager Kaiserwald nicht weit von Riga befinden. Doch man wird uns wahrscheinlich nicht hier behalten, sondern weiterschicken. Die Männer in den gestreiften Pyjamas sind Kaiserwald-Häftlinge. Falls wir Zigaretten oder Brot dabeihätten, sollten wir die Sachen besser mit ihnen teilen, denn die Aufseher würden sie uns sowieso abnehmen. Die Leute, die aus den Fenstern springen, sind keine Verrückten, vielmehr ganz normale Menschen, die man für eine geringfügige Sache bestraft hat. Hier wird schon die kleinste Kleinigkeit bestraft. Und mit was für Strafen! Sie tragen keine Pyjamas, sondern Häftlingskleidung. Flucht ist aussichtslos, denn der Stacheldrahtzaun steht unter Hochspannung. Zu essen gibt es nur sehr wenig – 250 Gramm Brot und einen Viertelliter so genannte Suppe. Oft bekommt man hier zur Strafe tagelang gar nichts zu essen. Alle leiden Hunger. Da wir ihnen nichts geben können, laufen die Männer lieber gleich zurück, denn für Gespräche mit Frauen gibt es 25 Peitschenhiebe.

Wie furchtbar!

Hastig reiße ich meine Aufzeichnungen aus dem Koffer und stecke sie in den Ausschnitt. Aber leider kann ich nicht mehr alle Blätter an mich nehmen – der Wachposten jagt mich weg.

Eine Deutsche in SS-Uniform kommt auf uns zu und lässt uns antreten. Gibt es auch Frauen unter den SS-Leuten? Ganz offensichtlich. Sie schreit uns an und schlägt mit der Peitsche zu. Nach dem Zählen kommandiert sie uns ab in die Baracke. Dabei peitscht sie erbarmungslos auf uns ein, damit wir schneller laufen. An der Tür gibt es ein Gedränge. Jede beeilt sich, in die Baracke zu kommen, um der Peitsche der Deutschen zu entgehen. Eine zweite SS-Frau steht an der Tür und kontrolliert, ob wir alle Sachen auf dem Platz neben der Baracke abgelegt haben. Wenn sie auch nur ein kleines Bündel oder eine Handtasche bemerkt, jagt sie die Betreffende – unter Schlägen natürlich – zurück nach draußen, wo sie ihre Sachen abliefern muss.

Die Baracke ist vollkommen leer – ein Dachbalken, Wände und ein Fußboden. Auf dem Boden liegen Strohsäcke, in der Ecke steht ein Besen. Das ist alles.

Die Aufseherin schreit, wir sollen uns hinlegen. Wer das nicht augenblicklich tut, kriegt den Besenstiel zu spüren. Damit schlägt sie wahllos auf Köpfe, Schultern und Hände ein. Als wir alle liegen, befiehlt sie uns, wir sollen uns nicht mehr von der Stelle rühren. Bei der geringsten Bewegung würden die Wachposten vor den Fenstern schießen. Das Verlassen der Baracke ist untersagt. Gespräche untereinander sind verboten.

Dann stellt die Aufseherin den Besen ab und verschwindet. Von den Frauen wird sie Elsa genannt. Vielleicht haben sie einmal gehört, dass sie so gerufen wurde, oder sie selbst haben ihr diesen Namen gegeben.

Ich bin also in einem Konzentrationslager. Häftlingskleidung, Aus-dem-Fenster-Springen und ähnlich schreckliche Sachen. Elsa mit dem Besen, Hunger! Es ist grauenvoll! Und ich bin allein … Wenn doch Mama bloß da wäre … Wo mag sie jetzt sein? Vielleicht stehen sie gerade in diesem Moment im Wald an den Gruben. Und derselbe Wind, der hier unter den Fenstern heult, bricht im Wald die Zweige und erschreckt die Kleinen? Wie grausam das alles ist! …

Draußen vor den Fenstern sind Schritte zu hören. Wahrscheinlich die Wachleute. Vielleicht beobachten sie uns. Wenn der Strohsack nicht so stechen würde, hätte ich das Gesicht schon längst darin vergraben, damit das Licht die Augen nicht so blendet. Warum kann ich nicht einschlafen? Ich habe doch schon mehrere Nächte nicht mehr geschlafen. Vielleicht würde ich von Mama träumen …

Ein ohrenbetäubender Pfiff. In der Tür sehe ich schon wieder die Hexe Elsa stehen. Sie brüllt: «Appell!» Aber wir verstehen nicht, was sie will, und bleiben sitzen. Elsa greift wieder zum Besen. Wir rennen aus der Baracke.

Auf dem Hof ist es dunkel und kalt. Auch aus den anderen Baracken kommen die Menschen gelaufen. Sie stellen sich in Reihen auf. Unter Schlägen und Gebrüll lässt Elsa uns ebenfalls antreten. Dabei hilft ihr noch ein SS-Mann. Plötzlich schreit er «Still gestanden!» und steht vor einem unvermittelt auftauchenden Offizier stramm. Er meldet die Zahl der Angetretenen und begleitet den Offizier, der uns selbst noch einmal durchzählt.

Der Offizier geht hinüber zu den anderen Baracken.

Wir halten Ausschau nach unseren Sachen, können sie jedoch nirgends entdecken. Wir erkennen noch nicht einmal die Stelle wieder, wo wir sie gestern Nacht hingelegt haben. Alles ist sauber gefegt und mit gelbem Sand bestreut.

Man scheucht uns zurück in die Baracke und auf die Strohsäcke. Wir dürfen weder reden noch uns bewegen.

Wir sitzen einfach nur da.

Plötzlich ertaste ich in meiner Tasche ein Foto von Papa (wie es dahin gekommen ist, weiß ich selber nicht). Ich werfe einen Blick auf Papa und breche in Tränen aus: Er ist nicht da, Mama ist nicht da, und ich muss dieses furchtbare Lager ertragen. Nie werde ich mich an ein solches Leben gewöhnen. Ich habe Angst vor all diesen Deutschen und ihren gemeinen Strafen.

Eine Frau, die neben mir sitzt, fragt, warum ich weine. Ich zeige ihr das Foto. Aber sie seufzt nur: «Tränen helfen da nicht …»

Wie kann man auf die Tränen eines Menschen nur so reagieren?

Wieder tauchen in der Tür SS-Leute auf. Wir müssen antreten. Sie geben bekannt, dass wir Geld, Uhren, Ringe, kurz – alles, was wir noch bei uns tragen, abzugeben haben. Der Versuch, etwas zu verstecken, zu vergraben oder auch nur wegzuwerfen, wird mit dem Tod bestraft.

Ein Offizier geht durch die Reihen. In der Hand hält er einen kleinen Kasten, in den wir alle unsere Wertsachen legen sollen. Die Ausbeute ist natürlich sehr gering.

Beim Weggehen haben die Offiziere nicht gesagt, ob wir uns wieder setzen dürfen, aber der schreckliche Besen steht wie ein Soldat neben der Tür. Also bleiben wir stehen.

Es ist kalt. Der Wind bläst durch die offene Tür. In meinem Bauch spielen die Eingeweide Marschmusik: Ich habe schon seit Tagen nichts mehr gegessen …

Elsa ist wieder an der Tür. Als sie sieht, dass wir noch stehen, bricht sie in schallendes Gelächter aus. Nachdem sie sich wieder beruhigt hat, lässt sie uns zu zweit antreten. Die ersten zehn werden abgezählt und von ihr abgeführt. Diejenigen, die näher an der Tür stehen, wollen gesehen haben, wie sie die Frauen in eine Baracke auf der anderen Seite des Platzes gebracht hat.

Nach einiger Zeit kommt sie wieder, zählt noch einmal zehn Frauen ab und führt sie weg. Und die Ersten sind noch nicht zurück … Gibt es hier vielleicht ein Krematorium? Hat man uns nur hierher gebracht, um uns zu vernichten und alle Spuren zu beseitigen?

Ein paar Frauen, die vorn an der Tür standen, sind ans andere Ende der Reihe gelaufen. Als ob das helfen würde.

Ich bin in der siebenten Zehnergruppe. Die vorderen Reihen verschwinden, eine nach der anderen, es bleiben nur noch wenige. Bald kommen wir dran …

Man führt uns ab.

Elsa öffnet die Tür zu der gefürchteten Baracke. Nicht der mindeste Geruch. Vielleicht ist das Gas geruchlos? Ein dunkler Vorraum. An den Wänden liegen Kleidungsstücke aufgetürmt. Daneben stehen Aufseherinnen. Wir müssen uns ausziehen, unsere Kleidung in die Hand nehmen und zu zweit vor die Aufseherinnen treten.

Meine Hände zittern, das Ausziehen fällt mir schwer … Was tun mit meinen Aufzeichnungen? Einen großen Teil trage ich ja bei mir. Ich stecke sie unter den Arm und drücke sie an mich.

Ich trete vor. Die Aufseherin kontrolliert meine Sachen. Sie nimmt mir das Wollkleid weg, das ich auf Mamas Rat über dem Sommerkleid getragen habe. Ich bitte sie, mir das warme zu lassen und dafür das Sommerkleid zu nehmen. Statt einer Antwort bekomme ich eine Ohrfeige und sage nichts mehr. Jetzt kontrolliert sie die Ärmel und die Taschen – ob ich auch nichts darin versteckt habe. Sie findet Papas Foto. Ich strecke die Hand danach aus, um es von der Aufseherin zurückzubekommen, aber sie zerreißt es in viele kleine Stücke und wirft es auf den Boden. Auf dem einen Schnipsel sind seine weißen Haare zu erkennen, von einem anderen blickt ein Auge. Ich wende mich ab …

Man befiehlt uns, schnell die uns noch verbliebenen Sachen anzuziehen, und lässt uns durch die Hintertür hinaus. Dort sehen wir die vor uns abgeführten Frauen wieder. Und diejenigen, die noch in den Baracken warten, sterben vor Angst in dem Glauben, dass sie ins Krematorium kommen.

Bis sie uns alle durchsucht haben, ist es schon wieder Zeit für diesen elenden Appell[1]. Warum zählen die bloß so oft? Als ob man von hier entkommen könnte!

1 Dieser fand zweimal täglich, bei Tagesanbruch und am Abend, statt.

Schließlich lassen sie uns wieder zurück in die Baracke. Zu unserer großen Freude und Verwunderung finden wir dort einen Kessel Suppe und ein paar Essnäpfe vor. Wir müssen uns in einer Reihe aufstellen und im Vorbeigehen einen Napf nehmen, in den Elsa die Suppe gießt. Die muss schnell ausgeschlürft und der Essnapf an seinen Platz zurückgestellt werden. In dieselben unausgespülten Näpfe füllt man dann die Suppe für die Nächsten. Löffel gibt es nicht.

Je näher wir dem Kessel kommen, desto appetitlicher riecht die Suppe.

Endlich bin ich an der Reihe. Die Suppe ist furchtbar dünn, nicht mehr als ein warmes, trübes Wässerchen, in dem sechs kleine Graupen schwimmen, die einfach nicht in den Mund wollen. Dennoch schmeckt es sehr gut. Hauptsache – warm. Schade, dass die Suppe so schnell alle ist. Der Napf ist schon fast leer. Dabei habe ich einen Riesenhunger – mehr als zuvor.

Ich bringe den Essnapf zurück an seinen Platz. Da sehe ich, wie ein Offizier mich mit dem Finger heranwinkt. Meint er wirklich mich? Ja, mich. Zögernd trete ich näher und warte, was er sagen wird. Plötzlich schlägt er mich auf die eine Wange, dann auf die andere und noch einmal auf die erste. Jetzt bearbeitet er mich mit Fäusten. Und immer auf den Kopf. Ich versuche, meinen Kopf mit dem Essnapf zu schützen, aber er reißt ihn mir aus der Hand und schleudert ihn in die Ecke. Erbarmungslos schlägt er weiter auf mich ein, bis ich mich nicht mehr auf den Beinen halten kann und hinfalle. Ich will aufstehen und kann nicht – er tritt mich mit Füßen. Wie ich mich auch drehe und wende – immer habe ich seine blanken Stiefel vor Augen. Jetzt hat er meinen Mund getroffen! … Ich ringe nach Luft. Die Lippen werden sofort gefühllos, die Zunge dick und schwer. Der Offizier schlägt und tritt immer weiter auf mich ein, aber es tut jetzt nicht mehr so weh. Blut tropft auf den Boden. Ich glaube, mein Blut …

Die Offiziere sind verschwunden. Die Frauen haben mich aufgehoben und auf den Strohsack gelegt. Sie sagen, ich soll den Kopf zurücklegen, damit das Nasenbluten aufhört. Sie sind so gut zu mir, sorgen sich um mich, dass mir fast die Tränen kommen. Eine schimpft: Was hat er mit dem unschuldigen Kind gemacht! Eine andere flucht auf ihn, eine dritte versucht herauszubekommen, warum er mich so geschlagen hat. Vielleicht bin ich der Warteschlange zu nahe gekommen, als ich den Essnapf zurückbringen wollte, und er hat gedacht, ich wollte mir ein zweites Mal Suppe holen?

Warum reden sie so laut? Ich habe doch Schmerzen, solche Schmerzen – überall! Wenn sie wenigstens das Licht ausmachen würden! Ob die Augenbraue aufgeplatzt ist? Sie tut so weh. Offenbar hat er mir auch ein paar Zähne ausgeschlagen …

Ich habe eine schwere Nacht hinter mir.

Noch ehe es hell wurde, hat man uns schon zum Appell auf den Hof gescheucht. Ich kann mich nur mit Mühe aufrecht halten, mir dröhnt der Kopf, Lippen und Augen sind geschwollen. Wenn es doch wenigstens etwas Wasser gäbe! Aber wir kriegen keins … Sie jagen uns zurück in die Baracke.

Tagsüber müssen wir wieder antreten. Sechshundert Frauen werden ausgewählt und abgeführt, dann noch einmal vierhundert. Die Übrigen treibt man zurück in die Baracke.

Ich bin in der zweiten Gruppe.

Aus der ersten Gruppe werden fünfzig Frauen abgezählt und in die letzte Baracke gebracht. Jemand hat dort das Schild «Entlausung» gelesen – ein Duschraum … So nennen sie doch die Gaskammern der Krematorien, damit die Menschen nicht merken, wohin man sie bringt. In Wilna, im Ghetto, wo es kein Krematorium gab, haben wir das öffentliche Bad «Kittels Bad» genannt.

So viel haben wir schon durchgestanden, doch jetzt naht unser Ende …

Die Aufseherin ist zurückgekommen und hat noch einmal fünfzig Frauen abgeführt. Und so geht es weiter, alle halbe Stunde fünfzig … Dabei sind die ersten immer noch nicht zurück …

Es ist niemand mehr übrig geblieben. Der Platz ist leer.

Nun ist unsere Gruppe an der Reihe. In Kürze wird man auch mich abführen.

Plötzlich sehen wir die ganze erste Gruppe. Sie leben! Dann werden wir auch am Leben bleiben!

Die Frauen der ersten Gruppe klettern auf Lastwagen. Sie winken uns zu. Jetzt ist uns leichter ums Herz.

Man führt uns in den Umkleideraum. Hier liegen Berge von Sachen. Wir müssen uns ausziehen und unsere Sachen ordentlich zusammenlegen. Nur die Schuhe dürfen wir behalten und, falls vorhanden, Seife und einen Kamm. Das alles müssen wir in die Hand nehmen. Kleine Bündel oder Beutel mit anderen Habseligkeiten bleiben bei der Kleidung.

Einige Blätter meines Tagebuchs habe ich in die Schuhe stopfen können.

Nackt scheucht man uns in einen anderen Raum, wo sich unter der Decke einige löchrige Rohre befinden, wahrscheinlich eine Dusche. An der Tür steht ein Deutscher in weißem Kittel und kontrolliert, ob wir auch nichts versteckt haben. Ich drehe meine Schuhe um, damit er sieht, dass nichts darin ist. Dann stelle ich mich in die Warteschlange, die zum Doktor führt. Der «Doktor» prüft mit einer Lupe, ob unser Kopf sauber ist, und befiehlt, den Mund aufzumachen. Er fährt mit dem Finger darin herum, um ganz sicherzugehen, dass auch dort nichts versteckt ist.

Danach geht's zum Frisör. Die Schere ist stumpf, und der «Meister» schneidet auch nicht besser, als ich es könnte. Je schöner die Haare sind, desto schlimmer richtet er sie zu – wie Krautsalat. Die abgeschnittenen Zöpfe und Locken wirft er in einen Sack.

Endlich spritzt aus den Rohren lauwarmes Wasser. Das dauert bloß einige Minuten. Wir sind nur eben nass geworden. Unnötigerweise, denn es gibt nichts zum Abtrocknen.

Nass, wie wir sind, werden wir in einen noch kälteren Raum gejagt. Die Tür zur Straße steht offen, und der Wind pfeift durch alle Ritzen.

Entlang den Wänden liegen Kleiderhaufen. Neben jedem steht eine Aufseherin. Wir müssen an den Aufseherinnen vorbeigehen. Von jeder erhalten wir ein Kleidungsstück – Hemd, Hose, Kleid, Mantel und Kopftuch. Sie teilen alles mechanisch aus, ohne auf die Größe zu achten. Wenn eine von uns darum bittet, ein zu kleines Kleid gegen ein größeres eintauschen zu dürfen, wird ihr das Kleid um die Ohren gehauen und die Frau angeschrien: «Schneide dir doch den Speck von den Hüften, dann passt das Kleid!»

Ich bekomme alte Wäsche und ein … Ballkleid aus schwarzer Seide, mit einem großen Ausschnitt und einer roten Seidenblume. Es wäre komisch, wenn es nicht so traurig wäre! … In den Mantel muss ich mich hineinzwängen – es ist ein Kindermantel. Strümpfe haben sie uns überhaupt nicht gegeben.

An der Tür kontrolliert Elsa, ob wir nicht, Gott behüte, eine zweite Garnitur Wäsche oder noch ein Kopftuch «gestohlen» haben.

Auf dem Hof stehen die anderen Frauen aus unserer Gruppe, aber ich erkenne keine einzige. Diese eigenartige Garderobe hat ihr Aussehen völlig verändert.

Wir kriegen noch jede ein Handtuch. Ich sehe, dass die Frauen es sich um den Hals wickeln, und folge ihrem guten Beispiel.

Ein Mädchen, das ich nicht kenne, kommt zu mir und bittet mich, den Mantel mit ihr zu tauschen, weil sie einen viel zu großen bekommen hat. Ich bin sehr froh darüber. Jetzt kann ich wenigstens frei atmen und muss keine Angst mehr haben, dass die Nähte platzen. Das Problem ist dieses Kleid. Es ist so lang und eng, dass ich kaum einen Schritt vor den anderen setzen kann. Dafür ist es nicht so kalt an den Beinen, trösten mich die Frauen. Aber der Rücken ist frei.

Unsere Kleidung ist gekennzeichnet – an der Brust und auf dem Rücken sind mit Ölfarbe große Kreise oder Kreuze aufgemalt.

Als alle «gebadet» haben, scheucht man uns auf Lastwagen. Auf jedem sitzen zwei Soldaten. Wir werden weggebracht.

Es beginnt schon dunkel zu werden. Wir fahren aus dem Wald heraus und biegen in eine Chaussee.

Diesmal ist der Weg nicht so lang. Wir kommen in einen großen, von einer hohen Mauer umgebenen Hof. Darüber mehrere Reihen Stacheldraht und Lampen. Keine Baracken, nur ein großes Haus. Am Ende des Hofes an der Mauer eine Überdachung, unter der einige Lampen baumeln. Von dort zieht ein sehr appetitlicher Geruch herüber. Ist da eine Küche? Werden wir hier Suppe kriegen?

Ein Deutscher in Zivil lässt uns antreten. Er trägt einen dunklen, halbmilitärisch geschnittenen Anzug und eine Kappe. Der Anzug ähnelt den Streifenanzügen. Er zählt uns durch, sagt, wir sollen uns nicht vom Fleck rühren, und verschwindet wieder. Sich ängstlich umblickend, kommen einige Männer auf uns zu. Von ihnen erfahren wir, dass das Lager Strasdenhof heißt und in dem Rigaer Vorort Jugla liegt.

Das Lager ist neu. Zurzeit befinden sich hier nur 160 Männer aus dem Rigaer Ghetto. Frauen gibt es hier noch nicht, wir sind die ersten. Wir sollen in dem großen Haus untergebracht werden. Es ist eine ehemalige Fabrik. Der Männerblock ist im Erdgeschoss, unser Block kommt in den dritten Stock. Wo wir arbeiten werden, wissen sie nicht. Sie selber sind auf dem Bau beschäftigt. Die Arbeit sei schwer, außerdem müssten sie hungern. Der Deutsche, der uns gezählt hat, ist der Lagerälteste und heißt Hans. Er ist selber Häftling und sitzt schon seit acht Jahren in verschiedenen Lagern. Weshalb, wissen die Männer nicht. Hans hat einen Gehilfen – den kleinen Hansik. Der Kommandant des Lagers ist ein SS-Mann, Unterscharführer und ein furchtbarer Sadist.

Auf einmal verschwinden die Männer – sie haben den Unterscharführer kommen sehen. Der zählt uns noch einmal durch und geht wieder. Nach einer Weile lässt Hans Decken bringen und fängt an, sie zu verteilen. Ich Unglücksmensch habe statt einer Decke ein großes Bauernkopftuch bekommen. Ob das wohl warm hält?

Danach werden wir mit kalter Suppe «traktiert» und in den dritten Stock hinaufgehetzt. Da befindet sich tatsächlich unser Block. Er ist ähnlich eingerichtet wie eine Kaserne. Aus Brettern hat man dreistöckige Pritschen zusammengezimmert. Es gibt fünf Abteilungen. In jeder Etage einer Abteilung müssen 36 Frauen schlafen – achtzehn auf der einen Seite und achtzehn auf der anderen. Auf den Pritschen liegen leere Strohsäcke als Unterlage und kleine Säcke, die als Kissen dienen sollen.

Auf Geheiß von Hans müssen alle ihre Plätze einnehmen. Eine Abteilung bleibt frei – für Frauen, die erst noch hergebracht werden. Die Säcke könnten wir morgen nach der Arbeit stopfen. Jetzt werde geschlafen. Bei Tagesanbruch hätten wir sofort nach Ertönen des Signals aufzustehen und auf den Hof zu laufen, um uns zu waschen.

Meine Nachbarin hat mir geraten, ein paar Fäden aus dem Sack zu ziehen, daraus ein Band zu flechten und damit mein Kleid unten zusammenzubinden, sonst könne ich nicht arbeiten. Eine kluge Frau!

«Aufstehen!», brüllt Hans. Warum weckt er uns? Draußen auf dem Hof ist es noch dunkel, und wir sind doch eben erst eingeschlafen.

Hans kocht vor Wut. Kann es sein, dass es schon Tag ist? Wir schnappen die Handtücher und rennen die Treppe hinunter zum

Waschen. Das macht Hans noch wütender. Er donnert, wir hätten verschlafen und müssten deshalb ungewaschen zum Appell.

Die Männer stehen schon in Reih und Glied, während wir noch hilflos umhertapsen. Plötzlich schreit Hans «Stillgestanden! Mützen ab!», geht zum Unterscharführer und macht ihm Meldung. Der zählt uns noch einmal durch und entfernt sich.

Jetzt brüllt Hans erst richtig los. Im Lager müsse mustergültige Ordnung und Disziplin herrschen. Wer dagegen verstoße, werde streng bestraft. Von nun an werde er uns nicht mehr wecken, wir sollten gefälligst selbst auf das Signal achten – Schläge auf Eisen. Beim ersten Signal hätten wir sofort aufzuspringen, unsere Pritschen wieder herzurichten und uns zu waschen (vorerst in einem Bach, der am Lager vorbeifließt). Nach dem zweiten Signal hätten wir unverzüglich zum Appell anzutreten.

Trotz allem brachte er uns dann doch zum Waschen an den Bach. Es war dunkel, ein scharfer Wind blies, es goss in Strömen. Vom eiskalten Wasser wurden die Finger ganz klamm, aber waschen mussten wir uns, um nicht zu verwahrlosen.

Allmählich wurde es hell. Wieder mussten wir Aufstellung nehmen. Der Unterscharführer kam mit seinem Gehilfen und den Wachleuten. Wir wurden in Gruppen aufgeteilt und abgeführt.

Die erste Gruppe ging geradeaus. Meine Gruppe bog nach rechts ab. Wir kamen auf einen Bauplatz, wo schon die Männer aus unserem Lager arbeiteten. Man hatte sie gleich nach dem Appell dorthin gejagt.

Meine Arbeit besteht darin, die Steine zu schleppen, mit denen die Männer den Weg zwischen den im Bau befindlichen Baracken pflastern. Die anderen Frauen holen die Steine in Loren aus dem Tal, und wir müssen sie zu den Steinsetzern bringen.

Die Wachleute und die Aufseher lassen uns keinen Moment aus den Augen. Die Loren müssen bis oben hin voll sein und im Laufschritt geschoben werden. An jeder Lore sind bis zu vier Leute. Das

Steineschleppen geschieht ebenfalls im Laufschritt, und die Männer müssen die Steine dann schnell verlegen. Überhaupt muss man alles sehr schnell und gut machen. Für den kleinsten Fehler wird der Betreffende erschossen.

Die Steine sind furchtbar schwer. Einen Stein zu zweit zu tragen oder ihn zu rollen ist verboten. Gespräche sind während der Arbeit untersagt. Austreten darf man nur einmal am Tag, man muss aber warten, bis sich mehrere Menschen gemeldet haben.

Die Finger habe ich mir bald blutig gescheuert. Sie sind geschwollen und schrecklich anzusehen.

Zu allem Übel regnet es in Strömen.

Ich war völlig erledigt, als das Signal zum Mittagessen ertönte. Wir mussten schnell antreten und wurden wieder ins Lager getrieben. Die vorn standen, bekamen bald einen Napf Suppe. Die am Ende der Schlange mussten warten, bis die Näpfe frei wurden. Wir machten ein bisschen Druck, aus Angst, nicht mehr dranzukommen.

Und so war es auch. Kaum hatte ich angefangen, meine Suppe zu schlürfen, da jagten uns die Soldaten schon wieder hinaus zum Antreten. Einer der Wachleute schlug mir den Essnapf aus der Hand, und die Suppe ergoss sich auf den Boden. Ich musste mich wohl oder übel in die Reihe stellen. Die paar Tropfen Suppe hatten mir erst richtig Appetit gemacht.

Ich schleppte weiter Steine. Jetzt waren sie noch schwerer. Und der Regen war noch scheußlicher. Ein Stein rutschte mir aus der Hand und fiel mir auf den Fuß.

Ich konnte kaum den Abend erwarten. Als wir im Lager waren, bekamen wir jede ein Stück Brot und ein bisschen trübes Wasser – sie nennen es Kaffee. Ich schlang alles noch im Hof hinunter, hatte keine Geduld zu warten, bis ich in den dritten Stock gestiegen war.

Nachdem ich, Gott sei Dank, gelernt hatte, wie man Steine schleppt, hat man mich zum Steineklopfen beordert. Natürlich bin ich keine Steineklopferin. Ich schlage mit dem Hammer zu, und mit dem

Stein passiert gar nichts, als wenn ich ihn nicht angerührt hätte. Haue ich fester drauf, splittert er, und mir springen sofort kleine Stücke ins Gesicht. Das ist schon ganz blutig und tut weh. Ich fürchte mich davor, am Auge getroffen zu werden. Und der Wachposten schreit und treibt mich an.

Ein Mann wollte mir das Steineklopfen beibringen, aber der Wachsoldat erlaubte es nicht: Das muss sie selbst lernen, sagt er. Ich mache die Augen zu und heule los – vor Schmerz und Kränkung. Aber ich hämmere weiter …

Ich habe alle gebeten: Sollte jemand zufällig einen Bleistiftstummel finden, würde ich ihn gerne ausleihen. Ich muss die verloren gegangenen Teile meiner Ghettonotizen wiederherstellen. Wie gut, dass Mama mir geraten hat, das Geschriebene auswendig zu lernen. Ich habe das meiste behalten. Aber es ist unmöglich, alle Aufzeichnungen – es sind viele – so lange im Gedächtnis zu behalten. Den ganzen Tag wiederhole ich sie in Gedanken beim Steineklopfen. Auch das hiesige Lagerleben versuche ich (zunächst natürlich nur im Kopf) «aufzuzeichnen».

Heute haben die Wachmänner beschlossen, uns «eine Lektion zu erteilen».

Wenn wir zum Mittagessen antreten, will jede die Erste sein, um die so genannte Suppe ganz austrinken zu können. Die Kräftigeren drängeln, schreien und gewinnen natürlich. Den Wachleuten ist das zu bunt geworden: Heute, nach dem Kampf um die besten Plätze, als wir schon zum Gehen bereitstanden, gaben sie kurzerhand das Kommando zum Umdrehen. Zum ersten Mal habe ich die Suppe als eine der Ersten bekommen und die ganze Portion austrinken können.

Ich bin glücklich! Ich habe einen Bleistift! Einer der Männer hat ihn mir «geschickt» (zugeworfen, als der Wachmann aus irgendeinem

Grund gerade nicht hinschaute). Papier ist kein Problem. Hier liegen leere Zementsäcke herum, mit denen wir die Füße umwickeln (Strümpfe haben wir ja nicht). Auf diese Weise kann ich ohne Risiko Papier mit ins Lager nehmen.

Ich klopfe immer noch Steine. Mein Gesicht ist schon fast verheilt – es wird nicht mehr so oft von Steinsplittern getroffen: Ich habe gelernt, wie man richtig Steine klopft. Aber die Arbeit ist ungeheuer schwer – es ist kalt und nass. Wir treffen hier keinen einzigen freien Menschen. Was in der Welt geschieht, wissen wir nicht. Auch von der Front haben wir keine Nachrichten. Aus der Stimmung der Deutschen lässt sich nichts erraten.

Mich quält die Sehnsucht nach Mama. Ob sie wirklich nicht mehr lebt? Haben sie Ruwele und Rajele auch umgebracht? Eine Frau hat mir erzählt, dass die Deutschen schreckliche Experimente machen – sie ziehen Menschen bei lebendigem Leibe die Haut ab, amputieren gesunde Beine und nähen dafür Hundepfoten an. Kindern nehmen sie so lange Blut ab, bis sie tot zusammenbrechen. Der Gedanke, dass sie vielleicht auch Ruwele so zu Tode gequält haben, ist unerträglich! Wieder und wieder stelle ich mir vor, wie Ruwele mit dicken Nadeln im Arm in einem solchen Labor sitzt, wie er immer bleicher und schwächer wird, bis er stirbt ... Tiere! Und für die müssen wir arbeiten. Wir sollten uns verbünden und mit Pflastersteinen auf sie werfen. Wenn sie uns dann erschießen würden, wüssten wir wenigstens, wofür.

Wenn ich es gar nicht mehr aushalte, versuche ich mir unser früheres Leben in Erinnerung zu rufen. Bei solchem Wetter saß ich immer gern im Haus. Wenn Papa keine Klienten hatte, ging ich in sein Arbeitszimmer, machte es mir in einem Sessel bequem und las ein Buch. Wie schön das war! ...

«Schweine! Arbeiten!», brüllt der Wachposten. Das Arbeitszimmer verschwindet, die Wärme auch. Es bleiben das Lager, die Steine, der Regen ...

Man hat mir eine neue Arbeit zugewiesen – Loren schieben. Wir transportieren Steine und Sand. Bergauf müssen wir die vollen Loren schieben, bergab hinter den leeren herlaufen.

Das Schieben ist sehr anstrengend. Aber anhalten darf man nicht, sonst rollt die Lore wieder bergab und reißt nicht nur uns um, sondern alle, die hinter uns mit Loren kommen. Wenn wir mit Mühe und Not oben angelangt sind, müssen wir die Lore ausladen, auf ein anderes Gleis stellen, festhalten und mit ihr wieder bergab rennen. Das ist noch schwieriger, weil eine leere Lore so schnell rollt, dass wir kaum hinterherkommen, aber wir dürfen sie auf keinen Fall loslassen; denn sie könnte jemanden töten. Einer ist dabei schon zerquetscht worden. Er war Professor an der Universität Riga …

Es ist bereits November. Mit jedem Tag wird es kälter. Der Mantel und die Schuhe sind pitschnass, Strümpfe haben wir immer noch nicht. Die Papiersäcke, mit denen wir die Füße umwickeln, helfen auch nicht. Besonders schlimm ist es, morgens die nassen Sachen anzuziehen; im Block wird nicht geheizt, deshalb wird die Kleidung über Nacht nicht trocken …

Die in den Fabriken arbeiten, haben es viel besser – dort ist es wenigstens trocken und warm. Die lettischen Weberinnen, die unsere Mädchen anlernen, stecken ihnen von Zeit zu Zeit auch mal ein Stück Brot zu.

Vorgestern hatte selbst ich einmal Glück: Ich habe eine Nadel gefunden! Eine richtige, heile Nadel! Der Wachmann gab mir zwar einen Fußtritt, weil ich mich im Gehen danach gebückt hatte, aber egal, dafür habe ich jetzt eine Nadel! Die ist schon einen Fußtritt wert! Nun kann ich immerhin mein Kleid in Ordnung bringen. Meine Nachbarin wird mir zeigen, wie man das macht. Sie heißt auch Mascha, ist viel älter als ich, sehr klug und praktisch, aber ein bisschen streng: Sie kann es nicht ausstehen, wenn jemand schlechte Laune hat oder in Trübsinn verfällt. Vielleicht hat sie Recht, und man darf so etwas gar nicht erst aufkommen lassen.

Wir sind nicht nur Bettnachbarinnen, sondern sitzen auch am selben Tisch. Die Tische stehen entlang den Wänden, an jedem haben zwanzig Frauen Platz. Die Tischälteste erhält die Brotration für den ganzen Tisch. Jede bekommt einmal einen Brotkanten von ihr (die sind sehr begehrt, weil sie hart sind und man lange daran lutschen kann, wie an einem Bonbon).

Mein Kleid sieht schon ordentlicher aus. Na ja, unten ist es etwas schief (eine Schere gibt es hier nicht, deshalb musste ich es abreißen), und den Saum habe ich mit weißem Zwirn genäht, aber dafür ist das Rückenteil nun sogar bis zum Hals geschlossen.

Leider habe ich jetzt ein neues Problem: Meine Schuhe sind völlig kaputt, sie fallen mir buchstäblich von den Füßen. Sie sind oben aufgeplatzt, die Sohle hat sich gelöst, und die Zehen gucken heraus. Ich habe Angst, dass ich sie eines Tages verliere. Sie haben sich schon im Ghetto kaum noch an den Füßen gehalten, und jetzt, da sie ständig nass sind und von den Steinen aufgescheuert werden, tun sie es erst recht nicht!

Mascha arbeitet in der Fabrik. Sie bringt mir Baumwollgarn mit, aus dem ich Schnüre flechte. Damit kann ich die Sohlen festbinden. Aber Baumwolle saugt schnell die Nässe auf, reißt, und schon sind meine Schuhe wieder offen. Wie soll das erst im Winter werden? Ich werde wohl barfuß durch den Schnee gehen müssen!

Mascha rät mir, Hans um ein Paar Schuhe zu bitten. In der Kleiderkammer gäbe es bestimmt welche. Aber ich habe Angst, mich an ihn zu wenden. Ich plage mich lieber noch ein bisschen mit den alten ab. Kaputte Schuhe sind nicht mein größtes Unglück.

Sonntag. Heute haben wir nur bis drei Uhr nachmittags gearbeitet. Wir wurden noch im Hellen zurück ins Lager gebracht. Am Tag sieht es ganz anders aus als im Dunkeln. Die Aufschrift «Ihr lebt nicht, um zu arbeiten; ihr arbeitet, um zu leben!» springt ins Auge. Auch die Mauer um das Lager kommt einem viel höher und schrecklicher vor.

Aber das sind alles nur Kleinigkeiten. Viel ernster ist der neue

Spaß, den sich Hans hat einfallen lassen. Er hat alle Blockältesten und ein paar ältere Mädchen zu sich gerufen, um ihnen mitzuteilen, dass ab sofort jeden Sonntagabend ein Konzert stattzufinden hat. Andernfalls würden sie seine «Spezialfreunde» werden. Was er damit meint, haben wir schon am eigenen Leibe erfahren: Seine «speziellen Freunde» bestraft er öfter, er gibt ihnen die schwerste Arbeit und lässt sie hungrig ausgehen.

Mascha, die auch bei Hans war, will, dass ich ein Gedicht für den Konzertabend schreibe. Aber worüber? In der Schule habe ich über den Frühling, die Natur, den Mond und die Sterne phantasiert. Ich weiß noch, als wir einmal während der Musikstunde eine Schallplatte mit Beethovens Sechster Symphonie hörten, habe ich meine Eindrücke in Versen festgehalten. Sie füllten fast ein ganzes Heft und gefielen sogar dem Lehrer. Er hat mein Heft zum Andenken behalten. Über diese Symphonie gab es etwas zu schreiben! Aber worüber sollte ich hier wohl dichten?!

Mascha sagt, ich solle über das Lagerleben schreiben. Ich begreife nicht, wie man in so einer Hölle Gedichte schreiben kann. Man kann die schrecklichsten Fakten, die schlimmsten Vorkommnisse beschreiben. Aber das alles noch in Versen?! Was ist an diesem Leben denn poetisch?

Gestern nach dem Appell fragte Hans, ob das Programm für den Konzertabend schon fertig sei. Die Blockälteste antwortete mit einem militärischen «Jawohl!». (Wenn sie die Wahrheit gesagt hätte, wäre sie richtig verprügelt worden.)

Mir fuhr der Schreck in die Glieder – morgen sollte das Konzert stattfinden, und ich hatte noch nicht eine Zeile zu Papier gebracht. Den ganzen Tag versuchte ich beim Lorenschieben krampfhaft, etwas aus mir «herauszuquetschen». Aber ohne Erfolg!

Am Abend gestand ich Mascha, dass es mir nicht gelänge, etwas zu verfassen. Alle meine Gedanken kreisten immer nur um eines: Ich will zu meiner Mutter. Es ist so trostlos und kalt hier, und der Hunger quält mich.

Genau darüber hätte ich schreiben sollen, herrschte mich Mascha an.

Nein, sie versteht mich nicht. Sie ist nicht wie Mama, die sich alles angehört, mitgefühlt und mir schon gesagt hätte, worüber ich schreiben soll. Und sei es über die Wassersuppe, die mit Schnüren zusammengehaltenen Schuhe oder die vor Kälte blau angelaufenen Beine …

Plötzlich kam mir die rettende Idee. Ich lief auf die Toilette, wo weniger los war, zog mich in eine Ecke am Fenster zurück und fing an zu schreiben. Allerdings – in Prosa.

Heute wurden im leer stehenden zweiten Block ein paar Tische zusammengeschoben. Sie sollten als Bühne dienen. Im «Saal» standen auf der einen Seite die Männer, auf der anderen die Frauen. Die Vorstellung hatte bereits begonnen, als ich immer noch an meinem Geschreibsel herumstrich und -feilte. Jetzt war Mascha viel netter zu mir. Sie hatte ein paar warme Worte für mich übrig, lieh bei jemandem ein Paar heile Schuhe für mich aus und beruhigte mich.

Als ich an die Reihe kam, kletterte ich auf den Tisch. Im letzten Moment fiel mir ein, dass man ja vielleicht eine Verbeugung machen muss, wie in der Schule, wenn wir an die Tafel gerufen wurden. Ich machte also einen Knicks, jedoch so ungeschickt, dass sich offenbar niemand einen Reim darauf machen konnte.

Mit belegter Stimme begann ich, aus meiner «mündlichen Zeitung» mit dem Titel *Frauen-Express* vorzutragen. Ich las, dass angeblich verschiedene Presseagenturen gemeldet hätten, eine Lieferung wollener Strümpfe sei an uns abgeschickt worden. Die Schuhe seien noch nicht hier eingetroffen, weil sie, die Schuhe, sich zu Fuß auf den Weg gemacht hätten. Die Kartoffeln für unsere Suppe hätte man noch nicht ausgegraben – es gäbe wichtigere Dinge zu tun. Und so weiter …

Anfangs zitterten mir die Knie, aber nach einer Weile, als ich merkte, dass die Leute zustimmend seufzten und sich auf dem einen oder anderen Gesicht sogar ein Lächeln zeigte, wurde ich ruhiger. Als ich schließlich vom Tisch herunterkletterte, war ich vollkommen gefasst.

Nach mir sangen ein paar Frauen das Lied *Abendglocke*[1]. Ein Mädchen aus Riga spielte eine Polka auf ihrem Kamm, ein anderes sang eine wehmütige Romanze.

Nach dem Konzert bekamen wir, die Mitwirkenden, jede eine halbe Portion kalter Suppe. Mascha meinte, ich solle die gute Laune von Hans ausnutzen und ihn um ein Paar Schuhe bitten. Aber ich konnte mich nicht dazu durchringen. Sie wurde böse, sagte, mit so einer Haltung wäre ich hier hoffnungslos verloren, und ging selbst zu ihm. Hans entgegnete ihr, dies sei ein Konzentrationslager, hier trüge man keine Schuhe, sondern Holzpantinen. In Kürze würden welche für die Männer geliefert, dann könnte ich vielleicht auch ein Paar bekommen.

Den gestrigen Tag werde ich sicher nie vergessen.

Bei Tagesanbruch, als wir nach dem Appell brigadenweise angetreten waren, zählte Hans fünfzig Frauen (darunter auch mich) ab und beorderte uns in eine andere Brigade für die Juglas Manufaktura.

Endlich hat die Quälerei ein Ende, dachte ich. Jetzt muss ich nicht mehr diese schrecklichen Loren schieben und mich nass regnen lassen. Ein Glück!

Wir marschierten einen uns unbekannten Weg entlang. Es war ein seltsames Gefühl, wieder die «Neue» zu sein: Alles war fremd, nicht vertraut. Außerdem hatte ich noch nie gesehen, wie man webt.

Wir wurden in die Fabrik gebracht. Alle, die hier schon länger arbeiteten, gingen gleich an die Maschinen und bewegten sich unerschrocken in den schmalen Gängen, ohne Furcht vor den Rädern

1 Russisches Volkslied

und Rädchen. Wir Neuen hingegen verdrückten uns in eine Ecke, um nur ja niemanden zu stören. Man kann hier taub werden von dem schrecklichen Lärm. Alles dreht sich, hämmert, klappert. Unsere Brigadeälteste bringt uns, in Begleitung eines Letten (wahrscheinlich des Meisters), einzeln an die Maschinen und gibt Anweisung, bei den lettischen Weberinnen zu lernen.

Ich schaue zu und verstehe gar nichts. Die Räder drehen sich, Stöcke mit Lederriemen schieben ein Schiffchen hin und her, Reihen von Baumwollfäden heben und senken sich unentwegt. Aus den Baumwollfäden ist im Nu ein Stoff geworden.

Ich schaue mich nach den anderen um – will wissen, was die machen. Einige stehen und gucken zu, so wie ich, andere hören sich die Erklärungen an. Schließlich beginnt auch meine Lehrerin mir zu zeigen, wie man einen Weberknoten knüpft. Während ich ihr dabei zusehe, verstehe ich alles, wenn ich aber versuche, den Faden in meine ungeschickten Finger zu nehmen, entgleitet er mir, und ich bin nicht in der Lage, einen Knoten zustande zu bringen.

Bis zum Abend hat meine Lettin mir dann nichts mehr gezeigt. Ich musste mir selbst beibringen, wie man einen Knoten macht.

Die Zeit vergeht hier noch langsamer als auf dem Bau (bei einer neuen Arbeitsstelle ist das immer so), doch das ist nicht weiter schlimm – hier ist es wenigstens warm.

Dafür kam es mir abends auf der Straße doppelt so kalt vor. Wie benommen habe ich mich ins Lager zurückgeschleppt. In meinem Kopf rauschte, klapperte und hämmerte es immer noch. Ich hatte kaum Hunger, obwohl ich seit dem Vorabend nichts mehr gegessen hatte.

Jetzt «essen» wir übrigens zweimal am Tag – mittags die Suppe und abends ein Stück Brot mit diesem so genannten Kaffee. Nur selten reicht bei jemandem die Willenskraft, die Hälfte dieses Stückchens Brot für den nächsten Morgen aufzuheben. Denn eigentlich wissen wir alle, dass wir die Hälfte zurücklegen sollten, und jede von uns hat es schon mehrmals versucht, aber daraus wird nie etwas.

Wenn ich auch nur ein kleines Stückchen für den Morgen übrig lasse, wache ich mit Sicherheit nachts auf und kann nicht wieder einschlafen, bis ich es unter dem Strohsack hervorgeholt und aufgegessen habe. Ich tröste mich damit, dass es ja schon bald hell wird und ich es dann sowieso gegessen hätte …

Heute hatte ich mir wieder vorgenommen, ein Stückchen Brot für den anderen Morgen übrig zu lassen, besonders, weil wir abends alles auf einmal bekamen – die kalte Suppe vom Mittag und das Brot. Aber es war so lecker, dass ich gar nicht merkte, wie ich alles restlos aufaß.

Der Kopf dröhnte mir immer noch. Ich konnte das Signal zum Schlafengehen kaum erwarten.

Auf einmal spürte ich, wie mich jemand heftig schüttelte. Es war bestimmt noch Nacht, aber im Block brannte Licht, und die Pritschen waren leer. Unsere Tischälteste befahl mir, sofort aufzustehen. Hinter ihr stand, wütend und puterrot im Gesicht – Hans.

Ich kletterte hinunter. Was war geschehen?

Die Tischälteste warf mir den Mantel über die Schulter und nahm mich mit zum Tisch. Alle saßen schon auf ihren Plätzen und blickten mich so merkwürdig an. Als ich näher kam, versetzte mir der Unterscharführer plötzlich einen solchen Schlag ins Gesicht, dass mir schwarz vor Augen wurde. Hierauf folgten weitere Schläge. Ich bemühte mich, wenigstens stehen zu bleiben, um Tritten zu entgehen wie von jenem Offizier, der mir die Zähne ausgeschlagen hatte.

Als er müde wurde, ließ er von mir ab, befahl mir aber, den Rest der Nacht auf den Knien zu verbringen.

Hans pfiff, damit sich alle wieder hinlegten. Mich nahm er mit zur Treppe, wo ich mich zu Füßen des Wachpostens hinknien musste. Den wies er an, darauf zu achten, dass ich ja nicht aufstünde und mir niemand die Schuhe brächte.

Wie soll ich das eine ganze Nacht lang aushalten? Die Kälte setzt mir zu. Die Knie sind steif und tun sehr weh. Der Wachmann erlaubt nicht die geringste Bewegung. Und die Zeit vergeht quälend langsam.

Von Zeit zu Zeit habe ich das Gefühl, dass ich im nächsten Moment umfalle, aber dann versetzt mir der Wachposten einen Stoß mit dem Gewehrkolben, und ich richte mich wieder auf.

Wachwechsel. Es ist also erst zwei Uhr. So lange noch bis zum Morgen! Dann werde ich wohl nicht durchhalten. Wenn man schläft, geht die Nacht im Nu vorbei.

Am Morgen mussten sie mich aufheben: Allein konnte ich die Beine nicht mehr gerade machen. Beim Gang zum Appell wurde ich gestützt: Ich war nicht imstande zu laufen.

Erst jetzt habe ich verstanden, wofür man mich bestraft hatte. Der Wachposten am Tor hatte gemeint, jemand sei von der Mauer heruntergesprungen. Völlig aufgebracht kam Hans daraufhin in unseren Block gelaufen und befahl uns, augenblicklich in den Gängen zwischen den Pritschen anzutreten. Auch der Unterscharführer kam angerannt. Fieberhaft fingen beide an zu zählen. Eine fehlte. Sie zählten noch einmal: Tatsächlich, eine fehlte! Also ließen sie alle brigadenweise antreten, um festzustellen, wer geflohen war. Unglücklicherweise war ausgerechnet an diesem Tag die Fabrikbrigade vergrößert worden, und die Brigadeälteste kannte noch nicht alle. Daher mussten sich nun alle an ihre Tische setzen, immer zwanzig an einem.

So stellte sich heraus, dass ich fehlte … Die Tischälteste warf instinktiv einen Blick zu den Pritschen hinüber. Unter dem großen Tuch sah sie meinen nackten Fuß hervorlugen.

Hans vergass mich nicht. Gleich nach dem Morgenappell brüllte er: «Die heute beim Nachtappell geschlafen hat – drei Schritte vortreten!» Ich fing an zu zittern – erwartete mich etwa noch eine Strafe? Ich konnte mich schon jetzt kaum noch auf den Beinen halten.

Ich trat vor. Hans musterte mich, verzog das Gesicht und wollte wissen, wo ich arbeite. Als er hörte, dass ich in der Fabrik arbeite, ordnete er an, ich solle auf den Bau zurückgehen.

So endete mein behagliches Leben nach nur einem Tag. Selbst der Mantel war in dieser Zeit nicht trocken geworden. Jetzt geht es wieder in den Regen und wieder fast barfuß durch den Matsch.

Man hat Neue gebracht. Sie kommen aus Deutschland. Eine von ihnen wurde sofort zu unserer Blockältesten gemacht und ihre Vorgängerin auf den Bau gejagt.

Ein Teil der Neuen wird bei uns, die Übrigen werden im zweiten Block untergebracht. Sie halten sich für etwas Besseres und freunden sich nur mit ihresgleichen an. Vielleicht, weil sie besser behandelt werden – man hat ihnen sogar ihre eigenen Kleider gelassen.

Wieder ist ein Transport angekommen – aus dem Rigaer Ghetto. Auch die Neuankömmlinge haben Kaiserwald durchlaufen und sind halb nackt, wie wir es waren. Aber die Kinder hat man ihnen nicht weggenommen. Sogar alte Leute sind darunter. Wie gut sie es haben!

Ich frage alle, ob vielleicht jemand meine Tante kennt, die vor dem Krieg in Riga gewohnt hat. Leider ist fürs Erste nichts über sie in Erfahrung zu bringen. Wenn ich sie doch nur finden könnte, damit ich mich nicht so verloren fühle!

Der erste Schnee ist gefallen. Endlich haben wir Strümpfe bekommen. Na ja, mit richtigen Strümpfen haben sie nicht viel zu tun. Es sind eher Socken, größtenteils bunte Herrensocken, an die man Stücke zerrissener Damenstrümpfe oder einfach nur Stofffetzen genäht hat. Da aber der Dezember vor der Tür steht, sind wir froh, wenigstens die zu haben.

Ich darf wieder in der Fabrik arbeiten. Es geht das Gerücht, dass Mascha die Brigadierin überredet hat, sich bei Hans für mich einzusetzen. Ich wurde wieder derselben Lettin zugeteilt und musste erneut mit dem Knoten beginnen.

Jetzt kann ich schon die Maschine an- und abstellen, das Garn auswechseln und, wenn die Spule im Weberschiffchen zu Ende ist, eine neue einsetzen.

Ich friere nun nicht mehr so, dafür quält mich der Hunger umso stärker. Ich kann manchmal keinen klaren Gedanken fassen. Je länger ich hier bin, desto mehr leide ich unter diesem so genannten Leben nach ihren Gesetzen, unter der Arbeit, unter ihrer Disziplin. Wann und womit wird das enden?

Ein ganzes Auto voller Holzschuhe ist angekommen.

Während des Abladens habe ich mir ein Herz genommen und bin zu Hans gegangen. Ich musste ihm meine Schuhe zeigen. Als er sie in Augenschein genommen hatte, wies er die Verwalterin der Kleiderkammer an, mir ein Paar Holzschuhe zu geben und meine dafür einzubehalten. Es fiel mir schwer, mich von ihnen zu trennen, weil sie der letzte Gegenstand von zu Hause waren. Aber was sollte ich machen, sie waren doch völlig hinüber.

In der Kleiderkammer wurde ich noch nicht einmal nach meiner Schuhgröße gefragt. Ich bekam einfach irgendein Paar Holzschuhe aus dem Haufen zugeworfen. Sie waren sehr groß, doch es war zwecklos, um ein anderes Paar zu bitten – für eine solche «Dreistigkeit» hätte man mir mit den Holzschuhen eins über den Schädel gegeben. Besser etwas Papier hineinstopfen, damit die Füße nicht rutschen. Die Ausgabe eines solchen «Schatzes» – schwere, mit Wachstuch bespannte Holzklötze – wird schriftlich fixiert: «Häftling Nr. 5007 – ein Paar Holzschuhe». «Häftling Nr. 5007» – das bin ich. Hier kennt man weder Vor- noch Nachnamen, hier ist jeder Häftling nur eine Nummer. In der Fabrik kennzeichne ich den von mir gewebten Stoff mit dieser Nummer. (Ich arbeite schon selbständig.) Alle fünfzig Meter erscheint an der Webkante ein blauer Fleck. An dieser Stelle muss der gewebte Stoff abgeschnitten, an beiden Enden mit der Nummer der Weberin versehen und abgeliefert werden. Dabei wünsche ich mir jedes Mal, wie alle anderen hier, dass die Deutschen damit einmal ihre Wunden verbinden müssen.

Manchmal gelingt es mir, meine Kameradinnen mit einem Witz oder einem still vor mich hin gesungenen Spottlied aufzuheitern. Und wenn ich sie nicht aufheitern kann, so entlocke ich den ausgezehrten Gesichtern auf diese Weise doch zumindest den Anflug eines Lächelns. Und das ist auch schon etwas wert.

Anfangs, als ich gerade gelernt hatte, selbständig zu arbeiten, war ich sehr fleißig und habe fast jeden Tag fünfzig Meter gewebt. Jetzt habe ich gelernt, wie man sabotiert – mal eine kleine Schraube lockern, einen Riemen anschneiden, um die Maschine zum Stillstand zu bringen. Dann rufe ich den Meister, der nach der Ursache sucht, den Schaden behebt und anschließend in meine Arbeitskarte schreibt, wie lange die Maschine außer Betrieb war.

Jeden Tag geht also bei irgendeiner von uns die Maschine kaputt und immer aus einem anderen Grund.

Es kommt mir so vor, als ob auf der Erde nur noch das Lager, die Arbeit, der Hunger und die Kälte existierten.

Früher gab es oft Tauwetter, und jetzt will der bittere Frost, wie zum Trotz, gar nicht wieder aufhören. Dabei ist mein Mantel nur ein Sommermantel und mein Kleid aus Seide und ohne Ärmel. Auf dem Weg zur Arbeit und zurück geht mir der Frost durch und durch. Die Knie laufen blau an und brennen geradezu. Kaum im Lager angekommen – wir sind noch nicht in den Block hochgelaufen –, ruft man uns schon wieder zum Appell. Wir stehen auf dem Appellplatz und frieren – der Unterscharführer lässt absichtlich lange auf sich warten. Wie Schaufensterpuppen müssen wir in eisiger Kälte ausharren, ohne uns zu rühren. Und wenn es ihm beim Abzählen so vorkommt, als hätte sich jemand bewegt, lässt er uns zur Strafe bis Mitternacht in der Kälte stehen.

Diese Woche arbeite ich in der Nachtschicht. Der einzige Vorteil ist, dass ich dadurch der schrecklichen Strafe entgehe, nachts in der Kälte draußen stehen zu müssen. Ansonsten ist die Nachtschicht viel schwerer: Gegen Morgen möchte man am liebsten schlafen, das Licht blendet, und der Magen knurrt vor Hunger. Wenn wir uns dann halb tot und erfroren ins Lager zurückgeschleppt haben, können wir meist vor Kälte nicht einschlafen: In dem leeren Block pfeift der Wind durch alle Ritzen der vereisten Fenster, und es schneit herein. Nachts, wenn im Block viele Menschen schlafen, ist es etwas wärmer. Eine zusätzliche Decke erlaubt Hans nicht – wir sollen uns «abhärten». Er kommt selbst kontrollieren, wie wir schlafen. Wenn er eine von uns mit zwei Decken erwischt, jagt er sie nackt auf den Hof hinaus.

In letzter Zeit habe ich immer öfter das Gefühl, dass ich es nicht mehr aushalte – mir will das Herz brechen. Doch es zerbricht nicht, der Schmerz wird dumpfer, und alles geht weiter wie bisher: Ich stehe auf, lege mich hin und arbeite – arbeite nach dem Kommando der Pfeife …

Ich habe hier eine Frau aus Riga getroffen, die meine Tante und meinen Onkel gekannt hat. Beide sind schon tot. Den Onkel haben sie bereits in den ersten Kriegstagen erschossen, und meine Tante war mit ihren beiden Kindern im Rigaer Ghetto. Sie hat sehr Hunger leiden müssen, weil sie nicht arbeiten konnte: Sie wusste nicht, wo sie die Kleinen tagsüber lassen sollte. Schließlich hat man sie mit den beiden Jungen zum Umschlagplatz geführt und erschossen.

Wenn ich an das Grauen des gestrigen Tages denke, wird mir ganz anders, aber ich kann es einfach nicht vergessen!

Als die Bauarbeiter abends von der Arbeit zurückkamen, wurden sie am Tor gründlich durchsucht. Einer der Wachposten hatte gemeldet, er habe gesehen, wie ein Passant jemandem ein Stück Brot zugesteckt hätte. Das Brot fand man bei zwei Männern – bei jedem einen Bissen. Während des Abendappells wurde es dem Unterscharführer weitergemeldet.

Nach dem Appell gab der Unterscharführer nicht wie üblich das Kommando zum Wegtreten, sondern befahl den beiden «Verbrechern» vorzutreten, sich umzudrehen und sich vor unseren Augen bis auf die Unterwäsche auszuziehen. Die beiden erschraken: Es war doch bitterkalt und schneite heftig. Aber die Peitsche zwang sie zum Gehorsam. Wir mussten dabei strammstehen und alles mit ansehen – als Lehre für die Zukunft.

Nun bringt man aus der Küche zwei Eimer warmes Wasser und gießt es den beiden Männern über den Kopf. Die Ärmsten zittern und klappern mit den Zähnen, wollen sich die dampfende Wäsche vom Leibe reißen, doch die Soldaten haben noch zwei Eimer warmes Wasser gebracht. Das gießt man den Unglücklichen wiederum über den Kopf. Verzweifelt beginnen sie zu springen und zu tanzen. Die Soldaten und der Unterscharführer haben großen Spaß an dem Schauspiel.

Diese Prozedur lassen sie alle zwanzig Minuten wiederholen. Die Ärmsten gleichen schon nicht mehr Menschen – beim Älteren von beiden hat sich eine dünne Eisschicht auf dem kahlen Kopf gebildet, während sich der Jüngere vor Schmerz an den gefrorenen Haarbüscheln reißt. Die Wäsche der beiden ist steif gefroren, ihre Beine sind weiß wie bei Toten.

Die Wachsoldaten keuchen vor Gelächter. Sie freuen sich über die gute Weihnachtsunterhaltung. Jeder gibt Ratschläge, wie das Wasser über die Häftlinge gegossen werden soll. «In die Unterhosen!», schreit einer. «Den Kopf eintauchen, den Kopf!», wiehert ein anderer.

Während wieder ein Eimer über sie gekippt wird, versuchen die armen Kerle, beiseite zu springen; doch man fängt sie wieder ein, wie ausgebrochene Tiere, und bringt sie an ihren Platz zurück. Wenn auch nur ein bisschen Wasser daneben geht, schleppt man für das «vergeudete» Wasser gleich wieder einen vollen Eimer an. Den Unglücklichen bleibt nichts anderes übrig, als ab und zu die totbleichen nackten Füße anzuheben, damit sie nicht im Schnee festfrieren.

Ich halte das nicht mehr aus! Ich werde verrückt! Was richten diese Sadisten an! Es ist einfach grauenvoll!

Endlich gab der Unterscharführer den Befehl zum Wegtreten. Hans wies er an, die beiden am nächsten Tag nicht von der Arbeit zu befreien, selbst wenn sie vierzig Grad Fieber hätten.

Der Ältere ist heute während der Arbeit gestorben. Er ist neben seiner Lore zusammengebrochen und nicht wieder aufgestanden. Der Zweite hat zwar gearbeitet, sich aber kaum auf den Beinen halten können und im Fieber phantasiert. Wenn die Wachleute gerade nicht hinsahen, halfen ihm die Freunde, wo sie nur konnten, damit er bis Arbeitsschluss durchhielt.

Hans hat sich eine neue Foltermethode für uns ausgedacht – «Lungendurchlüften».

Sonntags wird in den Fabriken nicht gearbeitet, deshalb schickt er die Fabrikarbeiter dann auf den Bau. Das wäre vielleicht gerecht, wenn die Bauarbeiter die Fabrikarbeiter ablösten, damit die sich wenigstens für einen Tag aufwärmen können. Aber genau das lässt Hans nicht zu, er zwingt sie stattdessen, ihre «Lungen zu lüften». Vom frühen Morgen an müssen sie durch das Lager marschieren und singen. Hans gefällt besonders ein Lied, das speziell für uns abgeändert wurde: «Wir waren die Herren der Welt, jetzt sind wir die Läuse der Welt.»

Je strenger der Frost ist, desto länger lässt Hans marschieren – die Lungen müssen gut «durchgelüftet» werden.

Heute hat mir eine Frau gesagt, ich solle aufhören, Spottgedichte zu schreiben. Worüber ich mich denn lustig mache? Etwa über unsere Nöte?

Als ich Mascha davon erzählte, hat sie nur mit den Achseln gezuckt: Wenn man es jedem recht machen wolle, sei es besser, gar nicht zu schreiben. Schon morgen könne jemand das genaue Gegenteil behaupten. Mascha findet, dass jeder Mensch so schreiben muss, wie es ihm in den Sinn kommt. Mit oder ohne Humor – das hinge vom jeweiligen Autor ab. Es müssten sowohl witzige wie auch ernste Sachen geschrieben werden. Wenn fast das ganze Lager meine *Strasdenhof-Hymne* singen könne, sei das doch wohl ein Zeichen, dass sie der Mehrheit gefalle. Und das ist das Wichtigste, meint Mascha.

Wahrscheinlich hat sie Recht.

Es gibt wieder eine neue Strafe. Aber vielleicht soll das gar keine Strafe sein, sondern ein Art Unterhaltung. Denn es wird langsam Frühling, und da ist es für die Deutschen nicht mehr so interessant, uns stundenlang in der Kälte stehen zu lassen.

Nach dem Appell lässt uns Hans so Aufstellung nehmen, dass zwischen den einzelnen Reihen ein Abstand von einem Meter bleibt. Dann befiehlt er uns, in die Hocke zu gehen und zu hüpfen. Anfangs wissen wir gar nicht, was er von uns will, aber er brüllt uns dermaßen an, dass wir von allein zu hüpfen beginnen.

Ich bin dem Umfallen nahe, bekomme keine Luft mehr. Und Hans läuft durch die Reihen, schlägt mit der Peitsche zu und schreit, wir sollen bloß nicht simulieren. Es ist nicht erlaubt, den Boden mit dem Gesäß zu berühren; man muss hüpfen – wie ein Frosch.

Mein Herz rast, ich glaube zu ersticken! Wenn wir doch wenigstens einen Augenblick verschnaufen könnten. Ich habe Seitenstechen! Überall tut es weh, ich kann nicht mehr! Doch Hans wendet keinen Blick von uns.

Eine ist in Ohnmacht gefallen. Bald wird es mir ebenso gehen. Wir dürfen der Bewusstlosen nicht helfen, Hans lässt uns weiterhüpfen. Eine Zweite ist zusammengebrochen. Sie bittet um Hilfe, gibt uns zu verstehen, dass sie nicht sprechen kann. Jemand ruft entsetzt: «Sie ist stumm geworden!»

Schließlich wird Hans der Sache müde und lässt uns in Ruhe. Die Bewusstlosen dürfen wir nicht aufheben – sie simulieren und können selbst aufstehen, meint Hans. Falls nicht, seien sie zu schwach zum Arbeiten, und ihre Häftlingsnummern müssten notiert werden. Ein paar Frauen heben die Unglücklichen dennoch auf und tragen sie außer Reichweite von Hans. Obwohl sie selbst nicht aufrecht gehen können, ziehen sie ihre immer noch bewusstlosen Freundinnen beinahe auf allen vieren hinter sich her. Aber nur bis zur Treppe. Die kommen wir nicht mehr hinauf. Wir setzen uns auf den Steinboden und schnappen nach Luft. Andere versuchen, auf allen vieren zu kriechen. Unter großer Anstrengung schaffen sie einige Stufen und bleiben dann sitzen. Ich kann immer noch nicht normal atmen. Ich will eine Frau bitten, dass sie mir hilft, mich am

Geländer hochzuziehen, vielleicht komme ich auf diese Weise die Treppe hinauf. Aber ich bringe kaum ein Wort hervor. Je mehr ich mich anstrenge, desto schwerer fällt mir das Sprechen. Ich spreche nicht – ich blöke!

Für weitere Versuche fehlt mir die Kraft.

Schließlich schleppe ich mich doch allein in den dritten Stock hinauf. Ich würde mich gerne hinlegen, aber vor dem Signal ist das nicht erlaubt. Ich lasse mich auf die Bank am Tisch fallen, lege den Kopf auf die Arme und bleibe sitzen. Doch in dieser Haltung fällt das Atmen noch schwerer, und ich muss mich wieder aufrichten. Im Sitzen sehe ich, wie noch weitere halb tote, schwer atmende Gestalten durch die Tür wanken.

Plötzlich steht Hans in der Tür. Er mustert uns, und als wäre nichts geschehen, erkundigt er sich, warum es bei uns so still sei. Heute sei doch Sonntag, ein Feiertag, da müsse gesungen werden.

Wir schweigen.

«Singen!», brüllt er wütend los. «Oder ihr müsst springen!»

Eine von uns stimmt mit zitternder Stimme ein Lied an, eine andere fällt piepsend ein. Zaghaft werden sie von weiteren heiseren Stimmen unterstützt. Auch ich brumme mit.

Mein Mund öffnet sich – salzige Tränen laufen über die Lippen.

Inzwischen wissen wir, warum wir vorgestern hüpfen mussten: Irgendjemand informiert die Deutschen über unsere «aufrührerischen Gespräche».

Wessen Werk könnte das sein? Wer will sich denen andienen? Alle haben die «hinten in der Ecke» im Verdacht – die aus Deutschland Gekommenen. Aber wie erfahren wir die Wahrheit? Wie kriegen wir die Verräterin zu fassen?

Die Mädchen wollen alle Neuankömmlinge auf die Probe stellen. In Anwesenheit einer Neuen wollen sie etwas über den Unterscharführer oder Hans sagen. Werden wir dafür nicht bestraft, ist sie keine Denunziantin. Dann muss die Nächste auf Zuverlässigkeit überprüft werden. Auf diese Weise wollen sie alle der Reihe nach «durchleuchten», bis sie die wahre Denunziantin haben.

Bei den Überprüfungen soll ich nicht mitmachen – ich könnte dabei wieder Pech haben. Ich musste ohnehin schon genug über mich ergehen lassen: Die Zähne hat man mir ausgeschlagen, mich eine ganze Nacht lang knien lassen, und nach dem Hüpfen fange ich erst jetzt an, wieder normal zu sprechen.

Dennoch habe ich ein Spottlied mit dem Titel *Sport* geschrieben.[1] Sollen die bloß nicht glauben, dass sie uns mit ihrem Spott kleinkriegen.

Neben all diesen Nöten gibt es noch etwas: Der Hunger lässt einen nicht schlafen. Manchmal wache ich mitten in der Nacht auf, und vor meinen Augen erscheinen die leckersten Speisen: gebratenes Fleisch mit Kartoffeln, eine Challa[2] mit Milch, frische Gurken, Honig. Ich kann sie sogar riechen. Ich könnte weinen, so sehr sehne ich mich nach Essen. Dann versuche ich krampfhaft, an etwas anderes zu denken, aber es gelingt mir nicht: Die Wunschvorstellungen von den wohlriechenden Speisen wollen mir nicht mehr aus dem Kopf, obwohl ich sie jetzt am allerwenigsten brauche. Ich will doch nur Brot! Aber einen ganzen Laib, damit ich so viel abbrechen kann, wie ich möchte, ohne mich zwingen zu müssen, etwas für morgen übrig zu lassen. Ob das wohl je wieder so sein wird?

Heute früh nach dem Appell ließ Hans verlauten, in unserem Block sei ein Paar Schuhe abhanden gekommen. Eine Frau sei zu ihm gekommen und habe ihn um Holzschuhe gebeten, weil sie nicht barfuß zur Arbeit gehen könne. Dann fragte er uns, wer die Schuhe genommen habe.

1 Das Lied fand Aufnahme in Shmerke Kaczerginskis berühmte Sammlung *Lider fun di getos un lagern*. CYCO, New York, 1948, S. 224 f. (A. d. Ü.)
2 Sabbatweißbrot in Zopfform (A. d. Ü.)

Schweigen …

Hans wurde böse. Falls sich die Schuhe bis zum Abend nicht einfänden, würde er sich eine Strafe für uns einfallen lassen. Im Lager dürfe es keine Diebstähle geben!

Als wir uns zur Arbeit aufmachten, wurden wir alle gründlich durchsucht. Die Schuhe fand man natürlich nicht.

Den ganzen Tag ließ uns der Diebstahl keine Ruhe. Wer mochte es gewesen sein? Und wozu? Der Dieb konnte die Schuhe ja weder tragen noch verstecken (als Versteck wäre nur der Strohsack infrage gekommen, und der wird von den Deutschen ganz oft kontrolliert), und aus dem Lager schmuggeln konnte er sie schon gar nicht. Außerdem würde für solche alten, kaputten Schuhe niemand etwas geben. Die Frauen sind der Ansicht, dass der Diebstahl entweder eine Erfindung, eine Provokation ist oder dass die Betroffene ihre kaputten Schuhe selbst beiseite geschafft hat, um bessere zu bekommen.

Am Abend vor dem Appell schlug ich den anderen vor, die Strümpfe auszuziehen, denn bestimmt müssten wir wieder hüpfen, und von den «schönen» Strümpfen würde dann nichts mehr übrig bleiben. Aber keine hat meinen Vorschlag befolgt – es war einfach zu kalt.

Nach dem Appell erklärte Hans, nun werde er uns zeigen, was stehlen heißt. Wir sollten uns zum Hüpfen bereitstellen.

«Was hab ich gesagt?», wandte ich mich mit einem sauren Lächeln an Mascha. Das merkte Hans. «Komm her, du dumme Ziege!», herrschte er mich an. Ich erstarrte. Da zerrte er mich aus der Reihe und fing an, mich so zu verprügeln, dass mir schwarz vor Augen wurde. Wie aus weiter Ferne hörte ich ihn sagen, ich solle vor der ganzen Reihe «solo» hüpfen.

Wir hüpften: ich vor ihnen und sie vor mir. Wie beim letzten Mal rannte Hans mit Schaum vor dem Mund durch die Reihen und sah immer wieder zu mir hin: «Wenn du lachen kannst, kannst du auch hüpfen.»

Ich bekam kaum noch Luft. Meine Kräfte ließen nach. Selbst wenn ich für einen Moment innehielt, konnte ich nicht richtig Luft holen. Mir war, als ob nicht ich hüpfte, sondern meine abgestorbenen, schmerzenden Beine mich wie Sprungfedern mechanisch anhoben und wieder zurückschnellen ließen …

Ich erinnere mich nicht einmal mehr, wann Hans von uns abließ und Mascha mich halb tot die Treppe hochschleppte. Danach muss Hans uns wohl zum Singen aufgefordert haben, doch alle schwiegen. Im Weggehen drohte er noch, wir würden morgen wieder hüpfen … Mascha hat ein Gedicht über das Lager geschrieben. Mit ihr kann ich mich natürlich nicht vergleichen. Ich kann über unser Elend nur spotten. Ihr Gedicht hingegen ist ernst. Tiefer Schmerz ist darin zu spüren, aber keine Hoffnungslosigkeit. Sie endet mit den Worten, dass das Eis bald bersten wird und die Menschen einander dann die von den Ketten befreiten Hände reichen.[1]

Gestern war eine Aktion … Hier fängt es also auch schon an …

Während des Abendappells strömte eine Menge Soldaten in den Hof. Anfangs beachteten wir sie nicht. Als wir aber sahen, dass etliche uns umzingelten, während die Übrigen in die Blocks gingen, bekamen wir Angst.

Was haben die vor?

Der Appell läuft ab wie immer. Hans zählt. Aus dem Kesselraum und aus der Küche kommen die Heizer und Küchenarbeiter gelaufen (sie dürfen sich noch im letzten Moment dazustellen), dann erscheint der Unterscharführer. Alles wie gehabt.

Und doch braut sich etwas zusammen …

Was machen die Soldaten in den Blocks? Eine Durchsuchung? Und in meinem Strohsack liegt das Tagebuch. Dabei hat mir Mascha

1 Auch dieses Gedicht von Mascha Mechanik findet sich unter dem Titel *In lager Schtrassenhof* in der Sammlung *Lider fun di getos un lagern*. Datiert ist es auf den 25. März 1944. A. a. O, S. 221. (A. d. Ü.)

längst geraten, alles zu vergraben. Warum habe ich nicht auf sie gehört? Jetzt werden sie es finden …

Und warum haben die uns umstellt? Damit wir nicht gleich in die Blocks stürzen, falls etwas im Strohsack versteckt ist? Vielleicht. Andererseits ist das keine normale Durchsuchung – dafür sind es einfach zu viele Wachsoldaten.

Der Unterscharführer hat uns schon durchgezählt, aber wir warten immer noch auf das Kommando zum Wegtreten. Er lässt nur die Küchenarbeiter und Heizer gehen.

Zwei ältere Frauen aus Riga werden aus dem zweiten Block herausgeführt. Sie sind krank und nicht zum Appell erschienen. (Hans hatte beim Rapport gemeldet, dass zwei Frauen krank sind.) Man bringt sie zu zwei Wagen mit schwarzem Verdeck. Wir haben gar nicht bemerkt, wann diese Fahrzeuge in den Hof gefahren sind. Andere Soldaten nehmen den Frauen am Ende der Reihe die Kinder weg. Im ersten Moment sind alle wie vor den Kopf gestoßen, doch plötzlich beginnt ein furchtbares Schreien und Klagen. Die Mütter stürzen zu den Autos, wollen die Kinder nicht hergeben, weinen, stoßen Flüche aus. Eine fleht den Soldaten an, ihren kleinen Sohn begleiten zu dürfen. Eine andere wirft sich auf die Erde und umklammert das Bein eines Soldaten, damit er ihr Kind nicht wegschleppen kann. Der tritt ihr mit dem Stiefel ins Gesicht und trägt das jämmerlich weinende Kind davon. Eine will ihr Kind mit Gewalt einem Soldaten entreißen. Dabei beißt sie ihn in die Hand, aber zwei andere Soldaten packen sie, drehen ihr die Arme auf den Rücken und schleppen sie beiseite. Sie wehrt sich, wirft den Kopf zurück, schreit, kann sich jedoch nicht losreißen.

Eine Mutter trägt ihre kleine Tochter selbst zu dem Wagen. Ein Soldat packt die Kleine und will sie ins Auto schleudern, doch das Kind wirft ihm die Arme um den Hals und presst sich an ihn. Die Mutter fasst sich an den Kopf und bricht zusammen. Der SS-Mann steigt über sie hinweg und stößt das kleine Mädchen in den Wagen.

Auch ältere Leute werden abgeführt. Die Mütter eilen zu ihnen, bitten sie, gut auf die Kinder aufzupassen, sie rufen ihnen die Namen zu und zeigen, in welchem Fahrzeug sie sind.

Die blitzenden schwarzen Lastwagen fahren aus dem Hof. Die Mütter bleiben hier. Sie weinen, wehklagen, raufen sich die Haare. Die bewusstlose Frau haben wir noch nicht wieder beleben können. Sie liegt am Boden und umklammert krampfhaft einen Erdklumpen, aus dem kleine Grashalme sprießen.

Es ist ja Frühling …

Die Mädchen haben eine grausige Rechnung aufgestellt: Bei der Aktion am Samstag wurden sechzig Opfer verschleppt – 41 Kinder und 19 ältere Menschen.

Wir mussten wieder hüpfen. Mascha hat mir dabei unauffällig gezeigt, wie man richtig atmet – einatmen, den Atem anhalten, ausatmen und rhythmisch, beim Einatmen, hüpfen. Und wann immer sich der Unterscharführer abwendet, nur die Schultern heben und damit einen Sprung vortäuschen.

Bei Einbruch der Dunkelheit ließ der Unterscharführer von uns ab: Im Dunkeln war es nicht mehr so amüsant für ihn. Hans gab er Anweisung, unseren Block ohne Brot zu lassen. Im Weggehen drohte er, wenn wir auch nur ein einziges Mal schlecht über die deutschen Machthaber redeten, würden nicht nur diejenigen erschossen, die geredet hätten, sondern auch jene, die dabei zugehört und es nicht gemeldet hätten.

Darum also mussten wir hüpfen!

Es hat sich herausgestellt, dass Rose uns denunziert hat. Die Mädchen schlagen vor, ihr eine Tracht Prügel zu verpassen. Ich dagegen finde, dass wir uns eine ernstere Strafe für sie ausdenken sollten. Was für eine, weiß ich selbst nicht. Vielleicht sie ignorieren, nicht mehr mit ihr sprechen. Aber die Mädchen sind anderer Ansicht – eine solche Strafe finden sie zu raffiniert. Man sollte ihr gründlich das Fell versohlen, und damit basta. Wenn ich Angst hätte, müsste ich mich ja nicht beteiligen. Stattdessen könnte ich vor der Tür Wache stehen: Falls der Wachmann käme, sollte ich den anderen ein Zeichen geben.

Nachts haben mich die Mädchen, wie verabredet, geweckt und mich barfuß (die Holzschuhe hätten uns mit ihrem Klappern verraten) auf meinen Posten gebracht. Einige kletterten auf die oberen Pritschen, genau über Roses Schlafplatz. Unter dem Vorwand, ihre Nachbarin sei ohnmächtig geworden (Rose war vor dem Krieg Krankenschwester gewesen), weckte ein Mädchen sie mit verstellter Stimme. Sowie Rose aus dem Bett geschlüpft war, fielen von oben Decken auf sie herab. Die Mädchen sprangen herunter, packten die unter den Decken zappelnde Rose und verdroschen sie gehörig. Alles ging so leise vonstatten, dass sogar ich kaum etwas davon mitbekam, obwohl ich wusste, was dort ablief.

Am Ende legte ich mich wieder hin, konnte aber nicht mehr einschlafen. Was wäre, wenn sie sich beschwerte? Sie wusste zwar nicht, wer sie verprügelt hatte, aber das spielte keine Rolle – man würde uns alle bestrafen. Vielleicht hätten wir sie doch nicht gleich verprügeln sollen; vielleicht hätte fürs Erste eine Verwarnung gereicht.

Heute läuft Rose mit finsterer Miene herum. Ihre Augen sind geschwollen, und sie blickt niemanden an. Doch sie hat offenbar Angst, sich zu beschweren.

Vor einigen Tagen hat mir Mascha mitgeteilt, dass die Frauen an unserem Tisch den 1. Mai feiern wollen. Wenn wir unsere Brotration bekommen, werden wir sie nicht, wie sonst, auf einmal und im Stehen herunterschlingen, sondern uns alle feierlich an den Tisch setzen. Eine von uns will bei einer Lettin eine Zeitung besorgen und uns erzählen, was darin steht. Aus einer deutschen Zeitung erfahren wir natürlich nicht die Wahrheit, aber wir werden zumindest hören, welche Städte sie aus «strategischen Gründen» oder «um die Front zu begradigen» aufgegeben haben.

Das Interesse an einer Feierstunde war groß. Deshalb haben wir am Abend des 1. Mai drei Tische zusammengestellt und uns alle hingesetzt. Lise hat über die Lage an der Front berichtet. Wir rechneten aus, wann die Rote Armee wohl hier sein könnte. Das Brot aßen wir sehr langsam und genüsslich. Von den Gesprächen über die Freiheit wurde mir so wohl und leicht ums Herz.

Doch plötzlich stockte mir der Atem – in der Tür stand der Unterscharführer! Und statt «Achtung!» zu rufen – damit hatten wir jedem deutschen Offizier zu begegnen –, stimmte Lise das Geburtstagsständchen *Lange Jahre!* an und tat so, als hätte sie den Unterscharführer nicht bemerkt! Mascha sang mit und stieß mich in die Seite, damit ich auch einstimmte. Mir versagte vor Schreck die Stimme. Heiser dehnte ich die «glücklichen Jahre» und merkte dabei nicht, dass Mascha «hundert Jahre!» auf Polnisch sang. Schließlich rief Lise: «Achtung!», als hätte sie den Unterscharführer gerade erst bemerkt.

Wir sprangen auf, nahmen Haltung an und warteten. Was würde jetzt geschehen?

Der Unterscharführer blickte wütend in die Runde und fragte, was das für eine Versammlung sei. Ohne mit der Wimper zu zucken, antwortete Lise, wir feierten den Geburtstag unserer Tischältesten. Der Unterscharführer warf einen misstrauischen Blick auf uns und verschwand.

«Und wenn nun Lise nicht eingefallen wäre, das Lied anzustimmen?», fragte ich.

Mascha lachte über meine Naivität. Das war doch schon vorher abgesprochen.

Am Sonntag arbeiteten wir Fabrikarbeiterinnen wie gewöhnlich auf dem Bau. Immer wenn sich der Wachposten abwandte, hob ich den Kopf und warf einen Blick auf den Flieder, der auf der anderen Seite des Weges blühte. Es schien, als wollte der Wind die Zweige absichtlich in unsere Richtung biegen, um uns ihren Duft zuzufächeln.

Als wir ins Lager zurückkehrten, waren die Häftlinge, die heute nicht zur Arbeit mussten, noch immer dabei, «ihre Lungen durchzulüften», indem sie singend marschierten. Das übliche Sonntagsbild. Plötzlich meldete Hans, nach dem Mittagessen dürfe niemand mehr den Block verlassen. Alle müssten sich einer medizinischen Untersuchung unterziehen.

Wieder ein neues Unglück! Schließlich sind wir sehr mager, richtige Skelette, und haben am ganzen Körper Geschwüre. Vor Hunger und Anspannung sind diese Beulen bei fast allen aufgeplatzt. Sie eitern und wollen nicht heilen. Die einzige Linderung besteht darin, dass wir sie jeden Morgen und Abend mit einem in kaltes Wasser getauchten Läppchen betupfen. Wir haben uns an diese Geschwüre schon so gewöhnt, als hätten wir sie seit der Geburt. Aber wehe, wenn die Deutschen sie sehen … Was tun? Wo sollen wir hin? Vielleicht sollte man sich für die Zeit der Untersuchung auf der Toilette verstecken? Und wenn sie die auch kontrollieren? Ich frage Mascha um Rat. Sie meint, in solchen Fällen könne man keinen Rat geben; jeder Mensch müsse selbst über sein Leben entscheiden. Die richtige Zeit, zu philosophieren! Und was wird sie tun? Sie werde zur Untersuchung gehen, obwohl sie Geschwüre an den Beinen habe. Es gäbe Frauen, deren Körper mit Wunden übersät sei. Diesen Frauen drohe größere Gefahr, also müsse man ihnen die Möglichkeit geben, sich zu verstecken. Wir dürften denen nicht den Platz nehmen, die ihn nötiger haben als wir. Muss ich also auch zur Untersuchung?

Der Unterscharführer entscheidet für mich: Er weist die Soldaten an, alle Ecken abzusuchen und bis zum Ende der medizinischen Untersuchung niemanden auf die Toilette zu lassen.

Aus!

Wir müssen uns nackt ausziehen und einzeln langsam an der Kommission vorbeigehen.

Die Ersten sind schon vorbei. Diejenigen, die besonders abgemagert sind oder am ganzen Körper Beulen haben, werden angehalten und nach ihrer Nummer gefragt. Ihre Nummern werden in einem Buch notiert.

Bald bin ich an der Reihe. Zusammen mit allen anderen stehe und zittere ich. Es ist kalt und schrecklich. Ich habe eine Gänsehaut. Der Nacken tut mir weh, weil ich die ganze Zeit den Kopf unnatürlich hoch halte, damit die Haare die Geschwüre am Hals verdecken. Auch der Arm schmerzt; denn ich presse ihn fest in die Seite, um die Wunden in der Achselhöhle zu verbergen. Hoffentlich muss ich den Arm nicht heben!

Die Schlange bewegt sich nur sehr langsam voran …

Nun bin ich gleich dran. Wie halte ich bloß meine Beine unter Kontrolle, damit sie mir nicht wegknicken? Ich muss ruhig bleiben, ganz ruhig. Sie dürfen nicht sehen, dass ich Angst habe. Ich muss tief Atem holen, so viel Luft wie möglich in mich aufnehmen und nicht ausatmen – vielleicht sehe ich dann nicht ganz so abgemagert aus. Wenn sie mich bloß nicht auffordern, stehen zu bleiben. Sie sollen mich einfach nur vorbeilassen!

Ich werde aufgerufen! Nein, nicht ich, sondern die hinter mir. Ich gehe vorbei. Schaue mich vorsichtig um: Die Frau hinter mir steht vor der Kommission. Der Offizier befiehlt ihr, sich umzudrehen. Er mustert sie von allen Seiten, sagt etwas zu seinem Nachbarn. Sie wirft einen flehenden Blick auf die beiden. Aber das hilft nicht. Er fragt nach ihrer Nummer. Sie wird notiert.

Die Schlange rückt weiter.

Als die Kommission mit unserem Block fertig ist, begibt sie sich in den nächsten. Daraufhin erscheint Hans mit den Wachleuten bei uns. Er ruft alle auf, deren Nummern notiert wurden, und befiehlt ihnen, in den Hof hinunterzugehen, wo schon die schwarzen Autos warten …

Beim Hinausgehen sagt er noch, wir sollten uns auf das Konzert vorbereiten. Es habe in genau einer Stunde zu beginnen. Andernfalls müssten wir hüpfen!

Wir beschließen, an so einem Tag lieber zu hüpfen, als zu singen!

Vom Bauplatz sind drei Frauen geflohen. Wie und wohin, weiß keiner. Wahrscheinlich hat ihnen jemand geholfen, denn bei dieser Bewachung und mit gekennzeichneter Kleidung haben sie das unmöglich alleine schaffen können. Verwunderlich ist allerdings, dass niemand ihr Verschwinden bemerkt hat. Sie sind erst beim Mittagessen dahinter gekommen. Die Wachleute pfiffen, riefen, suchten – alles vergebens. Der Unterscharführer kann sie dafür schließlich an die Front schicken.

Warum habe ich nichts von den Fluchtplänen gewusst? Ich hätte sie gebeten, mich auch mitzunehmen. Mit mir hätten sie keine Last gehabt – ich hätte nichts verlangt, mich nicht beklagt, wäre sogar ohne Essen ausgekommen.

Die Flüchtlinge sind schon in Freiheit. Wahrscheinlich sitzen sie jetzt irgendwo in einem Keller und warten auf die Rote Armee. Mascha meint, dass sie eher nicht in einem Keller sitzen; denn sie hätten sich ja mit niemandem verabreden können und sicherlich auch keine Hilfe bekommen. Sie seien einfach in einem günstigen Moment entwischt und würden wohl versuchen, sich im Schutz der Dunkelheit nach Wilna durchzuschlagen. Da die Zufahrtswege jedoch scharf überwacht würden, werde man sie zwangsläufig aufgreifen.

Ob Mascha Recht hat? …

Nach dem Abendappell durften wir den Platz nicht verlassen. Der Unterscharführer ließ Hans und die schuldigen Wachen zu sich rufen.

Eine Stunde später kam Hans zurück und fing an, mit Gebrüll und Schlägen die Ausrichtung unserer Reihen zu kontrollieren. Es müsse vorbildliche Ordnung herrschen; denn in Kürze werde der Chef sämtlicher Konzentrationslager Lettlands eintreffen.

Was würde geschehen? Die Nervosität war Hans und selbst dem Unterscharführer anzumerken.

Dann kam dieser Chef tatsächlich. In Begleitung des Unterscharführers und seines Gefolges stolzierte er hochmütig an uns vorbei, zählte uns durch und hörte sich mit verzogenem Gesicht den Rapport des Unterscharführers an. Hans und der kleine Hansik wagten sich noch nicht einmal in seine Nähe. Sie waren auch angetreten. Sie standen zwar getrennt von uns, aber immerhin in Reih und Glied.

Der Chef trat näher an uns heran. Mit der Peitsche zeigte er auf ein Mädchen und befahl ihr vorzutreten. Dasselbe mit einer Zweiten, einer Dritten. Auf diese Weise suchte er sechs Mädchen aus. Er ließ sie uns gegenüber Aufstellung nehmen und erklärte daraufhin, er habe sie als Geiseln genommen. Sollten die Geflüchteten nicht innerhalb von vierundzwanzig Stunden gefunden werden, würden alle sechs erschossen! Aber selbst wenn man sie fände, würden diese sechs erschossen. Da der heutige Vorfall der erste dieser Art in unserem Lager sei, würde er für jede Geflüchtete nur zwei Geiseln nehmen. Sollte sich jedoch etwas Ähnliches wiederholen, würde die Strafe weit härter sein. Wir müssten gegenseitig auf uns aufpassen. Wenn wir am Leben bleiben wollten, müssten wir jeden Fluchtplan, von dem wir hörten, melden.

Die Opfer wurden abgeführt …

Die Front ist nicht mehr weit von Wilna! Die Meldungen sind natürlich nicht sehr genau; sie stammen aus einer deutschen Zeitung. (Solche Zeitungen finden wir häufig in der Fabrik, unter einem Schrank in der Frauentoilette. Offenbar legt eine der Lettinnen sie extra für uns dorthin.)

Wo die Front jetzt verläuft, ist schwer zu sagen. Eines jedoch ist klar: Aus Russland und aus der Ukraine sind die Deutschen längst geflohen. Jetzt wird irgendwo in Weißrussland gekämpft, gar nicht weit von hier, vielleicht sogar näher, als wir denken – die Besatzer melden ihre Verluste ja immer erst mit großer Verspätung.

In unserem Lager ist von einer bevorstehenden Flucht der Deutschen jedoch immer noch nichts zu spüren. Sie sind aufbrausend, grausam und blutrünstig wie immer.

Ich habe eine Flasche gefunden und meine Aufzeichnungen hineingesteckt.

Vorher musste ich alles noch einmal in winzigen Buchstaben auf dünneres Packpapier übertragen, damit mehr hineinpasst. Dabei versuche ich ganze Passagen aus dem Gedächtnis niederzuschreiben. Die Mädchen vergleichen es dann mit dem bereits Geschriebenen und bestätigen, dass ich ein gutes Gedächtnis habe. In der Schule hat mir mein Gedächtnis oft aus der Patsche geholfen. Wenn ich manchmal bis spätabends beim Eislaufen war, anstatt die Hausaufgaben zu machen, wiederholte ich im Geiste alles, was der Lehrer in der vorhergegangenen Stunde erklärt hatte, und bekam prompt eine Fünf[1]. Aber jetzt weiß ich so gut wie nichts mehr von dem, was wir damals durchgenommen haben.

Wieder sind Häftlinge geflohen! Diesmal aus der Seidenfabrik. Und nicht nur drei, sondern gleich neun: sieben Männer und zwei Mädchen. Im Lager herrscht Panik. Wieder wird der Chef erwartet. Der Unterscharführer hastet wie wild geworden hin und her. Hans schreit er an, er sei unfähig, «diese Schweine» ordentlich antreten zu lassen. Uns macht er Angst mit der Drohung, alle Gefangenen ausnahmslos erschießen zu lassen. Den Wachposten droht er, sie morgen alle an die Front zu schicken. Den kleinen Hansik schnauzt er an, dass es hier zu dreckig sei. Er verstummt erst, als er den Wagen des Chefs durch das Tor einfahren sieht, läuft ihm entgegen, steht stramm und ruft «Heil Hitler!». Der Chef erwidert nichts, streckt nur den Arm nach vorn aus.

Wir stehen wie versteinert.

Diesmal wählt er die Geiseln aus, ohne sie zu zählen: Er geht die Reihen entlang und deutet mit der Peitsche auf diejenigen, die vortreten sollen. Jetzt ist er gleich bei uns … Er guckt mich an … Hebt

1 Die Bestnote (A. d. Ü.)

die Hand … Die Peitsche schnellt dicht an meinem Gesicht vorbei und – tippt Mascha an. Mascha tritt drei Schritte vor … Man wird sie mitnehmen! … Sie erschießen! …

Ich flüstere ihr zu, sie solle den Unterscharführer bitten, sie laufen zu lassen! Sie hat doch gar nichts von der Flucht gewusst. Sie arbeitet noch nicht einmal in der Brigade. Mascha schüttelt nur den Kopf: Es wird sowieso nichts nützen. Man wird sie dennoch abführen! Sie wendet sich mir leicht zu: Ob ich denn glaube, dass sich in der Welt etwas ändert, wenn es keine Mascha Mechanik mehr gibt? Das werde doch sowieso niemand bemerken. Das Leben wird weitergehen.

Wie kann sie in einem so schrecklichen Moment so philosophisch werden, so nüchtern über den eigenen Tod reden?

Das habe ich sie nicht mehr gefragt …

Der Chef ist zu den Männern gegangen. Er befiehlt den Arbeitern der Seidenfabrik, sich in einer Reihe aufzustellen. Dann beginnt er zu zählen. Jeden Dritten lässt er vortreten. So macht er es mit der ganzen Reihe.

Die Ausgesuchten müssen uns gegenüber Aufstellung nehmen. Auch Mascha ist darunter. Der Chef hält eine Rede. Er sagt, wir seien selbst schuld. Wir seien schließlich gewarnt worden, dass hier jeder für jeden hafte. Wir hätten überhaupt keinen Grund zur Flucht, wir hätten Arbeit, ein Dach über dem Kopf und Essen. Wir müssten nur tüchtig arbeiten, dann würden wir am Leben bleiben. Doch auf jeden Fluchtversuch stünde die Todesstrafe. Die Geflüchteten würden sowieso gefasst, aber die Todesstrafe werde auch auf uns angewandt.

Die schwarzen Lastwagen kamen in den Hof gefahren …

Wieder ein 21. Juli. Jetzt bin ich schon siebzehn. Der erste Geburtstag ohne Mama, der vierte ohne Papa. Sind sie vielleicht schon nicht mehr am Leben? Das kann nicht sein! Oder quält Mama sich auch irgendwo in einem Lager?

Ob ich meinen nächsten Geburtstag noch erlebe? Wo werde ich

dann sein? Die Deutschen nehmen bestimmt ein schreckliches Ende, aber ob ich das noch erlebe? Sie machen selbst keinen Hehl mehr daraus, dass die Front jetzt bei Wilna verläuft. Und Lise hat von einer Lettin gehört, sie hätten Wilna längst aufgegeben, doch das halten sie noch geheim.

Ist es wirklich wahr, dass es auf den Straßen von Wilna keinen einzigen Deutschen mehr gibt, dass einen dort niemand anhält und nach Ponar verschleppt, dass man dort völlig frei herumlaufen kann, ohne Judenstern und sogar auf dem Bürgersteig? Hört man wirklich keine Schüsse mehr in Ponar? … Wenn alle Ermordeten aus den Gruben wiederauferstehen und zurück in ihre Häuser gehen würden, könnte es scheinen, als seien die Deutschen, das Ghetto, Murer, Kittel, die Aktionen – als sei all das nur ein langer, böser Traum gewesen.

Leider ist es aber kein Traum, sondern bittere Wahrheit. Aus Ponar kommt keiner mehr zurück …

Und wir selbst? Werden wir die Befreiung erleben? …

Heute hat man uns registriert. Hans sagt, die Kartei werde in Ordnung gebracht, denn in letzter Zeit habe sich vieles im Lager verändert (so schönfärberisch bezeichnet er die Aktionen und Erschießungen!), deshalb müsse die Kartei auf den neuesten Stand gebracht werden.

Wer weiß, ob er die Wahrheit sagt? …

Mein Gefühl hat mich nicht getrogen.

Während des Abendappells rief der Unterscharführer nach einer Liste die älteren Menschen auf und befahl ihnen, sich getrennt aufzustellen. Dann zählte er sie durch und gab den Wachleuten Anweisung, sie zum Tor hinauszuführen …

Sie sind angeblich «nicht arbeitsfähig», weil sie über fünfzig sind, und müssen deshalb «in ein anderes Lager überführt» werden.

Darum also haben sie die Kartei «in Ordnung gebracht».

Die Heizer haben versucht, Suritz, den bekannten Schauspieler vom Rigaer Theater, im Kesselraum zu verstecken, aber einer der Wachleute kam dahinter und hätte zur Strafe beinahe auch die Heizer zusammen mit den älteren Leuten abführen lassen.

Wir mussten aufs Neue antreten, um die entstandenen Lücken aufzufüllen. Ich kam in die benachbarte Reihe. Dort hatte noch bis vor wenigen Minuten eine kleine, unscheinbare, sehr intelligent wirkende Frau aus Riga gestanden. Jetzt waren an ihrer Stelle nur noch Fußabdrücke im Sand zu sehen. Da ich mich jedoch genau auf diesen Platz stellen musste, blieben nicht einmal ihre Spuren …

Noch eine Frau ist geflohen, wieder eine aus der Seidenfabrik. Man erzählt sich, ein junger Lette habe sich in sie verliebt und sei zusammen mit ihr verschwunden.

Was wird jetzt geschehen? Man kann sie nicht finden. Sie sind mit Spürhunden in die Fabrik gekommen, aber die haben die Spur nicht aufnehmen können, weil überall Tabak verstreut war.

Der Unterscharführer ist außer sich vor Wut. Wie wahnsinnig schlägt er auf jeden ein, der ihm unter die Finger kommt. Hans ist vom Schreien schon ganz heiser, und die Wachleute lassen ihren ganzen Ärger an uns aus – sie stoßen, schlagen und drohen, uns auf der Stelle zu erschießen.

Wir müssen zum Appell antreten. Es gibt kein Entkommen – wir sind von vier hohen Mauern aus Ziegelstein umgeben.

Der Chef kommt nicht. Er wird also keine Geiseln nehmen. Werden sie uns dann alle mitnehmen? …

Noch ist nichts Schlimmes passiert – unsere Kleidung wird nur neu markiert und der Kopf kahl geschoren. Natürlich ist es schade um die Haare; aber lieber die Haare verlieren als den Kopf. Die Frauen glauben, dass die Deutschen wahrscheinlich dringend Arbeitskräfte brauchen und uns deshalb nicht erschießen.

Mit den frisch aufgemalten Kreisen auf Brust und Rücken stehen wir beim «Frisör» an, um uns den Kopf kahl rasieren zu lassen. Dabei versuchen wir Abstand zu halten, damit wir uns nicht gegenseitig mit Farbe beschmieren.

Einige Mädchen haben schon kahle Köpfe. Sie sehen schrecklich aus, kaum wieder zu erkennen. Die Gesichter haben ein ganz anderes Aussehen bekommen und die Köpfe eine merkwürdige Form – sie sind gar nicht rund: Bei der einen ist der Schädel spitz, bei der anderen hinten platt.

Ein paar mutigere Mädchen wollen sich nicht kahl rasieren lassen. Aber der Unterscharführer hat Hans eingeschärft, alle, die sich vor der neuen Kennzeichnung und vor der Rasur drücken wollen, festzusetzen, weil sie höchstwahrscheinlich Fluchtpläne hätten.

Die kalte Maschine gleitet über meinen Kopf. Haarbüschel fallen auf Schultern, Arme und Knie. Wenn ich sie verstecken könnte, würde ich gern ein paar Strähnen als Andenken behalten. Der Kopf fühlt sich seltsam kalt an …

Ich bin schon kahl geschoren. Ob ich auch so schrecklich aussehe wie die anderen? Sie müssen bei meinem Anblick dasselbe von mir denken.

Bei den Männern wird von der Stirn bis zum Nacken ein Streifen wegrasiert. Die Haare zu beiden Seiten lässt man stehen. Dadurch sieht der Kopf aus wie in zwei Hälften geteilt. Ihn völlig kahl zu scheren ist den Männern untersagt …

Selbst Schafe werden nicht derart entstellt …

Man hat Gebetsmäntel in unseren Block gebracht, sie in viereckige Stücke gerissen und an uns verteilt. Es sollen Kopftücher sein. Hans hat streng befohlen, sie nicht nur bei der Arbeit, sondern auch im Lager zu tragen. Es ist verboten, barhäuptig herumzulaufen!

Die Deutschen wollen also nicht, dass Fremde sehen, wie sie ihre «Kultur» verbreiten. Ihnen ist wohl daran gelegen, dass man sie, die Schöpfer des «neuen» Europa, für edle Ritter, für Erlöser, für Bannerträger der Kultur hält. Sie haben Angst, ihre Schandtaten zu zeigen. Aber ich werde sie zur Schau stellen, jetzt erst recht! Ich schäme mich nicht, mit kahlem Kopf herumzulaufen. Sollen ruhig alle sehen, welch ekelhafte Sachen die Deutschen mit uns machen.

Ich werde auf jeden Fall das Kopftuch abnehmen und auch andere dazu überreden!

Mein kämpferisches «Heldentum» kam mich teuer zu stehen.

Die Wachsoldaten machten Meldung, dass fast alle nach dem Verlassen des Lagers die Kopftücher abgenommen hatten. Das reichte Hans, um uns nach dem Appell hüpfen zu lassen. Die anderen Brigaden ließ er gehen. Wir bekamen noch mehr Peitschenhiebe als sonst. Dazu jagte er uns immer wieder in den dritten Stock hinauf und hinunter – hinauf und hinunter.

Ich kann mich kaum noch rühren. Mein Herz rast. Der Mund ist trocken. Die Kehle ist wie zugeschnürt; ich ersticke. Gleich breche ich zusammen …

Doch ich falle nicht. Hans hat schon genug davon, uns herumzujagen. Also lässt er uns wieder hüpfen. Zum Ausruhen, wie er es nennt, müssen wir zwischendurch marschieren und dabei ein Lied singen, dann heißt es wieder hüpfen. Und damit die Lektion besser «haften bleibt», werden wir noch zehnmal in den dritten Stock und wieder hinuntergescheucht.

Als Hans endlich von uns ablässt, schläft der ganze Block bereits. Wir kriegen natürlich auch unsere Brotration nicht. Ich klettere sofort auf meine Pritsche und bange davor, wegen meiner Anstiftung von den Frauen beschimpft zu werden.

Am nächsten Morgen wage ich nicht, ihnen ins Gesicht zu sehen: Vielleicht sind sie sehr wütend. Ich kann es kaum erwarten, zur Arbeit zu kommen! Dort werden alle mit anderen Dingen beschäftigt sein und vielleicht nicht mehr an gestern denken. Aber auch bei der Arbeit komme ich nicht zur Ruhe: Ich werde das Gefühl nicht los, dass sie untereinander tuscheln, über mich natürlich. Wollen die sich etwa an mir rächen?

Doch dann sage ich mir plötzlich: Schluss damit! Das ist absurd.

Ich bilde mir etwas ein und stehe Ängste deswegen aus. Schließlich habe ich sie nicht gezwungen, ihre Kopftücher abzunehmen. Ich habe es lediglich vorgeschlagen.

Für unseren *Frauen-Express* habe ich zwei kurze Artikel geschrieben. In dem einen heißt es, dass aus Paris ein neues Modejournal eingetroffen ist. Demnach sind damenhafte Frisuren und Hüte derzeit völlig aus der Mode. Der letzte Schrei sind kahl geschorene Köpfe, in schwarzweiß gestreifte Kopftücher eingehüllt. Die Frauen von Strasdenhof hätten die neue Mode natürlich sofort übernommen. In dem zweiten Artikel berichte ich von einem neu eröffneten Frisiersalon in unserem Lager – einem Herrensalon, in dem sich Männer nach der neuesten Mode eine so genannte Läuseallee schneiden lassen können.

Sie haben eine Menge Männer weggebracht. Es heißt, diese sollen die Felder und Wege von Minen säubern. Ich wollte von meiner Nachbarin Ruth wissen, wie das gemacht wird, doch die seufzte nur und gab keine Antwort. Lise hat es mir erklärt. Die Unglücklichen müssen einfach über verminte Felder gehen, bis sie auf eine Mine treten, in die Luft fliegen und in Stücke gerissen werden.

Mich packt das kalte Grauen! Das ist einfach nicht zu fassen!

In der Nacht wachten wir von Explosionen auf. Ein Luftangriff! Mit angehaltenem Atem warteten wir auf weitere Erschütterungen. Aber es blieb still …

Die Freude war umsonst. Vielleicht haben die Deutschen selbst etwas in die Luft gesprengt, oder Männer aus unserem Lager sind irgendwo in der Nähe auf Minen getreten und hochgegangen.

Als man uns vorwarnt, dass der Morgenappell eine halbe Stunde früher stattfindet, kümmern wir uns zunächst nicht weiter darum. Doch beim Anblick der vielen Soldaten werden wir unruhig. Was ist nun wieder los?

Die Soldaten versperren Tür und Tor und klettern sogar aufs

Dach. Der Gehilfe des Unterscharführers bringt zwei Kästen – einen größeren schwarzen und einen kleineren hellen. Er stellt sie ab, steigt auf einen Schemel und verkündet, dass die Arbeitsunfähigen, das heißt alle, die über dreißig und unter achtzehn Jahre alt sind, in ein anderes Lager überführt werden.

Was in ihrer Sprache mit «überführen» gemeint ist, wissen wir schon lange …

Und ich bin doch erst vorige Woche siebzehn geworden.

Der Gehilfe des Unterscharführers nimmt aus dem schwarzen Kasten einen Packen Karteikarten und beginnt mit dem Aufrufen von Nummern. Wer aufgerufen wird, muss mit «Jawohl!» antworten und sich an die Wand stellen. Der SS-Mann ruft die Nummern auf, und die Todeskandidaten treten an die ihnen zugewiesene Stelle. Einige Karten legt er zur Seite, ohne die Nummern aufzurufen: Das müssen die Karten der Leute mit dem richtigen Alter sein. Und wieder Zahlen, wieder «Jawohl!». Einer nach dem anderen geht. Es nimmt kein Ende. Die Reihen lichten sich. Um mich herum fehlen schon fünf Frauen. Doch der SS-Mann wird weder heiser, noch hört er auf. Er nimmt einen neuen Stoß Karten. Jetzt wird er bestimmt auch mich aufrufen. Er wird sagen: «Fünftausendsieben!» Ich werde mit «Jawohl!» antworten müssen und zu den anderen hinübergehen. Und dann werden sie uns abführen …

Bald ist es vorbei … Der SS-Mann hält nur noch wenige Karten in der Hand. Darunter bestimmt auch meine …

«Fünftausend…» Jetzt! … Aber noch ehe ich etwas herausgebracht habe, höre ich, wie eine andere sich meldet. Offenbar hat er nicht mich aufgerufen. Ehrlich gesagt, habe ich gar nicht die ganze Nummer gehört. Bei der Zahl «Fünftausend…» bin ich schon zu Tode erschrocken. Dabei beginnen so viele Nummern mit dieser Zahl.

Der SS-Mann nimmt einen dritten Stapel Karten zur Hand. Darin befindet sich nun bestimmt auch meine Karte. Er ruft auf. Leute gehen. Bald bin ich dran. Wahrscheinlich wird überhaupt niemand hier bleiben. Sie sollten lieber alle auf einmal mitnehmen, wozu diese Quälerei …

Der Gehilfe des Unterscharführers springt von seinem Schemel. Hat er wirklich schon aufgehört?

Hans lässt uns Übriggebliebene antreten – es geht zur Arbeit. Ich bemühe mich, möglichst nicht in sein Blickfeld zu geraten, damit er nicht merkt, dass ich jünger als achtzehn bin. Da drückt mir jemand die Hand. Es ist eine der Zwillingsschwestern, meine Nachbarinnen. Wir sind doch im gleichen Jahr geboren! Ich bin also nicht die Einzige, die hier geblieben ist. Vielleicht gibt es noch mehr Mädchen in meinem Alter. Ja, aber leider insgesamt nur fünf … Zufall oder Irrtum?

Hans hat uns dreimal durchgezählt und dem Unterscharführer gemeldet, dass es im Lager 520 Häftlinge gibt … Die Übrigen werden schon nicht mehr mitgezählt. Dabei hat er in seinem gestrigen Rapport noch von 1300 Lagerinsassen gesprochen.

Die Brigaden sind jetzt sehr klein geworden, und ich wage mir gar nicht vorzustellen, wie wir arbeiten sollen. Denn man hat uns befohlen, zur Arbeit zu gehen. Diejenigen, die aussortiert wurden, hat man in einen leeren Raum im letzten Seitenflügel getrieben.

Auf dem ganzen Weg denke ich ununterbrochen darüber nach, warum ich mit dem Leben davongekommen bin. Hat der Gehilfe des Unterscharführers einen Fehler gemacht, oder hat man mich damals bei der Registrierung als ein Jahr älter eingetragen? Ich muss das wissen, damit ich das richtige Alter angebe, wenn sie sich wieder eine neue Aktion ausgedacht haben.

Die Stimmung ist sehr gedrückt. Über die Hälfte der Maschinen – gestern noch von Frauen bedient – steht still. Die Lettinnen schauen uns mitleidig an. Sie erkundigen sich nach ihren Gehilfinnen. Sogar die Maschinen scheinen ruhiger zu klappern – sie sehnen sich …

Im Lager herrscht eine beklemmende Stille. Früher stellten wir uns beim Appell längs des ganzen Gebäudes auf, heute reicht unsere Reihe kaum bis zur Tür …

Nach dem Appell mussten wir wieder arbeiten. Die Männer schleppten Wasser, wir Frauen scheuerten den Fußboden, die Treppe und sogar das Dach – wir wuschen die Blutflecken ab: Viele Männer hatten zu fliehen versucht, als man die Opfer zu den Autos jagte. Einige von ihnen kletterten über die Mauer, andere rannten in die Blocks, in den Heizungsraum, auf die Toiletten. Die Wachsoldaten schossen auf die Flüchtigen und setzten ihnen nach. Viele Erschossene blieben in den Blocks und auf der Treppe liegen, zwei hingen über der Mauer. Als sie den Mann aufspürten, der sich mit Hilfe der Heizer im Kesselraum versteckt hatte, wollten ihn die Wachleute mitsamt den Heizern ins Feuer werfen. Einer aus Riga hatte sich im Schornstein versteckt. Da es den Deutschen nicht gelang, ihn herauszuziehen, feuerten sie beliebig mit Handfeuerwaffen auf ihn. Die Leiche zerrten sie an den Beinen heraus, schleiften sie die Treppe hinunter und warfen sie zu den Lebenden ins Auto. Auf der Treppe blieb in einer Lache geronnenen Blutes noch etwas Hirnmasse liegen. Die wickelten wir in Papier und begruben sie an der Mauer im Hof. Um das Grab herum legten wir, statt eines Grabsteins, weiße Steinchen …

Erst spätabends wurden wir in den Block gelassen. Er war seltsam leer. Wir redeten leise, als lägen hier Tote. Die Stille ließ uns am ganzen Körper erzittern. Zum Schlafen kauerten wir uns alle zusammen in eine Ecke.

Zwei Tage lang blieb es ruhig. Wie auf einem Friedhof. Wir rechneten damit, dass sie uns Sonntag befehlen würden, singend an dem kleinen Grab mit den weißen Steinchen vorbeizumarschieren. Schweren Herzens schleppten wir uns zum Morgenappell. Doch uns erwartete weit Schlimmeres. Nach dem Appell gab der Unterscharführer bekannt, in der Nacht sei der Befehl gekommen, das Lager sofort zu evakuieren. Was in ihrer Sprache «evakuieren» bedeutet, wussten wir nur zu gut.

Sie scheuchten uns in denselben Raum, in den sie am Donnerstag die Opfer der letzten Aktion gepfercht hatten. An den Wänden standen viele uns bekannte Namen. Daneben Daten, Adressen und Aufrufe zur Rache. Als die Menschen dies schrieben, lebten sie noch … Doch nur der Aufruf war geblieben … Vielleicht sollte ich auch so ein Andenken an mich hinterlassen? Dann wird irgendwann einmal jemand lesen, dass ich umgekommen bin …

Plötzlich stürzten alle zur Tür … Aber es waren keine schwarzen Autos zu sehen. Nur ein paar Lastwagen standen da, und Bündel mit gestreifter Häftlingskleidung, wie wir sie in Kaiserwald gesehen hatten, wurden heruntergeworfen. Wir mussten uns bis auf die Schuhe und Kopftücher nackt ausziehen. War das ein neuer Trick der Deutschen? Wollten die uns weismachen, sie würden uns tatsächlich evakuieren? Andererseits, wenn sie uns an der Nase herumführen wollten, wäre ihnen sicher die Kleidung zu schade.

Anscheinend werden wir wirklich evakuiert. Die Frauen vermuten, dass sich die Deutschen in einer kritischen Situation befinden, wenn sie es mit der Evakuierung des Lagers so eilig haben. War das neulich vielleicht doch ein Bombenangriff unserer Flieger? Eine herbe Enttäuschung: Wenn sie uns jetzt nicht wegbrächten, könnten wir die Ankunft der Roten Armee miterleben! Aber wer weiß, vielleicht geschieht ja noch ein Wunder, während wir hier stehen und auf unsere gestreifte Häftlingskleidung warten. Vielleicht stürmen gleich Rotarmisten durchs Tor, nehmen den Deutschen die Waffen weg, und – wir sind frei!

Nein … Die Rotarmisten sind nicht gekommen, und wir stehen immer noch nackt in der Schlange und warten auf unsere gestreifte Kleidung. Im Erdgeschoss sind die Fensterscheiben nicht mit Farbe übermalt, und die SS-Leute zwingen uns, näher an die Fenster heranzutreten, vor denen draußen die Männer stehen. Sie, die Männer, stehen mit gesenktem Blick, während die Soldaten auf sie einknüppeln, damit sie uns ansehen …

Jetzt bin ich an der Reihe. Ich bekomme ein langes, raues Hemd, eine Hose von der gleichen Art und ein gestreiftes Kleid aus grobem

Material. Das Kleid ist ungewöhnlich groß. Ich halte nach einer Schnur Ausschau, um es zu schürzen und mich nicht darin zu verheddern.

Wir werden auf den Hof hinausgejagt, und die Männer nehmen unsere Plätze ein. Der Vertreter des Unterscharführers und Hans verschließen und versiegeln alle Türen. Die Soldaten verladen ihre Sachen auf Autos. Alle fahren weg. Das Lager wird liquidiert.

Inzwischen haben sich auch die Männer umgezogen. Die uns schon bekannten schrecklichen schwarzen Lastwagen fahren in den Hof. Von den SS-Leuten zur Eile angetrieben, klettern wir hinein. Sie schlagen uns, stoßen und zwängen uns hinein wie Heringe in ein Fass. Die Autos sind fensterlos, es ist stickig darin. Trotzdem schieben die Soldaten immer noch mehr Menschen hinein.

Ich bekomme keine Luft mehr und habe das Gefühl, dass mir gleich die Rippen gebrochen werden. Zu allem Übel ist meine Hand auch noch seltsam verdreht, und ich kann die Finger nicht mehr strecken.

Das schwarze Auto fährt. Mal geradeaus, mal biegt es ab. Wie im Flug entfernen wir uns immer weiter vom Lager. Ich sehe schon Räder vor den Augen. Die Beine wollen mich nicht mehr tragen, gleich falle ich hin. Wenn sie doch bloß für einen Augenblick anhielten, die Tür öffneten und frische Luft hineinließen!

Endlich sind wir angelangt. Wir befinden uns im Hafen. Sie lassen uns wieder antreten, zählen uns noch einmal durch und jagen uns zu einem großen Schiff. Das muss ein Kriegsschiff sein, denn unter Planen lagern Geschützrohre. Kisten werden verladen; was sich darin befindet, wissen wir nicht. Die Frauen nehmen an, dass es Maschinen und andere wertvolle Gegenstände sind, die die Deutschen wegschaffen wollen.

Wir werden auf das Schiff gescheucht. Das Deck ist fast so groß wie ein städtischer Platz. Ein Deutscher öffnet eine Luke und befiehlt uns hinunterzuklettern. Die Sprossenleiter ist so steil, dass sie fast an der Wand klebt. Ich klettere hinab. Unten ist es stockdunkel. Etliche Sprossenleitern führen noch weiter in die Tiefe. Man treibt uns immer weiter und tiefer hinunter. Schließlich bin ich ganz unten angelangt. Tastend suche ich nach einer Stelle, wo ich mich setzen kann.

Hier sind bereits viele Frauen, auch aus anderen Lagern. Wir sitzen im Dunkeln und quälen uns mit Gedanken: Wohin bringt man uns? Wird es dort nicht noch schlimmer sein? Aber das Allerschlimmste ist, dass wir uns immer weiter von der Front entfernen und damit von der Befreiung.

Wir warten. Dort draußen, jenseits der Schiffswand, geht vielleicht die Zeit weiter, aber hier steht sie still. Ist es noch Tag oder schon Abend geworden? Meine Lippen sind völlig ausgetrocknet. Ich habe schrecklichen Durst. Es ist unerträglich heiß und stickig. Das Kleid scheuert am Hals und unter den Achseln, aber ich wage nicht, es auszuziehen – ich könnte es im Dunkeln verlieren. Wenn ich doch nur die Beine ausstrecken könnte! … Das Schiff legt noch immer nicht ab. Dauert das Beladen denn so lange? Und was bringen die Deutschen von hier weg?

Diejenigen, die näher am Ausgang sitzen, klopfen an die Luke und bitten um Wasser. Keiner antwortet. Da wird plötzlich die Luke aufgerissen, und ein Deutscher brüllt wütend: «Wer Randale macht, fliegt über Bord. Da gibt's Wasser genug!»

Die Luke schlägt zu. Wieder ist es stockdunkel.

Endlich setzt sich das Schiff in Bewegung. Wir fahren. Wohin? … Werden wir jemals zurückkehren?

Von den Mädchen, die von Deck kommen, erfahren wir, dass schon ein neuer Tag angebrochen ist. Der Soldat, der an unserer Luke Wache hält, tut uns den Gefallen und erlaubt, dass wir die Bewusstlosen

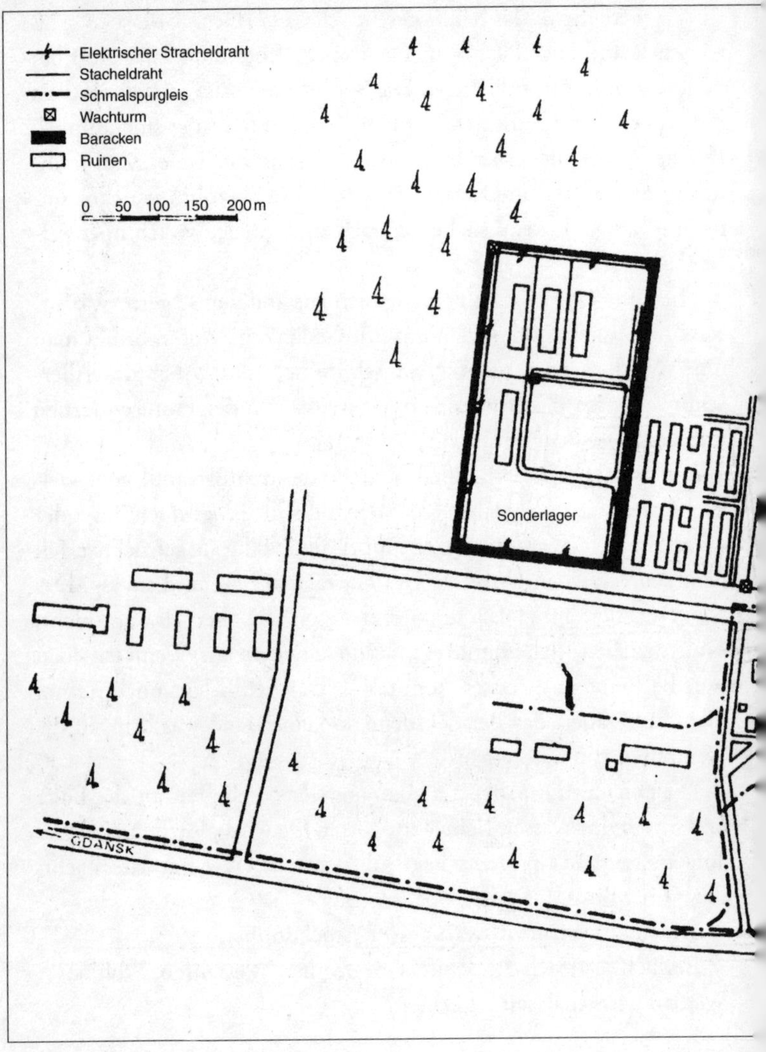

Stutthof, Lagerplan – 31. 12. 1944

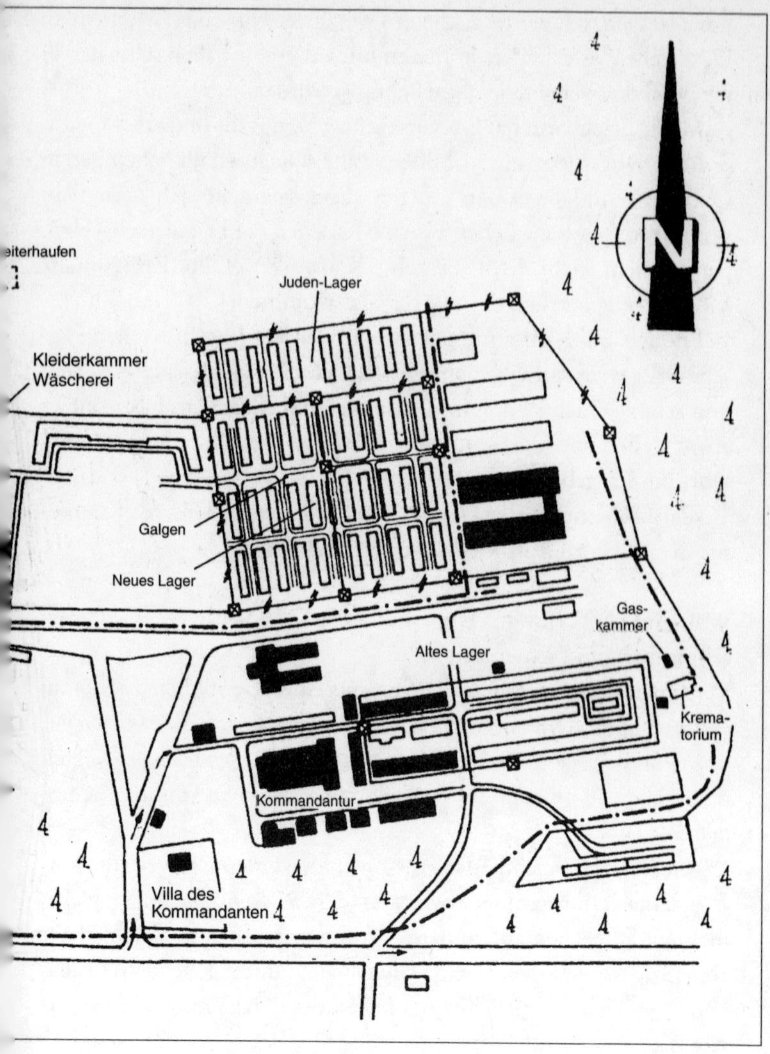
eiterhaufen
Juden-Lager
Kleiderkammer
Wäscherei
Galgen
Neues Lager
Gas-
kammer
Altes Lager
Krema-
torium
Kommandantur
Villa des
Kommandanten
N

hinauftragen. Ich würde auch gern wenigstens für einen Moment an Deck gehen, aber andere kommen mir zuvor: Sie haben schneller als ich bemerkt, wer gerade ohnmächtig geworden ist.

Meine Nachbarin hat mir vorgeschlagen, mit ihr und einer Freundin ein Dreiergespann zu bilden: Eine von uns fällt scheinbar in Ohnmacht und die beiden anderen tragen sie hinauf. Ich kann nicht simulieren. Ich trage lieber. Einen Menschen die Leiter hochschleppen ist nicht leicht. Ich habe keine Kraft. Aber es gibt keine andere Möglichkeit, aus dieser Höhle herauszukommen.

Endlich Luft! Ich atme tief durch. Die Sonne blendet. Eine frische Brise weht mir angenehm ins Gesicht. Ringsum ist alles so weit und schön – nichts als Sonne, Himmel und Meer. Am Horizont ist etwas zu erkennen, vermutlich eine Stadt. Das könnte Memel[1] sein. Dort bin ich geboren.

«Zurück!», brüllt der Deutsche. So schnell? … Unsere «Kranke» hat die Augen zu früh wieder aufgemacht.

Während der Nacht durften wir nicht an Deck. Man ließ uns unten schmachten und schwitzen.

Einmal war von oben die Stimme eines Deutschen zu hören: «Fliegeralarm! Keine Bewegung! Oder wir schießen!» Wie sollten wir uns denn bewegen? Und wen kratzte es schon, ob wir uns bewegten oder nicht. Als ob man uns vom Flugzeug aus sehen könnte! Lächerlich.

Am Morgen brachte man uns Brot. Es wurde nicht verteilt, sondern einfach nur so hingeworfen, wie fürs Vieh. Einige fingen gleich mehrere Stückchen auf, andere (darunter natürlich auch ich) nicht ein einziges. Viele der «Glücklichen» teilten mit uns. Jemand drückte mir ein kleines Stückchen in die Hand – es reichte gerade mal für vier Bissen.

1 Klaipėda

Ein unerträglich langer Tag und eine schwere Nacht liegen hinter uns.

Gegen Mittag wurde das Schiff allmählich langsamer und legte schließlich an. Aber man ließ uns nicht hinaus. Wollten sie uns denn noch weiter wegbringen? Wenn ja, würden wir bestimmt ersticken.

Endlich kam das ersehnte «Raus!».

Wir verließen das Schiff. Am Ufer traten wir zum Zählen an. Es sah hier überhaupt nicht nach einem Hafen aus: ein Feld, ein Weg und ein paar Häuser. Ein paar Jungs kamen angerannt und beäugten uns neugierig. Jemand fragte sie leise, wo wir denn seien. Sie antworteten, nicht weit von Danzig. Mich interessierte jetzt gar nicht, wo wir uns befanden. Hauptsache, wir hatten Luft zum Atmen.

Dann wurden wir abermals gezählt und weitergetrieben. Bei Einbruch der Dunkelheit gelangten wir an einen Fluss, an dessen Ufer große schwarze Lastkähne lagen. Es passierte dasselbe wie auf dem Schiff: Man trieb uns auf die Lastkähne und pferchte uns dort zusammen wie Heringe in ein Fass. Die Soldaten drohten, alle, für die der Platz auf dem Schiff nicht reichte, in den Fluss zu werfen. Zusammengepfercht und nach Luft ringend, fuhren wir weiter. Die Nacht war wie ein einziger Albtraum; es ist wirklich ein Wunder, dass wir nicht erstickt sind.

Am nächsten Morgen, als die Sonne schon hoch am Himmel steht, lässt man uns endlich an Land. Doch wir haben noch nicht einmal Luft geholt, da treiben sie uns schon weiter. An den Straßenabzweigungen Schilder mit der Aufschrift Stutthof. Dorthin werden wir also gebracht.

Wir kommen an einem Dorf vorbei. Wie sauber und ordentlich hier alles ist! Zu beiden Seiten der Gasse dösen kleine Häuser im Sonnenschein. Jedes ist eingezäunt, hinterm Zaun – Blumen ohne Ende. Kinder spielen … Wie ruhig es hier ist! Als gäbe es auf der Welt weder diesen schrecklichen Krieg noch Hitler, noch Ponar … Von weitem sehen wir lange Reihen mit Baracken, die von einem prachtvollen Obstgarten verdeckt werden. Schöne Alleen, ein paar

Steinhäuschen, ein Springbrunnen, Schaukeln, eine Pingpongplatte – kurz: ein Paradies! Als wir die Gartenanlage hinter uns gelassen haben, erstreckt sich vor unseren Augen eine kahle Sandwüste, Stacheldraht, ein riesiger Platz mit langen Reihen von Baracken. Die stehen wie in den Sand gesetzt und sind durch quer verlaufenden Stacheldrahtverhau voneinander getrennt. Es hat den Anschein, als sei das ganze Lager in große, durchsichtige Tierkäfige unterteilt. Um den Zaun herum, von hohen Balken gestützt, ragen Wachtürme empor, deren Fenster in alle vier Himmelsrichtungen weisen.

Am Tor – deutsche Offiziere. Bevor sie uns hineinlassen, werden wir abgezählt. Eine monotone Stimme warnt uns, es sei strengstens verboten, an den Zaun heranzutreten – er ist elektrisch geladen. Wir treten in den ersten Käfig. Hinter uns schließt sich sofort das Tor. Man öffnet ein zweites und jagt uns in den nächsten Käfig. Auch dieses Tor schließt sich, und wir werden in den dritten Käfig getrieben. So geht es immer weiter und tiefer ins Lager hinein.

Als wir an den Baracken vorbeigehen, fragen uns die dort untergekommenen Frauen, woher wir kommen. Für die Antworten müssen wir gnadenlose Schläge einstecken, aber wir können den fragenden Menschen die Antwort doch nicht schuldig bleiben! Aus den Baracken spricht man uns auf Russisch, Polnisch, ja sogar in verschiedenen Zigeunersprachen an, hauptsächlich jedoch auf Jiddisch ... An einer Baracke stehen sehr stark abgemagerte Frauen, augenscheinlich Kranke. Sie fragen nichts, sie warnen uns nur vor einem gewissen Max.

Rechts von den Frauenbaracken, durch einen doppelten Stacheldrahtzaun getrennt, stehen die Baracken für die Männer. Frauen- und Männerbaracken liegen ziemlich weit auseinander. Die Innenseite des Zauns ist zusätzlich mit Stacheldraht bespannt.

Die Männer beobachten uns, während wir vorbeigehen. Auch hier ruft uns der eine oder andere die Frage zu, woher wir kommen. Als er hört, dass wir aus Wilna sind, erkundigt sich ein älterer Mann, ob wir schon lange von dort weg seien. Sein Gesicht kommt mir sehr bekannt vor, aber ich wage nicht, mich umzudrehen und einen zweiten Blick auf ihn zu werfen – direkt neben mir geht ein deutscher Soldat.

Man bringt uns zu den letzten Baracken, in die neunzehnte und zwanzigste. Hier treffen wir auf ein paar SS-Leute und einen Zivilisten, allerdings mit Häftlingsnummer. Der Zivilist brüllt, wir sollen zum Appell antreten, und beginnt gleich, uns mit Händen und Füßen zu traktieren. Ohne Grund. Denn wir stehen bereits in Reih und Glied, noch ehe er irgendetwas befohlen hat. Ich nehme Haltung an und bleibe wie versteinert stehen. Ich ahne noch nicht, auf wen er es abgesehen hat, da ist dieser Zivilist schon bei mir und geht auf mich los. Im nächsten Moment krümme ich mich vor Schmerz. Die SS-Leute stehen abseits und amüsieren sich dabei.

Als er alle der Reihe nach verprügelt hat, kämmt sich der Sadist die Haare, steckt das herausgerutschte Hemd wieder in die Hose und fängt an, uns zu zählen. Mittendrin lässt sich ein Offizier vernehmen, es sei schon Zeit fürs Mittagessen. Sie verschwinden und lassen uns stehen.

Am anderen Ende der Reihe stehen einige Dutzend Frauen, die man schon vor uns hierher gebracht hat. Sie erzählen über das Lagerleben. Jedes ihrer Worte geht still von Mund zu Mund. Die Frauen sind aus Polen und befinden sich erst seit etwa einer Woche in diesen Blocks. Vorher waren sie in anderen Blocks untergebracht. Hier ist es schlimmer, denn der Blockälteste ist Max, der uns eben erst brutal misshandelt hat. Ein Teufel in Menschengestalt. Etliche Häftlinge wurden schon von ihm totgeprügelt. Er ist selbst auch Häftling. Er sitzt schon seit elf Jahren, weil er seine Frau und seine Kinder ermordet hat. Die SS-Leute schätzen seine unerhörte Grausamkeit.

So lebt es sich also in einem richtigen Konzentrationslager! Dagegen war Strasdenhof noch einigermaßen erträglich …

Die SS-Leute und Max kamen erst abends zurück. Unter Schlägen und Flüchen zählten sie uns irgendwie durch und ließen uns in die Baracken. Die Pritschen sind hier ebenfalls dreistöckig, aber es gibt weder Strohsäcke noch die so genannten Decken, nur ungehobelte Bretter.

Das Gebrüll von Max weckt uns auf. Durch das offene Fenster fliegen Steine. Wir laufen zur Tür. Hier ist ein Gedränge und Gestoße. Plötzlich weichen alle zurück: Max steht in der Tür, und wer an ihm vorbei will, bekommt Schläge auf den Kopf. Wir versuchen, aus dem Fenster zu springen, aber auch dort ist Max, um Schläge wegen «ordnungswidrigen Verhaltens» auszuteilen. Ob wir denn nicht wüssten, dass man durch die Tür hinauszugehen hätte? … Ich laufe zurück zur Tür und entgehe nur knapp der allgegenwärtigen eisernen Faust von Max.

Weil wir etwas verspätet zum Appell angetreten sind, lässt uns Max den ganzen Tag in der prallen Sonne stehen. Er warnt, wir sollten uns ja nicht bewegen. Bei der geringsten Unruhe werde man auf uns schießen. Die Sonne brennt gnadenlos. Der Durst ist unerträglich. Die Beine zittern und wollen nachgeben. Gleich werde ich mich in den Sand werfen, in den Staub, um wenigstens einen Moment lang auszuruhen.

Man hat uns registriert. Ich hatte Angst, mein wahres Alter anzugeben – alle unter achtzehn gelten bei ihnen ja als nicht arbeitsfähig. Also habe ich etwas von zwanzig genuschelt. Wenn das aber der SS-Mann nun nicht geglaubt hätte? Für eine Lüge wird man bestimmt erschossen! Zum Glück hat er nicht einmal zu mir aufgeblickt.

Dann erhielten wir auf Stofffetzen gedruckte Nummern, die wir sofort an unsere Kleidung zu nähen hatten (dazu gab es sogar Nadel und Faden). Jetzt bin ich nicht mehr Nummer 5007, ich bin Nummer 60821 geworden.

Als die Nummern aufgenäht waren, gab es Suppe. Die ist hier noch schlechter als in Strasdenhof. Nichts als eine lauwarme bläuliche Brühe ohne eine einzige Graupe. Einige Mädchen hatten Glück: Sie fanden in ihrem Napf ein bisschen Kartoffelschale.

Nun sind wir schon neun Tage in dieser Hölle. Aus Angst vor Max' Schlägen laufen wir alle mit gesenktem Kopf umher. Die blauen Flecken habe ich «Max' Autogramme» getauft, doch einige Frauen sind böse darüber, dass mir immer noch geistreiche Dinge einfallen. Dabei denke ich gar nicht groß darüber nach, die Bemerkungen rutschen mir einfach so heraus.

Tagsüber, das heißt zwischen Morgen- und Abendappell, ist das Betreten der Baracken verboten. Wenn Max nicht «Stillgestanden!» schreit oder uns auf die Knie zwingt, sitzen wir in der prallen Sonne auf der Erde. Nirgends gibt es einen Schattenplatz, um sich vor der Sonne zu schützen. Zu trinken bekommen wir nichts, abgesehen von dem so genannten Kaffee am Morgen – ein Schälchen für fünf Frauen. Jede versucht, dabei die Erste zu sein, damit sie sich nicht mit dem Rest begnügen muss. Obwohl es abgesprochen ist, dass jede nur vier Schluck trinkt, damit es für alle reicht, ist natürlich, wenn man fast verdurstet, Schluck nicht gleich Schluck. Ich drängle nicht gern und schäme mich zu betteln, deshalb bin ich fast immer die Letzte, selten einmal die Vierte oder Dritte. Die Zweite oder gar die Erste war ich noch nie.

Schon dreimal haben die SS-Leute aus unserem Block Opfer für das Krematorium ausgesucht. Sie lassen uns antreten, mustern uns und führen die Magersten ab. Die ersten beiden Male haben sie jeweils dreißig Personen mitgenommen, vor ein paar Tagen – auf einmal sechzig. Wo sich das Krematorium befindet, weiß keiner. Man sagt, irgendwo in der Nähe des Eingangs.

Einer von denen, die die Suppe austragen, hat den Frauen aus Wilna einen Gruß des Schriftstellers Balys Sruoga[1] überbracht. Das

1 Balys Sruoga (1896–1947) war Professor an den Universitäten Kaunas und Wilna. Als es den Deutschen Anfang 1943 nicht gelang, in Litauen eine Waffen-SS-Division zu rekrutieren, wurde eine größere Gruppe litauischer Intellektueller und Offiziere nach Stutthof deportiert. Sruogas Lebenserinnerungen «Götterwald» konnten erst 1957 in Litauen erscheinen und wurden später in viele europäische Sprachen übersetzt. (A. d. Ü.)

ist also der Mann, dessen Gesicht mir neulich so bekannt vorkam! Kein Wunder, dass ich ihn nicht erkannt habe. Ich kenne ihn ja nur von Photographien und Büchern, allerdings nicht in gestreifter Kleidung und so abgemagert.

Ich glaube, ich habe bei den Männerbaracken A. R.[1] und seinen Vater gesehen. Aber wie oft ich auch hinüberblicke, ich kann sie nicht mehr entdecken. Es ist einfach zu weit weg. Alles ist nur sehr schemenhaft erkennbar. Vielleicht habe ich mich auch geirrt. Ich weiß ja nicht, was aus ihnen geworden ist. Ich denke, sie leben. Deshalb meine ich, sie gesehen zu haben.

SS-Leute in schwarzen Uniformen sind gekommen und haben uns befohlen, Aufstellung zu nehmen. Wir mussten an ihnen vorbeigehen und dabei unsere Beine zeigen. Wer sehr viele Geschwüre an den Beinen hatte, wurde gleich auf die Seite gejagt. Bei Frauen mit verhältnismäßig wenig Beulen an den Beinen kontrollierten sie die Armmuskeln.

Mich haben sie den Gesunden zugeordnet. Wir mussten antreten und wurden gezählt. Die beiden Letzten in der Reihe haben sie wieder zurückgeschickt, damit es eine gerade Zahl blieb – dreihundert.

Man öffnete das Tor und brachte uns in die benachbarte Abteilung. Wir atmeten erleichtert auf – die Bestie Max waren wir, Gott sei Dank, los. Jetzt trennte uns der Stacheldraht auch von den ehemaligen Nachbarinnen. Die Ärmsten standen am Zaun und schauten neidisch herüber, denn wir konnten zur Arbeit fahren, während sie hier bleiben mussten. Irgendjemand hat das Gerücht verbreitet, dass wir zu Bauern in ein Dorf kommen. Angeblich haben die Offiziere davon untereinander gesprochen. Schlimmer wird es also wohl nicht werden.

1 Maschas Schulfreund A. R. (Alexandr Ran) wurde nicht nach Stutthof, sondern nach Klooga in Estland deportiert. Von dort aus kam er zusammen mit mehreren hundert Häftlingen noch ins SS-Arbeitslager Dautmergen bei Schömberg b. Balingen im Schwarzwald. Dort starb er am 20. 11. 1944. (A. d. Ü.)

Die Gerüchte haben sich nach und nach bewahrheitet.

Ein Soldat kam. Er suchte zehn Frauen aus und fragte, ob sie melken könnten. Natürlich haben das alle bejaht. Doch was soll ich antworten, wenn man mich fragt? … Sage ich die Wahrheit, nehmen sie mich nicht. Lüge ich, schicken sie mich bald ins Lager zurück. Was tun? Ich frage die anderen, was sie an meiner Stelle antworten würden. Aber die Frauen lachen nur über meine Skrupel.

Jedenfalls gehört zum Lügen eine gehörige Portion Dreistigkeit.

Man hat sechsunddreißig Frauen, darunter auch mich, aus dem Lager geholt. Jede von uns bekommt eine Soldatendecke. Am Tor stehen Menschen, die uns wie Vieh begutachten: Sie mustern uns, betasten unsere Muskeln, fragen, ob wir auch nicht faul seien. Zwei Mädchen weinen – es sind Schwestern. Man will sie trennen: Ein Bauer hat die erste ausgewählt, ein anderer die zweite. Sie bitten darum, zusammenbleiben zu dürfen, weil von der ganzen Familie nur sie beide übrig geblieben sind. Doch der Offizier lästert: «Warum seid ihr so sicher, dass ihr wirklich übrig geblieben seid?» …

Von mir nimmt überhaupt niemand Notiz, alle gehen vorbei. Wahrscheinlich will mich niemand haben. Vielleicht sollte ich mich selbst anbieten. Das tun andere auch. «Ich bin stark!», sage ich auf Deutsch, doch niemand hat es gehört. «Ich bin stark!», sage ich noch einmal, diesmal etwas lauter. «Was, was?», fragt ein alter Mann. Rasch mache ich ihm klar, dass ich arbeiten möchte und nicht faul bin. «Ja, gut!», antwortet er und geht weiter … Aber offenbar hat er es sich doch anders überlegt; denn er kommt zurück und führt mich auf die Seite. Dort stehen schon drei Frauen, die er ebenfalls ausgewählt hat. Ein Soldat kommt hinzu, notiert unsere Nummern und schickt uns dem Bauern hinterher.

Wir nehmen denselben Weg zurück, den wir gekommen sind. Wieder sehen wir jene Häuschen, die friedlich in der Sonne dösen. Wir werden in einen Kleinbahnwaggon gesetzt. Der Soldat lässt kein

Auge von uns. Direkt vor meiner Nase blitzt bedrohlich das aufgepflanzte Bajonett.

Unser neuer Herr ist ein nicht besonders großer, krummbeiniger alter Mann mit Glatze. Seine Augen sind zwei schmale Schlitze, seine Stimme klingt heiser und unfreundlich. Anscheinend ist er unzufrieden mit uns; denn er beklagt sich bei dem Soldaten, dass er mit solchen Kadavern nichts anfangen könne. Von der Sorte hätten schon vier aus Ungarn bei ihm gearbeitet. Die hätten aber bald schlappgemacht und ins Krematorium geschafft werden müssen. So einem sind wir also in die Hände gefallen!

Und ich war so dumm und habe mich noch selbst angeboten.

Der Zug hält, und wir klettern hinaus. An der Bahn wartet der zweirädrige Wagen des Bauern. Den hatte er dort wohl stehen gelassen. Der Soldat dreht uns die Arme auf den Rücken und bindet uns alle aneinander. Das Ende des Stricks befestigt er am Wagen, so wie man es bei Kälbern macht. Er selbst setzt sich neben den Bauern auf den Wagen, wir müssen hinterhertrotten. Das Pferd, ausgeruht vom langen Stehen, trabt flott heimwärts. Wir müssen rennen, damit uns der Strick nicht ins Fleisch schneidet. Mit aller Kraft bemühen wir uns, den Bauern nicht merken zu lassen, dass wir völlig außer Atem sind: Er könnte uns sonst für zu schwach halten und uns sofort ins Krematorium schicken …

Endlich biegt der Wagen in einen schmalen Weg ein, fährt an einem Teich vorbei und erreicht ein großes Gehöft – vor unseren Augen liegt ein großes Haus mit einem Obstgarten und vielen Ställen. Offensichtlich eine gut gehende Landwirtschaft. Der Bauer kontrolliert noch einmal unsere Nummern und quittiert dem Soldaten die Übernahme. Während er uns auseinander bindet, hält er uns eine lange Predigt: Wir müssten gut und fleißig arbeiten, dürften nicht sabotieren und zu fliehen versuchen. Bei Sabotage werde er uns sofort ins Krematorium schicken, für einen Fluchtversuch an Ort und Stelle erschießen. Nach dieser Begrüßung führt er uns in eine dunkle Kammer am äußersten Ende des Stalls. Durch das winzige, von Fliegendreck beschmutzte Fenster dringt kaum Tageslicht. Die Luft ist stickig, und es stinkt – hinter der Wand grunzen Schweine … Keine Strohsäcke, keine Kissen, nichts als ein Heuhaufen in der Ecke. Das soll unser Nachtlager sein. Um einen Strohsack zu bitten ist sicher zwecklos. Ich fasse mir ein Herz und murmele etwas von großem Hunger – wir hätten heute noch nichts zu essen bekommen. Der Bauer verzieht das Gesicht und befiehlt mir mitzukommen. In der Diele muss ich die Schuhe ausziehen: In die Küche dürfe man nur barfuß. Und die Zimmer dürften wir gar nicht betreten. Das sollte ich meinen Freundinnen ausrichten.

Er erkundigt sich bei der Magd, ob etwas vom Mittagessen übrig geblieben sei, und bemängelt sogleich, sie koche zu viel. Dann lässt er seine Schwestern fragen, ob wir die restlichen Kartoffeln bekommen könnten. Die Hausherrin erscheint. Sie blickt genauso schlitzäugig und mürrisch drein wie der Bauer und fängt an zu jammern, dass wir ihnen nur die Haare vom Kopf fressen würden. Dennoch wirft sie einen Blick in den Topf und erlaubt uns schließlich, ihn leer zu essen. Für jede von uns waren es genau drei Kartoffeln.

«Aufstehen!», brüllte der Bauer. Wieso denn das? War es schon so spät? Wir hatten uns doch gerade erst hingelegt. Unser neuer Herr schloss die Tür auf und ließ uns zum Waschen hinaus. Er ging selbst hinterher, damit wir nicht Reißaus nahmen.

Die Sonne ging eben erst auf. Es war kalt. Gleichwohl trieb er uns zur Eile an – es sei schon nach vier. Um halb fünf müssten wir mit der Arbeit beginnen – Holz und Wasser heranschleppen, den Hof auskehren, die Wege im Obstgarten harken. Um halb sechs gebe es Frühstück, um sechs müssten wir aufs Feld.

Wir erhielten unsere ganze Wochenration im Voraus: einen Laib Brot und ein viertel Päckchen Margarine. Der Bauer schärfte uns ein, dass dies bis zum nächsten Freitag reichen müsse. Mehr würden wir nicht kriegen, das sei unsere Ration. Aus der Küche würden wir jeden Morgen Kaffee bekommen, mittags Suppe und zum Abendbrot eventuell Kartoffeln, aber auch nicht jeden Abend. Die Küche dürfe nur eine von uns betreten. Die bekäme dann das Essen für alle vier.

Wir kamen überein, nur eine Scheibe Brot am Tag zu essen, und zwar zum Frühstück. Aber wie beherrscht man sich, wenn man zum ersten Mal seit langem wieder ein ganzes Brot in Händen hält?! Vielleicht erst einmal satt essen und sich ein bisschen stärken und dafür dann beim nächsten Mal weniger? Wir brachen also noch ein Stückchen von dem Brot ab, dann noch eins. Der Laib wurde immer kleiner. Ein Glück, dass der Bauer kam und uns zur Arbeit rief, sonst wäre von dem Brot nichts mehr übrig geblieben.

Der Bauer reitet voran, wir trotten zu Fuß hinterher. Es zeigt sich, dass wir hier nicht die Einzigen sind. Außer uns arbeiten noch ein Ukrainer mit Frau und drei Kindern (vor ihrem Rückzug haben die Deutschen sie hierher verschleppt) für den Bauern, ein französischer Kriegsgefangener (er kann sich mit niemandem verständigen, deshalb singt er den ganzen Tag seine Lieder) und ein polnisches Mädchen namens Zosia. (Sie hatte den Deutschen geglaubt, dass hier ein Paradies auf sie warte, und war freiwillig zur Arbeit nach Deutschland gekommen. Statt eines Paradieses fand sie hier nur Arbeit als Magd. Jetzt weint sie und verflucht den Tag, an dem sie hierher kam, aber man lässt sie natürlich nicht gehen.)

Die Felder zu beiden Seiten des Weges gehören unserem Herrn. Anscheinend ist er SS-Mann oder sonst irgendwie politisch aktiv; denn abends nimmt er oft das Gewehr, setzt sich auf sein Fahrrad und fährt zu Versammlungen oder nächtlichen Einsätzen. Er ist ein sehr übellauniger und geiziger alter Junggeselle, seine Schwestern sind alte Jungfern, richtige Hexen. Sie werden fuchsteufelswild, wenn sie den Kindern des ukrainischen Ehepaares einen Teller Suppe geben sollen. Die Kinder arbeiten ja nicht! Dabei bürden sie dem älteren Jungen, der erst sieben ist, oft genug Arbeiten auf, die viel zu schwer sind für das Kind. Das alles erzählte uns der Ukrainer auf dem Weg zum Feld.

Dort angekommen, befahl uns der Bauer, sofort mit der Arbeit zu beginnen. Der Franzose mähte das Korn, während wir hinter der Mähmaschine hergingen und es zu Garben banden. Anfangs kam uns das gar nicht schwer vor, doch das Stroh zerstach uns Arme und Hände. Auch das Kreuz begann zu schmerzen. Wann würden wir endlich eine Pause machen können?

Nicht vor Mittag, erfuhren wir. War es noch lange bis dahin? Der Ukrainer brachte uns bei, wie man anhand des Schattens die Zeit bestimmen kann. Es war noch nicht einmal zehn! Wie langsam die Zeit verging! Vielleicht sollte man sich einmal mit dem Franzosen unterhalten. Er würde sich bestimmt freuen. Aber was sollte ich ihm sagen? Alle französischen Wörter, die ich in der Schule gelernt hatte, waren wie weggeflogen! Nach der Uhrzeit könnte ich ihn fragen. Daran erinnerte ich mich noch. Ich war mehrmals drauf und dran, ihn zu fragen, aber da war es schon Mittag. Die Suppe wurde aufs Feld gebracht, damit wir keine Zeit mit Hin- und Herlaufen verloren. Der Franzose, der von meinen Vorsätzen natürlich nichts wusste, verschwand mit seiner Essschüssel in den Schatten.

Wir hatten noch nicht aufgegessen, da trieb uns der Bauer schon wieder zur Arbeit an! Wenn er uns wenigstens ausruhen ließe!

Wie sollte ich bloß das Gespräch mit dem Franzosen anfangen? Ich stimmte ein paar Mal *Frère Jacques* an – etwas anderes fiel mir nicht ein. Aber der Franzose beachtete mich überhaupt nicht. Entweder hörte er mein Singen wirklich nicht, oder er wollte nicht.

Bald hatte der Schmerz alle meine Gedanken vertrieben. Die zerstochenen Arme und Hände waren angeschwollen, rot und schrecklich anzusehen. Das Kreuz tat mir so weh, als steckte ein Spieß darin. Außerdem war ich furchtbar durstig und starb fast vor Hunger. Dabei hatte ich heute schon Brot und eine ganz ordentliche Suppe gegessen. Der Ukrainer hatte uns zwar gezeigt, wie man die Körner aus den Ähren holt und isst, aber wo sollten wir die Zeit hernehmen – wir schafften es ja so schon kaum, mit der Mähmaschine Schritt zu halten. Der Ukrainer beklagte sich: Wenn der Franzose Russisch verstünde, könnten wir ihn bitten, nicht so schnell zu machen. Da bot ich mich als Dolmetscherin an.

Der Franzose freute sich sehr, als er seine Muttersprache hörte, und fing sofort an, mir etwas zu erzählen. Er sprach so schnell, dass ich nur ein paar Brocken verstand. Nach Worten ringend, bat ich ihn, langsamer zu sprechen, und trug ihm unsere Bitte vor, nicht ganz so schnell zu arbeiten.

Darauf ging es etwas leichter. Der Franzose begann, bei der Arbeit zu pfeifen, und wenn wir nicht hinterherkamen, wartete er einen Moment. Raja, eine von uns, hatte Angst, der Bauer könnte etwas merken und uns Sabotage vorwerfen. Aber der Franzose war auch nicht dumm: Sobald sich der Bauer näherte, beschleunigte er sein Tempo wieder.

Die Sonne ging schon unter, doch der Bauer dachte nicht daran, Feierabend zu machen. Kreuz und Rücken spürten wir überhaupt nicht mehr. Uns war längst klar, warum die Mädchen, die vor uns hier gearbeitet hatten, nicht durchgehalten hatten. Wir würden es vermutlich auch nicht lange schaffen.

Endlich verkündete der Bauer, es sei schon halb neun und wir könnten die Arbeit abbrechen. Langsam schleppten wir uns zurück in unseren Stall …

Der Sonntag war für alle ein Ruhetag. Nur nicht für uns. Wir mussten Holz und Wasser holen, den Hof fegen, die Wege im Obstgarten säubern, das Vieh füttern und die Sonntagskutsche, in der die Herrschaften zur Kirche fuhren, auf Hochglanz bringen.

Nach dem Mittagessen ging der Franzose zu einem Freund, der in der Nähe arbeitete. Die Frau des Ukrainers wusch Wäsche, und Zosia, die die ganze Nacht geweint und kein Auge zugetan hatte, legte sich hin. Uns sperrte der Bauer ein, hängte sich die Flinte über die Schulter und fuhr davon.

Ein stiller Sonntagnachmittag. Sogar die Blätter an den Bäumen dösen faul in der Sonne. Kein Vogel lässt sich blicken. Alles ruht.

Wir haben uns bei den Ukrainern eine Schere und Nähzeug geliehen und «putzen uns heraus» – das heißt, wir machen unsere Kleider kürzer und enger. Tajbl hilft uns, denn sie kann nähen. Aus den abgeschnittenen Streifen nähen die anderen sich Büstenhalter. Ich brauche keinen: Ich bin zu mager … Wenn Raja aus Riga nicht wäre, könnten wir vielleicht für eine Weile unser Los vergessen. Dann wäre uns sicher leichter ums Herz. Aber Raja schweigt keinen Moment. Schon zum dritten Mal in diesen Tagen erzählt sie uns mit immer wieder neuen Einzelheiten, wie sie ihr Kind verloren hat.

Im Rigaer Ghetto war sie noch mit Mann und Kind zusammen. Als die beiden erfuhren, dass man ihnen die Kinder wegnehmen würde, beschlossen sie, Selbstmord zu begehen. Ihr Mann gab zuerst dem Kind, dann ihr und schließlich sich selbst eine Spritze … Leider wirkte das Gift nicht. Als sie wieder zu sich kamen, war das Kind nicht mehr da. Man hatte es ihnen weggenommen, ohne dass sie etwas gemerkt hatten. Jetzt quält Raja der Gedanke, das Kind könnte vielleicht vor ihnen aufgewacht sein, vor Schreck geweint haben, ohne dass seine Eltern es hörten … Vielleicht hatten die Mörder es geschlagen oder ihm die Arme verdreht; denn es hätte sich bestimmt befreien wollen … Rajas Mann wurde fast wahnsinnig bei der Vorstellung. Er konnte sich nicht erklären, warum das Gift nicht gewirkt hatte …

Wie können wir sie bloß trösten? Wir versuchen ihr klar zu machen, dass eine Dosis, die für einen Erwachsenen nicht ausreicht, sicherlich genügte, um ein Kind zu töten. Es ist bitter: Wir trösten eine Mutter damit, dass ihr Kind tot ist! …

Abends hat uns der Bauer zum Melken getrieben. Davor hatte mir schon die ganze Zeit gegraut! Hoffentlich war die Kuh wenigstens ruhig. Auch die beiden Schwestern des Bauern sind in den Stall gekommen – diese Hexen: Sie passen auf, dass wir keine Milch wegtrinken.

Ich ziehe und ziehe am Euter, doch es kommt nicht ein Tropfen.

Die Kuh ist unruhig. Gleich wird sie mir einen Tritt versetzen. Ich ziehe kräftiger: Ein paar Tropfen spritzen heraus, aber sie rinnen meinen Arm hinunter bis zum Ellenbogen. Plötzlich bekomme ich einen heftigen Stoß von hinten. Allerdings nicht von der Kuh, sondern von der Bäuerin, die mich mit dem Schuh so heftig in den Rücken getreten hat, dass ich mit dem Kopf gegen den Bauch der Kuh stoße.

Ich schaue nach rechts und links, um zu beobachten, wie die anderen melken – sie haben mehr Erfolg, vor allem Tajbl. Sie hat wirklich geschickte Hände. Man könnte meinen, sie habe ihr ganzes Leben nichts anderes gemacht. Ich gucke mir ab, wie sie die Finger an die Zitzen legt, und mache es ebenso. Zwei fröhliche Strahlen Milch spritzen in den Eimer.

Wir haben alle Kühe gemolken – siebenundzwanzig an der Zahl. Am Ende schmerzten und zitterten die Hände dermaßen, dass sie uns nicht mehr gehorchen wollten. Und die ganze Nacht konnte ich vor Schmerz nicht schlafen.

Wir haben das Korn eingefahren. Ich, der Pechvogel, zog dabei mal wieder das große Los – als wir den ersten Wagen beladen haben, befiehlt mir der Bauer, mich auf eines der vier Pferde zu setzen, die vor den Wagen gespannt sind, und die Fuhre nach Hause zu lenken. Aber wie gelangt man auf einen Pferderücken, wenn man dem Tier kaum bis zum Leib reicht? Außerdem bin ich noch nie in meinem Leben geritten. Doch der Franzose durchschaut die Situation: Rasch hebt er mich wie ein kleines Kind hoch, setzt mich aufs Pferd und gibt mir hastig Anweisungen. Ich verstehe nicht viel mehr als Haus, Zaun und Pferd. Dabei will er mir wohl nur erklären, wie ich wieder vom Pferd herunterkomme: Ich soll bis an den Zaun fahren, die Füße zunächst auf den Zaun stellen und erst dann auf den Boden springen. Gut. Merci!

Wir ernten nun Flachs. Ich hatte bis jetzt keine Ahnung, dass Flachs so lecker sein kann! Tajbl rät, ihn möglichst lange zu kauen: Er enthalte Fett, das unser Organismus schon lange entbehren musste. Wenn wir uns mit dem begnügen, was man uns gibt, dann werden wir nicht mehr lange durchhalten, vor allem bei so schwerer Arbeit.

Der Bauer drängelt ständig, treibt uns zur Eile an und lässt uns kaum Luft holen. Ein Glück, dass Zosia uns verraten hat, wie man ihn überlistet. Er hat nämlich vor dem Anblick von entblößten weiblichen Körperteilen Angst. Wenn er sie wecken kommt, tut Zosia so, als wolle sie die Decke abwerfen. Der Alte läuft dann wie von der Tarantel gestochen davon, und sie kann noch ein Weilchen liegen bleiben.

Jetzt, da die Antreiberei des Bauern nicht mehr auszuhalten ist, nutzen wir diese Schwäche aus. Wir geben vor, es sei uns zu heiß, ziehen das Kleid aus und arbeiten im Hemd weiter. Der Bauer läuft fluchend davon und schreit, mit dem Rücken zu uns gekehrt, wir sollten uns anziehen. Wir stellen uns taub oder entgegnen ganz unschuldig, es sei so heiß, und wir könnten halb nackt schneller arbeiten. Der Alte kocht vor Wut und spuckt verächtlich aus.

Die Front ist anscheinend nicht mehr weit weg. So jedenfalls erzählen die Nachbarn des Bauern. Es sind übrigens gute Menschen. Vielleicht deswegen, weil sie arm sind. Sie haben kein eigenes Land, sondern verdingen sich bei den reichen Nachbarn. Dafür, dass sie unserem Herrn bei der Ernte helfen, dürfen sie auf dem abgeernteten Feld die Ähren lesen, die beim Mähen oder beim Einfahren der Ernte heruntergefallen sind. So gehen sie den ganzen Tag gebückt übers Stoppelfeld und sammeln die verstreuten Ähren in einem Säckchen: Aber von diesem «Lohn» haben sie auch nichts in die Milch zu brocken.

Wenn der Bauer gerade nicht hinsieht, erzählen sie uns das Neueste von der Front. Einmal haben sie uns sogar Einzelheiten über das Schicksal ihrer Familie anvertraut: Einer der Söhne ist Kommunist und wird in einem Konzentrationslager gequält (wer weiß, ob er noch lebt), während der zweite Sohn SS-Aufseher im selben Lager ist. Von seinem Bruder hat er sich öffentlich distanziert. Und seine Eltern besucht er auch nicht mehr; er schämt sich, weil sie so arm sind.

Die Kunde vom Näherrücken der Front hat unsere schlummernden Hoffnungen wieder geweckt. Wie gerne würde ich die Ankunft der Roten Armee erleben!

Es ist richtig kalt geworden. Besonders bei Tagesanbruch. Oktober. Herbst. Wir zittern, klappern mit den Zähnen, aber der Bauer merkt es noch nicht einmal. Wir haben ihn gebeten, uns alte Kleider zu geben, damit wir nicht so frieren; er hält uns jedoch entgegen, wir hätten Kleidung im Lager bekommen und die müsse reichen.

Wir wickeln uns in unsere Decken, doch die werden vom Regen durchnässt, und unsere Füße frieren im nassen Rübenkraut. Nachts decken wir uns dann mit denselben durchnässten Decken zu. Wir haben den Bauern um etwas mehr Heu gebeten, damit uns wenigstens nachts wärmer wird. Aber sogar das verweigert er uns. Und durch die Ritzen bläst ein eisig kalter Wind ... Wir kauern uns zusammen, frösteln, können nur mit Mühe einschlafen.

Wie gut haben es dagegen die kleinen Hunde auf dem Hof! Sie schlafen im Warmen und essen sich satt. Von wegen «Hundeleben»!

Was soll bloß werden? Die Feldarbeit geht zu Ende. Die Kartoffeln sind ausgegraben, die Rüben geerntet. Jetzt rupfen wir Federn, danach ist Wäsche zu waschen und Sauerkraut zu machen. Und dann? Dann brauchen sie uns nicht mehr. Und wen sie nicht brauchen, schicken sie ins Krematorium ... Können wir dem denn nicht entgehen? ...

Wir waschen Wäsche. Schon den zweiten Tag stehen wir an einem großen Bottich und rubbeln ohne Ende mit bloßen Händen Betttücher, Kissenbezüge und Handtücher. Wir haben uns schon die Finger wund gerieben. Waschbretter geben sie uns nicht – was kümmern sie schon unsere Hände!

Der erste Schnee ist gefallen. Unsere Beine sind blau gefroren. Die Ukrainer haben uns ein Paar Strümpfe geliehen (dabei haben sie selbst nur zwei Paar). Die Strümpfe werden wir der Reihe nach tragen, jede einen Tag, beginnend mit der Ältesten. Ich bekomme die Strümpfe erst übermorgen.

Wir müssen zurück ins Lager …

Zosia hat den Bauern von einem Befehl erzählen hören, dem zufolge alle bis zum 15. November zurückgeschickt werden müssen. Heute ist der dreizehnte. Zwei Tage noch. Wir müssen also zurück in die Hölle, und wieder schwindet die Hoffnung, am Leben zu bleiben.

Der letzte Morgen. Wie schnell diese drei Monate verstrichen sind! Wahrscheinlich liegt es daran, dass wir, auch wenn es schwer war, nicht ständig den Tod vor Augen hatten. Und jetzt kommen wir ihm bedenklich nahe. Der Ukrainer erzählt, zwei jüdische Mädchen, die hier in der Nachbarschaft arbeiteten, hätten sich erhängt. Sie wollten nicht ins Lager zurück.

Für den Weg bekommen wir jede zwei Brotkanten. Der Bauer nimmt seine Flinte, wir müssen ihm folgen. Die Frau des Ukrainers weint, und der Franzose winkt uns noch lange mit seinem Hut nach …

Wir kommen am Teich vorbei. Das Wasser ist jetzt trüber. Die Bäume lassen zum Abschied die letzten Blätter fallen. Sie rascheln traurig. Alles bleibt hier zurück: die Bäume, der Weg, der Teich. Sie werden auch im nächsten Jahr, ja selbst in zehn Jahren noch hier sein. Die Natur überdauert den Menschen. Von uns ganz zu schweigen …

Am Bahnhof wimmelt es nur so von Häftlingen. Die Bauern übergeben uns den Wachhabenden. Unser Bauer bekommt ein Papier, dass er vier Häftlinge abgeliefert hat. Er ruft dem Soldaten ein «Heil Hitler!» zu und verschwindet, ohne uns noch eines Blickes zu würdigen.

Auch die Leichen der beiden Mädchen, die sich erhängt haben, werden zurückgebracht.

Es ist schon fast dunkel, als wir im Lager ankommen. Das Tor öffnet und schließt sich. Wir sind wieder im Käfig.

Der Zählappell dauert schrecklich lange: Die Zahl stimmt nicht. Sie kontrollieren jede Reihe, schlagen zu, wenn sie meinen, die Reihe sei schief, zählen abermals und schlagen weiter. Wahrscheinlich haben sie die beiden Toten vergessen. Aber wer traut sich, sie daran zu erinnern? Es ist schon ganz dunkel. Die Aufseher sind kurz davor, aus der Haut zu fahren. Schließlich fasst sich jemand den Mut zu rufen: «Zwei sind tot!»

«Wer hat das gesagt?», brüllt der SS-Mann empört über diese Frechheit. Er prescht in die Reihen vor und prügelt erbarmungslos auf etwa ein Dutzend Frauen ein. Aber der Zwischenruf hat doch geholfen: Wir können bald darauf in die Baracken.

Im schwachen Lampenlicht bietet sich uns ein gespenstisches Bild: In der einen Hälfte der Baracke liegen schlafende Frauen auf dem nackten Fußboden. Sie sind noch angekleidet und liegen eng aneinander gepresst, Kopf an Fuß, in vier Reihen. Ein schrecklicher Gestank hängt in der Luft, man meint zu ersticken. Plötzlich ruft jemand: «Umdrehen!», und alle wälzen sich unter Rempeleien auf die andere Seite. Sie liegen jetzt mit dem Gesicht zu uns. Und wir stehen verstört und erschrocken da.

Eine Aufseherin kommt hereingestürzt und prügelt los. Das heißt, wir sollen uns auf den Boden legen und so zusammenrücken, dass der Platz für alle ausreicht.

An Schlaf ist gar nicht zu denken. Und die Frauen auf der anderen Seite des Ganges scheinen auch nicht zu schlafen. Wir beginnen leise mit ihnen zu sprechen.

«Seid ihr schon lange hier?»

«Elf Monate.»

«Schicken sie einen zur Arbeit?»

«Einige Gruppen haben sie Gräben ausheben lassen, aber die Leute standen dort bis zum Bauch im Wasser, sodass ihnen die Beine erfroren sind. Man hat sie direkt von der Arbeit ins Krematorium gebracht. An ihre Stelle kamen dann andere …»

Ob das wahr ist? Vielleicht übertreiben sie? Im Dorf haben doch vor uns auch Mädchen gearbeitet, die es nicht mehr ausgehalten haben. Und wir haben uns als stärker erwiesen.

Läuse beginnen uns zu plagen. Wir machen den Frauen Vorwürfe, sie hätten sich vernachlässigt und das Ungeziefer geradezu eingeladen! Es stellt sich jedoch heraus, dass sie keine Schuld daran haben: Es gibt kein Wasser. Bloß weg hier! Unter allen Umständen fort von hier! Besser Gräben ausheben und Steine klopfen, nur nicht hier bleiben!

Am nächsten Tag kam ein schwarz gekleideter SS-Mann und suchte die Kräftigsten von uns aus. Als die Frauen begriffen, dass er Arbeitskräfte suchte, drängten sich alle zu ihm und riefen, sie seien gesund und wollten arbeiten. Zunächst verlor er die Fassung, doch dann begann er nach links und rechts Schläge auszuteilen, um die Frauen zu verscheuchen. Er konnte aber nichts machen: Der Drang, von hier wegzukommen, war stärker als die Angst. Erst als er seinen Revolver zog, ließen wir ihn los.

Nachdem er fünfhundert Frauen ausgewählt hatte, führte er diese ab. Ich musste bleiben.

Beim zweiten Mal gehörte ich auch zu den Ausgewählten. Ich war richtig glücklich – ich kam doch noch weg von hier!

Zuerst brachte man uns ins Bad. Wir mussten uns ausziehen und in einen großen Vorraum treten. Dort waren wir einem Anblick ausgesetzt, der uns tief erschütterte: Auf dem Steinfußboden saßen und lagen schrecklich abgemagerte Frauen, fast Gerippe. Ihre Augen blickten wie wahnsinnig vor Angst. Als sie die Aufseherinnen hinter uns wahrnahmen, stammelten sie erschrocken, sie seien gesund und könnten arbeiten, man möge Erbarmen haben mit ihnen. Sie streckten die Hände nach uns aus, damit wir ihnen aufhalfen. Dann wollten sie die Aufseherinnen davon überzeugen, dass sie noch arbeiten konnten …

Ich trat einen Schritt vor und wollte einer in der Nähe sitzenden Frau auf die Beine helfen, da gab mir die Aufseherin eine Ohrfeige und stieß mich gewaltsam zurück. In kurzen, abgehackten Sätzen befahl sie, nicht in Panik auszubrechen – alle würden nach dem Duschen ins Lager zurückkommen. Und sobald sie wieder bei Kräften seien, könnten sie wie gewohnt arbeiten. Es hätten sich alle, ohne Ausnahme, zu waschen – niemand dürfe schmutzig ins Lager zurück.

Wir sind dazu auserwählt, die Frauen auszuziehen und in den benachbarten Raum unter die Dusche zu führen. Von dem schrecklichen Gestank wird mir ganz übel. Ich will einer Frau mit ihrem Kleid helfen, sie kann sich aber nicht aufrichten: Die Beine wollen sie nicht tragen. Als ich sie hochzuheben versuche, schreit sie so vor Schmerz, dass mir fast das Herz stehen bleibt. Was soll ich tun? Ich sehe mich nach den anderen um. Die scheinen sich genauso abzumühen wie ich. Die Aufseherinnen bringen uns Scheren – wenn wir die Kleider nicht vom Leib ziehen können, sollen wir sie aufschneiden. Die Scheren gehen von Hand zu Hand. Ich bekomme auch eine und zerschneide das Kleid der Frau. Darunter kommt ein solches Gerippe zum Vorschein, dass ich vor der Berührung zurückschrecke. Die Knochen sind nur mit einer trockenen, zerknitterten Haut überzogen. Die Holzschuhe lässt sie sich aus Angst vor Schmerzen nicht ausziehen. Ich verspreche ihr, nur das Oberteil aufzuschneiden, aber sie wehrt sich dagegen. Sie hat die Schuhe schon seit zwei Wochen nicht mehr ausgezogen, weil die erfrorenen Füße fest an den Sohlen kleben.

Was soll ich bloß machen? Die anderen haben schon mehrere Frauen ausgezogen, und ich kann noch nicht einmal mit einer fertig werden. Die Aufseherin muss das bemerkt haben. Sie kommt gelaufen, stößt mich unsanft beiseite und packt die Unglückliche an den Füßen. Die stößt einen gellenden Schrei aus. Ich sehe, dass die Aufseherin schon einen Holzschuh in der Hand hält, an dessen Innenseite Fetzen vereiterten Fleisches kleben. Ich muss mich übergeben. Wie aus der Ferne dringt das Schimpfen der Aufseherin zu mir: Wenn ich schwache Nerven hätte, dann sollte ich mich zu den kranken Frauen gesellen … Sofort mache ich mich daran, die Nächste auszukleiden.

Diejenigen, die noch laufen können, führen wir, die Liegenden tragen wir unter die Dusche. Wir waschen sie, so gut es geht, tragen sie zurück in den kalten Vorraum und legen sie wieder auf den Steinfußboden. Handtücher gibt es nicht. Die armen Frauen klappern vor Kälte mit den Zähnen. Wir zittern auch, denn wir sind nass und müssen immer wieder zwischen Vorraum und Dusche hin- und herlaufen.

Als die Aufseherin sich einmal abwendet, frage ich eine Frau, woher sie kommt. Aus der Tschechoslowakei, antwortet sie. Sie ist Ärztin. Man hat sie nach Stutthof gebracht und dann, wie uns, zur Arbeit geschickt. Sie mussten Gräben ausheben. Dabei standen sie bis zur Hüfte im Wasser. Schlafen mussten sie auf der bloßen Erde. Als die erfrorenen Hände und Füße zu eitern begannen, brachte man sie ins Lager zurück. Zum Ausheben der Gräben wurden andere Frauen herangeschafft. Auf sie wartet das gleiche Schicksal.

Da hat man also die erste Gruppe hingeführt! Und wir haben sie noch beneidet … Als wir alle Frauen «geduscht» hatten, trieb man uns aus dem Gebäude, gab uns desinfizierte Kleidung und jagte uns in die Baracke zurück. Im Weggehen hörten wir die Schreie der Unglücklichen. Wahrscheinlich sind sie längst weggebracht worden. Und natürlich nicht ins Lager … Doch wozu hat man ihnen dann noch etwas vorgemacht und sie geduscht?

Ich habe die ganze Nacht kein Auge zugetan: Mich hat das schreckliche Bild nicht wieder losgelassen.

Die Zeit vergeht unendlich langsam. Es gibt keine Hoffnung …

Draußen ist es bitterkalt. Das Herumstehen beim Morgen- und Abendappell ist eine einzige Qual! Schneestürme wüten, eisige Winde fegen über das Land und gehen durch Mark und Bein, aber wir müssen halb nackt draußen stehen und warten, bis die SS-Leute sich bequemen, uns zu zählen. Jeden Morgen und Abend bleiben ein paar Frauen tot liegen.

Vor einigen Tagen hielt es eine Frau nicht mehr aus und warf sich auf den elektrisch geladenen Stacheldrahtverhau. Das ist die einzige Möglichkeit, Selbstmord zu begehen. Sie rutschte aber lebendig vom Zaun herunter. Die Mädchen meinen, dass der Wachposten sie bemerkt und daraufhin sofort den elektrischen Strom abgeschaltet haben muss. Als die Aufseherin davon erfuhr, hat sie die Arme brutal zusammengeschlagen und gebrüllt, sie hätte kein Recht, so etwas zu tun: «Das Leben gehört dem Herrgott!» Dieselbe Aufseherin hatte sich im Herbst, als wir im Dorf arbeiteten, zusammen mit ihren Freundinnen die folgende «Sonntagsunterhaltung» ausgedacht: Nach dem Mittagessen suchten sie sich eine schwächere Frau aus und schubsten sie in den Stacheldrahtverhau. Dabei wetteten sie untereinander, beim wievielten Mal das Opfer wohl tot im Stacheldraht hängen bleiben würde. (Mehrfach wurde die Betreffende durch den Strom nur abgeschüttelt und zurückgeschleudert.)

Es ist hier unglaublich schmutzig. Wasser gibt es nicht. Der so genannte Waschraum ist geschlossen. Außerdem quält uns der Durst. Die «Suppe», in der man selten einmal ein verfaultes Kohlblatt oder ein Stück Schale von einer süßlich schmeckenden erfrorenen Kartoffel findet, ist wohl absichtlich so überpfeffert, dass uns der Mund davon brennt. Nach einer solchen Suppe müssen wir immer einen Haufen von diesem schmutzigen, zertrampelten Schnee in den Mund nehmen, der am Eingang der Baracke liegt. Dabei befindet sich hier, direkt neben der Baracke, auch die ausgehobene Grube, die uns als Toilette dient! Bretter zum Abdecken der Grube gibt man uns nicht. Der Rand ist so glitschig, dass vor kurzem eine Frau hineingefallen ist. Wir haben sie mit Mühe und Not herausgezogen und mit Schnee abgerieben. Vor dem Krieg war diese Frau eine bekannte Schauspielerin.

Als wenn die Misshandlungen der Deutschen noch nicht genug wären, müssen wir auch noch unter zwei Blockältesten leiden. Diese tschechischen Mädchen, Kusinen, sind im Lager, weil jemand behauptet hat, sie hätten eine jüdische Großmutter. Ihre Großmutter haben sie noch nicht einmal gekannt und lassen nun ihren ganzen Zorn an uns aus. Dabei geht es ihnen viel besser als uns – sie schlafen in einer besonderen, von uns abgeteilten Ecke, in richtigen Betten, dürfen ihre eigenen Kleider tragen und sich satt essen. Aber sie können uns nicht verzeihen, dass sie «durch unsere Schuld» hier sind. Deshalb verhöhnen und schlagen sie uns.

Die Ältere von beiden ist vierundzwanzig. Sie flirtet mit den SS-Leuten und lädt sie öfters zu sich ein. Die Achtzehnjährige ist berüchtigt für ihre Tobsuchtsanfälle und ihre Brutalität. Wenn ihre Kusine Gäste hat, jagt sie uns aus der Baracke und zwingt uns, in der eisigen Kälte zu stehen oder immer wieder um die Baracke herumzulaufen, während Gäste und Gastgeberin aus dem Fenster schauen und sich totlachen.

Wieder sind ein paar Offiziere gekommen, um uns zu begutachten. Wir haben uns gefreut: Wahrscheinlich wollen sie uns zur Arbeit mitnehmen! Sofort entstand ein schreckliches Durcheinander; denn jede wollte dazugehören. Die SS-Leute machten unzufriedene Gesichter – in ihren Augen waren wir alle nichts als «Kadaver». Und obwohl sie nicht sehr wählerisch waren, wiesen sie doch viele ab.

Ich war unter den Auserwählten. Würden sie uns diesmal wohl wirklich zur Arbeit bringen? Wir kamen in eine große Gruppe, die man schon aus anderen Baracken zusammengetrieben hatte, wurden gezählt (wir waren insgesamt tausend) und in denselben Duschraum geführt, in dem wir beim letzten Mal die unglücklichen Frauen ausgezogen hatten. Hoffentlich würden wir nicht bald selbst in einem ähnlichen Zustand hierher gebracht werden …

Durchgefroren von der kalten Dusche, bekam jede von uns ein sauberes Hemd, ein gestreiftes Kleid und eine gestreifte Jacke. Dann schrieb man unsere Nummern auf und führte uns in eine noch im Bau befindliche Baracke. Türen gab es hier keine, auch die Fensterrahmen waren noch nicht eingesetzt, sodass es ordentlich zog und der Schnee hereinwehte. Bei Einbruch der Nacht brachten sie uns zerrissene Soldatendecken und Kopftücher und teilten uns gleichzeitig mit, dass wir in der Baracke übernachten und erst morgen zur Arbeit gehen würden. Kein Fußboden, nur hart gefrorene Erde. Überall lagen Teile von Brettern und Nägel herum, aber hinlegen mussten wir uns – Stehen war verboten.

Wie unendlich lang die Nacht war! Durch den Frost erstarrten alle Gliedmaßen, an Schlaf war nicht zu denken. Wenn es doch bald Morgen würde! Ich versuchte mir vorzustellen, wie das neue Lager wohl aussah und was wir dort zu tun hätten. Sollten wir Gräben ausheben müssen, war es wichtig, die Füße zu schützen. Vielleicht würde ich dort altes Papier zum Umwickeln der Füße finden. Ich nahm mir vor, jeden Tag die Holzschuhe auszuziehen. Ob einem von der Suppe dort wohl auch der Mund brannte? Möglicherweise würden wir sogar Wasser zum Trinken und Waschen bekommen. Jedenfalls schlimmer als hier würde es bestimmt nicht sein. Wie habe ich es hier bloß schon fast einen ganzen Monat ausgehalten? (Als wir registriert wurden, stand auf dem Bogen als Datum 11. Dezember.)

Das seltsam vertraute Kommando «Aufstehen!» ertönte. Der Aufseher von gestern rief uns anhand der Liste auf. Als er sich davon überzeugt hatte, dass wir alle noch da waren, führte er uns ab. Aber seltsamerweise nicht zum Tor, sondern zurück zur Kleiderkammer. Hier mussten wir die Decken, Jacken und Kopftücher wieder abgeben. Wer seinem Befehl nicht sofort folgte oder es wagte, Fragen zu stellen, bekam eine Ohrfeige. Dann ging es wieder zurück in die stinkende Baracke, die wir gestern noch voller Hoffnung verlassen hatten …

Eine Typhusepidemie war im Lager ausgebrochen. Deshalb schickten sie uns nicht zur Arbeit. Das Lager wurde abgeriegelt. Quarantäne.

Eine Epidemie! Flecktyphus kennt kein Erbarmen und verschont niemanden, weder Jung noch Alt. Und ärztliche Hilfe werden wir natürlich nicht bekommen. Vielleicht haben sie uns absichtlich angesteckt, damit wir alle wegsterben. Vielleicht war die Suppe gar nicht vom Pfeffer so scharf? Wie kann man sich schützen? Woher die Kraft nehmen, diese Suppe, unsere einzige Nahrung, nicht zu essen? Wie schafft man es, überhaupt nichts mehr, noch nicht einmal schmutzigen Schnee zu sich zu nehmen? Aber ob das überhaupt helfen würde?

Ich habe das Gefühl, krank zu werden. Der Kopf ist so schwer, und es rauscht mir in den Ohren. Bei den Appellen müssen mich die anderen stützen, damit ich nicht zusammensacke. Kann das Flecktyphus sein?

Ich war tatsächlich krank. Die Frauen erzählen, ich habe im Fieber Gedichte vor mich hin gemurmelt und schrecklich auf die Deutschen geschimpft. Sie hätten sich gewundert, woher ich solche Flüche kannte. Ein Glück, dass meine Stimme so schwach war und die Deutschen sich hier aus Angst vor Ansteckung zurzeit nicht blicken lassen. Sonst hätten sie mich dafür an Ort und Stelle erschossen.

Ich schäme mich, als ich das höre, und versuche, mich zu rechtfertigen: Zu Hause hätte ich nie geflucht und wüsste gar nicht, was über mich gekommen sei. Die anderen beruhigen mich: Nicht der Rede wert. Hauptsache, ich sei wieder bei Bewusstsein und über den Berg. Und die Krankheit überwunden. Aber mir scheint, sie irren sich. Das war bestimmt irgendetwas anderes, nicht Typhus. Wie hätte ich ohne medizinische Hilfe und Medikamente gesund werden können – daran sterben selbst Menschen, die viel kräftiger sind als ich. Die Frauen meinen aber, dass Typhus gerade die Kräftigen, die nie krank waren, ins Grab bringt, weil ihr Organismus nicht gewohnt ist, sich gegen Krankheiten zu wehren.

Wenn Mama wüsste, wie sehr mir jetzt Scharlach, Gelbsucht,

Lungenentzündung und andere Krankheiten, die ich als Kind durchgemacht habe, zugute kommen! Damals hatte sie große Sorgen um mich …

Auf allen vieren krieche ich in den Hof, um mich mit Schnee zu waschen. Aufrichten kann ich mich nicht – dann dreht sich alles vor meinen Augen.

Das hier ist ein richtiges Todeslager. Die Deutschen kümmern sich nicht einmal mehr um ihre Ordnung. Appelle gibt es keine mehr: Sie haben wirklich Angst, in die Baracken hereinzukommen. Die tschechischen Kusinen wurden irgendwohin geschafft. Auch zu essen geben sie uns so gut wie nichts. Selbst die so genannte Suppe kriegen wir nur alle zwei bis drei Tage. Manchmal bringen sie uns stattdessen zwei erfrorene Kartoffeln. Brot haben wir schon lange nicht mehr gesehen. Und ich bin doch so hungrig – werde wohl wieder gesund.

Die Läuse saugen uns das letzte bisschen Blut aus. Wir haben keine Skrupel, sie auszuquetschen. Aber leider hilft das nicht.

Die schöne Ruth ist tot. Erst fingen ihre Beine an zu eitern, dann die Arme. Und nun ist sie einfach weggestorben. In der letzten Zeit konnte sie überhaupt nicht mehr aufstehen. Sie war noch in Strasdenhof eine Schönheit! Immer munter, gab sie sich nie trüben Stimmungen hin. Wie sehr sie daran geglaubt hat, dass wir alle die Freiheit erleben werden und sie ihren Mann wiedersieht! Gern erzählte sie von ihm und ihrem Zusammenleben. Jetzt wird man ihren aufgedunsenen Körper in den Verbrennungsofen des Krematoriums schieben. Aus und vorbei. Von der einstigen Jugend, Schönheit und Lebenslust bleibt nur ein Häufchen Asche …

Was für Barbaren! Wie grauenvoll das alles ist!…

Man sagt, es sei schon Neujahr. Jemand will gehört haben, wie ein Wachposten einen Aufseher zu Neujahr begrüßte.

Das Jahr 1945 ist also angebrochen … In diesem Jahr wird der Krieg bestimmt zu Ende gehen. Die Deutschen werden ja schon im eigenen Land geschlagen. Doch … Nicht umsonst sagt man, dass ein tödlich verwundetes Tier doppelt gefährlich ist. Ist es denn ausgerechnet uns bestimmt, dessen letzte Opfer zu sein? Das kann doch nicht sein! Und wenn sie es nicht mehr schaffen, uns vor ihrem Rückzug noch umzubringen? Dann wären wir frei! Vielleicht auch Mama und die Kleinen, wenn sie in einem Lager sind. Und Papa kommt zurück. Mira wird schon in Wilna auf uns warten. Wir treffen uns alle in der alten Wohnung. Morgens beeile ich mich wieder, in die Schule zu kommen und Mira in die Universität. Auch Rajele und Ruwele laufen in die Schule – sie sind ja inzwischen alt genug …

Aber wann wird das sein? Und wird es überhaupt je so weit kommen?

Raja aus Riga, mit der ich zusammen beim Bauern im Dorf gearbeitet habe, erzählt, dass es nachts im Krematorium gebrannt hat. Das habe sie von den Leuten gehört, die die Suppe bringen. Nur die Gaskammer ist abgebrannt. Man geht von Brandstiftung aus.

Das wird uns allerdings nicht retten.

Wie grauenvoll! Ich habe mich im Schlaf an eine Leiche geschmiegt. In der Nacht habe ich natürlich nichts davon gemerkt. Es war sehr kalt, deshalb kuschelte ich mich an den Rücken meiner Nachbarin und schob die Hände unter ihre Arme. Mir kam es so vor, als wenn sie sich dabei bewegte und meine Hände an sich drückte. Am anderen Morgen sah ich, dass sie tot war …

Die Aufseherin ist gekommen und lässt alle, die die Krankheit schon überstanden haben, antreten. In der Meinung, wir würden zur Arbeit geschickt, wollen auch die Kranken Aufstellung nehmen. Aber die Aufseherin bemerkt es sofort.

Sie sucht acht Frauen (darunter auch mich) aus und erklärt uns zum «Beerdigungskommando». Bis jetzt ging hier alles drunter und drüber, die Toten lagen oft mehrere Tage in den Baracken. Nun müssen wir den Gestorbenen sofort die Kleider ausziehen, ihnen die Goldzähne herausbrechen, sie zu viert ins Freie tragen und neben der Barackentür ablegen. Morgens und abends fährt das offizielle Beerdigungskommando des Lagers vorbei und schafft sie weg.

Wie soll ich andere tragen, wenn ich mich selbst kaum auf den Beinen halten kann? Vor meinen Augen dreht sich alles, und ich knicke ein. Vorsichtig setze ich einen Fuß vor den anderen und stütze mich an der Wand ab.

Wir gehen zu einer Frau, die heute bei Tagesanbruch gestorben ist. Ich greife nach einem ihrer kalten Füße. Die drei anderen haben sie schon angehoben, aber ich schaffe es einfach nicht, obwohl der Körper der Toten ganz ausgetrocknet ist. Die Aufseherin gibt mir eine Ohrfeige und reicht mir Schere und Zange: Damit soll ich die Leichen ausziehen und ihnen die Goldzähne herausbrechen. Sollte ich aber versuchen, auch nur einen einzigen Zahn zu stehlen, würde ich, zusammen mit meinen «Patientinnen», bei meinen Vorvätern im Jenseits landen!

Sie legen mir die tote Frau vor die Füße. Ich schaue sie an – ihre Augen sind offen und scheinen sich zu bewegen! Die Aufseherin drängelt, ich solle sie schneller ausziehen. Zaghaft berühre ich die Frau mit dem Finger – sie ist kalt. Warum bewegen sich dann ihre Augen? Schließlich wird mir klar, dass sich in ihnen das Licht der elektrischen Lampe spiegelt, die unter der Decke im Wind schaukelt. Mit zitternder Hand schneide ich ihr Kleid auf. Ich hebe die tote Frau leicht an, will ihr das Kleid ausziehen, doch der Körper fällt sofort zurück. Dumpf schlägt der Kopf auf dem Boden auf. Ich muss sie abstützen, ihren Kopf an mich drücken. Dabei ist der Leichnam so kalt! Die Goldzähne der Toten blitzen, als wollten sie mich herausfordern. Was mache ich bloß? Ich kann sie ihr doch nicht einfach herausbrechen! Rasch nehme ich die Zange und klemme der Leiche den Mund zu, ohne dass es die Aufseherin merken soll. Sie wird ihn ja wohl nicht wieder öffnen, um nach Goldzähnen zu suchen.

«Du dumme Ziege, was machst du?», schreit die Aufseherin und versetzt mir einen solchen Hieb, dass ich auf die Leiche falle. Ich will wieder aufstehen. Doch darauf hat sie nur gewartet. Mit einem schweren Knüppel beginnt sie, auf mich einzuschlagen, und zielt dabei immer auf meinen Kopf. Der fühlt sich an wie in zwei Hälften gespalten. Aber sie lässt nicht von mir ab. Blut tropft auf den Boden … Sie knüppelt so lange auf mich ein, bis sie müde wird.

Der ganze Gang liegt voller Leichen. Die müssen alle ausgezogen werden. Aber ich kann nicht. Ich kann das einfach nicht! Lieber will ich sie tragen, mit letzter Kraft, als sie auszuziehen – und wenn ich dabei auf allen vieren kriechen muss! Wenn doch bloß jemand Mitleid mit mir hätte und das für mich täte. Ich kann einfach nicht … Mir ist übel … Kotzübel!

Zum Ausziehen der Leichen wurde eine andere bestimmt.

Bevor sie ging, schloss die Aufseherin den Waschraum auf und meinte, wir könnten uns jetzt kurz waschen und gleich hier schlafen. Zu unserem Leidwesen trug dieser Ort zwar die Bezeichnung «Waschraum», nur Wasser gab es keines. Der Fußboden war aus Stein und daher eisig kalt, dafür stank es hier nicht so fürchterlich. Die Frauen ließen sich auf dem Boden nieder, um ein wenig Schlaf zu finden. Ich hätte mich auch gerne schlafen gelegt, doch mein aufgeschlagener Kopf tat so weh, dass ich mich nicht hinlegen konnte. Stattdessen stützte ich die Stirn in die Hände und blieb sitzen …

Ich muss dann doch eingenickt sein. Als ich aufwachte, zitterte ich vor Kälte; ich war völlig durchnässt. Es zeigte sich, dass es hier tatsächlich eine Dusche gab, aus der eiskaltes Wasser auf uns niedergetröpfelt war.

Schnell liefen wir in die Baracke zurück. Als die anderen hörten, dass es Wasser gab, stürzten sie alle in den Waschraum. Aber wie durch Hexerei war das Wasser plötzlich wieder versiegt. Einige Frauen tranken aus den Pfützen, die sich auf dem Boden gebildet hatten, um so ihren Durst wenigstens etwas zu stillen. Die anderen kamen zu spät, für sie reichte es nicht mehr.

In der Baracke wird es immer leerer. Jeden Tag sterben vierzig bis sechzig Frauen. Neben der Tür liegen immer Berge blau gefrorener Leichen. Ab und zu kommt der von Häftlingen gezogene Wagen vorbei. Zwei Männer nehmen die ausgezehrten, froststeifen Körper an Händen und Füßen und werfen sie mit Schwung auf einen Haufen ebensolcher nackter Leiber. Ob sich wohl jemand Gedanken darüber macht, dass dies einmal junge, schöne oder einfach lebenslustige Frauen waren? Die eine mochte vielleicht Musik, die andere Süßigkeiten. Und jetzt sind sie nur noch zum Verbrennen gut …

Das Krematorium ist Tag und Nacht in Betrieb. Zu Bergen aufgehäuft liegen davor die Leichen – jeden Tag sterben im Lager um die tausend Menschen.

Das Beerdigungskommando hat uns eine gute Nachricht gebracht: Die Front rückt näher!

Vielleicht haben unsere Leiden nun doch ein Ende? Vielleicht geschieht ein Wunder, und die Deutschen können uns nicht mehr verbrennen. Ich wäre bereit, dieselben Lumpen zu tragen, ständig Hunger und Armut zu ertragen, wenn ich nur in Freiheit leben könnte, ohne die Deutschen. Ohne Krematorium und ohne die ständige Angst davor.

Sie evakuieren die Männer. Wir haben selbst gesehen, wie man drei Gruppen abtransportiert hat. Auch die SS-Leute werden immer weniger. Offensichtlich liquidieren sie das Lager. Die Arbeitsfähigen nehmen sie mit, aber uns werden sie sicher zusammen mit den Baracken verbrennen.

Wie kommen wir hier heraus? Wo können wir uns wenigstens für ein paar Wochen verstecken? Wenn die Deutschen schon fliehen, müssen die Russen ihnen dicht auf den Fersen sein. Aber wie hier herauskommen, wo doch alles von Stacheldraht, Hochspannungszäunen und Aufsehern mit Hunden umgeben ist?

Auch die Frauen werden evakuiert.

Frühmorgens kam ein Aufseher und meldete, dass sich alle, die noch laufen könnten, abmarschbereit zu halten hätten.

Ich werde nicht zu Fuß gehen können …

Auf diese Weise kommt also mein Ende. Gerade jetzt, wo die Freiheit zum Greifen nah ist, bin ich total entkräftet. Hätte ich doch bloß ein klein bisschen Kraft! Wenigstens ein Fünkchen Hoffnung, mich mitschleppen zu können!

Abends kommt derselbe Aufseher wieder und befiehlt uns anzutreten. Alle, die noch dazu imstande sind, verlassen die Baracke. Ich sehe mich um. Nur die Leichen bleiben zurück und jene, die sich nicht einmal mehr aufsetzen können … Nein, hier will ich nicht bleiben! Auf keinen Fall! Ich muss gehen! Komme, was wolle, nur nicht hier bleiben! Bloß nicht daliegen und warten, bis sie dich bei lebendigem Leibe verbrennen!

Ich richte mich auf. Mir ist schwindelig. Ich schwanke, aber ich gehe hinaus. In der Baracke bleibt auch eine fast gesunde Frau zurück: Sie will die sterbende Freundin nicht in ihrer letzten Stunde allein lassen.

Man führt uns ab. Bei der Ankunft hier waren wir noch zu Tausenden, und als kümmerliches Häuflein gehen wir fort von hier … Das sagt sich so leicht: «Wir gehen fort von hier!» In die Freiheit?

Wir übernachten in derselben fensterlosen Baracke, in der wir schon einmal die Nacht durchzittert haben.

Am Morgen bekamen wir Brot – einen Laib für drei. Man wies uns gleich darauf hin, das müsse für drei Tage reichen. So lange also würden wir unterwegs sein. Und die ganze Zeit zu Fuß? Wenn ich nur durchhalte!

Anfangs ging es ganz gut – ich gewöhnte mich ans Gehen, und

zugleich wuchs die Zuversicht, ich könnte es schaffen. Es dauerte jedoch nicht lange, bis die Beine nachgaben und mich keinen Meter mehr weitertragen wollten. Ich zwang sie, noch einen Schritt zu tun, dann noch einen, und wieder ein paar … Ich tröstete mich damit, dass man uns ja sicher bald rasten lassen würde. So lange musste ich unbedingt durchhalten! Danach würde es leichter werden.

Ich war kurz davor zusammenzubrechen, als endlich ein Pfiff zu vernehmen war und unsere Begleiter uns aufforderten, links und rechts des Wegs im Straßengraben zu rasten. Ich ließ mich fallen und schloss die Augen, doch vor meinen Augen tanzte immer noch der schmutzige Schnee der Straße. Ich rang nach Luft. Lutschte immerzu Schnee und Eiszapfen, aber auch das half nicht.

Das Aufstehen fiel jetzt noch schwerer, die Frauen waren mir jedoch dabei behilflich. Ich konnte mir nicht vorstellen, bis zum Abend durchzuhalten.

Als es dunkel wurde, scheuchte man einen Teil von uns in eine Scheune, die Übrigen sperrte man in einen Stall. Was war das für ein Glück, die ganze Nacht bis zum nächsten Morgen liegen zu dürfen! Ich brach ein Stückchen Brot ab und bekam beim Kauen einen Weinkrampf: vor Freude darüber, dass ich nicht im Lager geblieben war. Ich wäre jetzt nicht mehr am Leben. So aber lebe ich wenigstens.

Ein ganzer Tag lag schon hinter uns. Zwei Tage hatten wir noch vor uns …

Leider wurde die Hoffnung, wir würden nur drei Tage unterwegs sein, enttäuscht. Die drei Tage sind längst vorüber. Wir gehen und gehen, und es ist kein Ende abzusehen. Jeden Tag bleiben einige Frauen unterwegs liegen. Sie brechen zusammen und können auch mit Hilfe der anderen nicht wieder aufstehen. Die Begleitposten jagen ihnen dann eine Kugel in den Kopf, versetzen ihnen einen Fußtritt, und schon rollt wieder eine Leiche in den Graben. Wenn wir an einem Dorf vorbeikommen, melden die Posten dann, dass einige Kilometer entfernt eine Leiche läge, die begraben werden müsse. Da es bald wärmer würde, könnte andernfalls eine Seuche ausbrechen.

Heute hat man eine Kolonne sowjetischer Kriegsgefangener an uns vorbeigeführt. Sie sahen furchtbar aus – gelb, ausgehungert und ausgezehrt. Und doch – mit wie viel Mitleid sie uns anschauten!

Ich wollte mir nicht ein einziges Gesicht entgehen lassen: Vielleicht war ja mein Papa unter ihnen?

Mir müssen sie jetzt helfen. Allein kann ich nicht mehr gehen. Mit letzter Kraft versuche ich, selbst einen Fuß vor den anderen zu setzen und mich nicht zu sehr auf die Frauen zu stützen. Aber es fällt mir unendlich schwer. Außerdem haftet der Schnee an den Holzschuhen und macht das Gehen beschwerlicher.

Ich habe schrecklichen Hunger. Zu essen gibt man uns nichts mehr. Dann und wann lässt uns einer der Bauern, bei denen wir nachts im Stall eingesperrt werden, einen Topf Kartoffeln zukommen. Davon erhält dann jede ein, zwei Kartöffelchen. Aber was ist das schon …

Die Frauen haben gelernt, verschneite Mieten ausfindig zu machen, in denen Kartoffeln oder Rüben für den Winter eingelagert sind. Weder Schläge noch Schüsse der Begleitposten können die Hungernden davon abhalten, sich auf die Mieten zu stürzen, mit halb erfrorenen Händen den Schnee und die Erde beiseite zu schaufeln und gierig nach den Rüben zu greifen. Wenn wir dann weitergehen, bleiben auf dem zertrampelten Schnee immer einige Frauen erschossen liegen – in den erstarrten Händen die so heiß ersehnte Rübe.

Mitunter steckt irgendjemand den Schwachen, die nicht mit den anderen loslaufen können, eine kleine Rübe oder eine Kartoffel zu. Doch leider stoßen wir nur selten auf solche Mieten. Damit mich der Hunger nicht so quält, nehme ich ständig Schnee und Eis in den Mund.

Mein Körper beginnt anzuschwellen. Die Seite, auf der ich nachts schlafe (aus Platzmangel kann man nicht auf dem Rücken liegen), ist am anderen Morgen so aufgedunsen, dass ich bis zum Mittag nicht richtig aus den Augen schauen kann. Auch die Füße sind schrecklich anzusehen: Sie sind derart geschwollen, dass sie kaum noch in die großen hölzernen Männerschuhe passen, die ich früher mit Papier ausstopfen musste. Ich fürchte, sie werden eines Morgens überhaupt nicht mehr hineinpassen. Aber ich kann doch nicht barfuß durch den Schnee laufen! Andererseits möchte ich es nicht riskieren, sie nachts anzubehalten. Denn dann ergeht es mir womöglich so wie jenen Frauen, die wir unlängst ausziehen mussten …

Die Begleitposten werden immer gemeiner. Sie scheinen das lange Laufen auch satt zu haben, obwohl es für sie nicht so anstrengend ist; denn alle paar Stunden werden sie abgelöst. Dann setzen sie sich auf die Wagen, die mit ihrem Gepäck hinterherfahren. Wir hingegen dürfen nur einmal am Tag rasten, und dann auch nur eine halbe Stunde.

Nachts sind manchmal weit entfernte, dumpfe Explosionen zu hören. Dort ist wohl die Front. Doch am Tag jagt man uns wieder weiter. Schließlich sind kaum noch Detonationen zu vernehmen. Aber hier zu bleiben wäre undenkbar. In einer leeren Scheune kannst du dich nicht verstecken. Und wenn du einfach liegen bleibst, weil du zu schwach bist, verpassen sie dir eine Kugel in den Kopf.

Wir sind nicht die Einzigen auf der Landstraße. Lange Reihen von Fuhrwerken ziehen ebenfalls dahin. Die Deutschen haben ihr Hab und Gut aufgeladen, ihre Familien darauf gesetzt, ihre Kühe und Schafe angebunden und flüchten jetzt gen Westen, weg von der Front. Und wir, für die die Front die einzige Erlösung bedeutet, müssen uns mit den Deutschen in die gleiche Richtung schleppen. Aber was bleibt uns anderes übrig? Die Zahl der Begleitposten ist erdrückend. Sie haben Waffen und bissige Hunde, während wir aufgedunsen, halb tot und wehrlos sind.

Worauf hoffen wir überhaupt noch? Worauf warten wir? Uns kann nur noch ein Wunder retten! Und das ist selbst dann nicht geschehen, als Zehntausende der Rettung bedurft hätten. Also wird es auch für uns kein Wunder geben …

Eine ganze Woche schon sind wir in Strellentin[1], einem ehemaligen Landsitz. Der Gutsbesitzer ist an der Front, seine Frau mit den Kindern nach Berlin geflüchtet.

Uns haben sie in die Ställe gesperrt, während der Unterscharführer und die Wachmannschaft in dem steinernen weißen Wohnhaus logieren, das verlassen und leer auf einer Anhöhe liegt.

Wir bekommen am Tag nur einen halben Liter so genannter Suppe – ein schmutziges Schüsselchen mit Wasser, das noch nicht einmal gesalzen ist. Abgesehen davon erhalten wir nicht einen einzigen zusätzlichen Krümel.

An die frische Luft lassen sie uns bloß zweimal am Tag. Damit wir nicht erfrieren, müssen wir uns sportlich betätigen. Morgens und abends haben wir unter Aufsicht der Aufseherinnen verschiedene Freiübungen zu machen. Die biegen sich dann vor Lachen über unseren «Skelettsport», wie sie die kläglichen Versuche nennen, ihre Bewegungen nachzumachen. Manchmal zerren sie eine Frau aus der Reihe und zwingen sie, die Übungen vorzuturnen, um sie dann heruntermachen zu können. Dabei haben wir uns zu amüsieren. Lacht eine von uns nicht aus vollem Halse, schlägt die Aufseherin hemmungslos mit einem Stock auf sie ein.

Ich kann kaum noch die Beine heben. Zum «Sport» helfen mir die Frauen auf und stützen mich. Die Aufseherinnen dürfen auf keinen Fall bemerken, in welchem Zustand ich mich befinde.

Leider bin nicht nur ich in dieser Lage.

1 Kreis Lauenburg, Pommern

Den ganzen Nachmittag wurde die Erde von Artilleriefeuer erschüttert.

Es ist schon fast dunkel, als man uns befiehlt, anzutreten und weiterzugehen. Nachts?! Das bedeutet – sie bringen uns zur Erschießung … Wir sind also doch nicht dem Tode entronnen!

Nein, ich werde nicht gehen! Ich will hier bleiben. Werde mich eingerollt in eine Ecke verkriechen, damit mich die Deutschen nicht bemerken, und mich erst wieder rühren, wenn ich unsere Soldaten bereits hören kann. Und sollten sie mich doch entdecken … Nun, wenn ich ohnehin sterben muss, dann eben eine Stunde früher.

Die Frauen reden auf mich ein, ich solle mitgehen: Womöglich führe man uns gar nicht zur Erschießung, sondern treibe uns weiter. Aber mir wird das nicht mehr nützen – ich werde nicht gehen.

Die anderen schleppen mich trotzdem nach draußen. Ein so junges Mädchen wollen sie nicht dem sicheren Tod überlassen. Im Dunkeln könne man nicht sehen, wie ich getragen werde, und außerdem würde ich ja vielleicht doch durchhalten.

Wir haben Weisung, uns ganz ruhig zu verhalten. Sogar die Begleiterinnen dürfen weder reden noch rauchen. Die Hunde halten sie kurz am Riemen und passen auf, dass sie nicht bellen. Wozu diese Geheimnistuerei?

Totenstille. Nicht eine Detonation mehr. An den Holzschuhen kleben wieder dicke Schneeklumpen. Die Beine wollen nicht gehorchen. Ich schwanke. Bin schon ein paar Mal hingefallen, aber die Frauen heben mich wieder auf und schleppen mich weiter. Begreifen sie denn nicht, dass alles vergebens ist, weil meine Kräfte längst verbraucht sind und ich mich nicht mehr bewegen kann? Ich atme ja kaum noch, ringe nach Luft. Auch ihnen selbst fällt es diesmal offensichtlich schwerer, mich zu schleppen, denn sie wechseln sich sehr oft ab. Sie bitten mich, nicht aufzugeben und ihnen nicht aus den Händen zu rutschen. Aber was soll ich tun, wenn die Beine von allein wegsacken? Ich falle wieder. Kann nichts dagegen machen …

Aus …

Ich liege. Die Frauen ziehen mich an den Armen, wollen mich aufrichten, doch die Beine versagen. Ich schaffe es einfach nicht, meine Schwäche zu überwinden. Die anderen müssen meine Arme loslassen – man treibt sie vorwärts … Sie entfernen sich. Ich schließe die Augen, um nicht zu sehen, wie man mich erschießt …

Scheinbar lebe ich noch – meine Seite tut weh. Bin ich verwundet? Einen Schuss habe ich allerdings nicht gehört und auch keinen scharfen Schmerz verspürt. Warum liege ich dann aber im Straßengraben? Die Straße ist leer. Die anderen sind also weg … Ja, in weiter Ferne sind noch Schritte zu hören. Was ist passiert? Ist der Schuss danebengegangen? Möglich. Ich bin jedenfalls nicht verwundet. Vielleicht haben sie gar nicht auf mich geschossen? Ich habe auch keinen Schuss gehört. Ja, natürlich! Warum bin ich nicht gleich darauf gekommen, dass mich einer der Soldaten mit einem Fußtritt in den Graben gestoßen hat.

Wie schön es hier ist! Der Wald ist still, wie verzaubert. Und der viele Schnee. So weich … Gut und still …

Wessen Stimme ist das? … Etwa nur eine Halluzination? Nein, jemand flüstert … Eine Frauenstimme. Sie fragt, ob ich noch lebe. Wie schwer es ist, die Zunge zu bewegen …

Die Stimme fragt noch einmal, ob ich lebe. Ich öffne ein Auge: Oben auf der Chaussee steht eine Frau. Sie redet mir zu, aus dem Graben zu kriechen. Ich dürfe hier nicht liegen bleiben, sonst würde ich erfrieren. Ich müsse mich bewegen.

Wenn ich aber keine Kraft mehr habe, mich zu bewegen? Wenn ich noch nicht einmal sprechen kann? …

Die Frau ist verschwunden … Jetzt wird es wenigstens ruhig sein.

Nein, sie ist zurückgekommen, mit einem Stock. Was will sie von mir?

Ich soll nicht einschlafen.

Aber das will ich ja gerade!

Sie sagt, ich solle keine Dummheiten machen. Gerade jetzt, wo die Freiheit so nahe sei, müsse man seine letzten Kräfte sammeln und durchhalten, am Leben bleiben.

Was soll ich denn tun, wenn ich diese letzten Kräfte nicht mehr habe?

Egal, man müsse durchhalten. Sie werde nicht von meiner Seite weichen, bis ich aus dem Graben gekrochen sei. Und wenn ich auf allen vieren kröche und bis zum Morgen bräuchte, aber herauskriechen müsse ich. Sie würde mir dabei helfen und noch einen Stock holen.

Hinter dem Wald sind wieder Detonationen zu hören. Vielleicht sind unsere Befreier tatsächlich ganz nah? Ich muss unbedingt auf die Beine kommen!

Mein guter Engel hat sich auf den Bauch gelegt und zieht mich nun an den Händen hoch. Ich rutsche aus, falle zurück und versuche es erneut. Trotz völliger Erschöpfung schaffe ich es schließlich – mit allerletzter Kraft. Aufrecht zu stehen fällt mir unendlich schwer. Im Liegen war es mir noch so vorgekommen, als ginge es bergauf mit mir, jetzt aber merke ich, dass die Schwäche noch nicht vorüber ist. Die Beine wollen mich nicht tragen. Meine neue Freundin hält mir einen Stock hin. An dem soll ich mich festhalten und irgendwie ein paar Schritte machen, damit ich nicht erfriere.

Arm in Arm und auf die Stöcke gestützt, schleppen wir uns vorwärts. Wir sind die Einzigen auf der langen, gottverlassenen Chaussee. Zu beiden Seiten Wald. Hinter jedem Baum scheint jemand zu lauern.

Plötzlich schreit jemand: «*Hände hoch!*»[1] Zitternd heben wir die Hände. Aus dem Wald kommt ein bewaffneter Deutscher mit einem Hund gerannt und befiehlt uns, die Waffen abzuliefern. Er glaubt nicht, dass wir unbewaffnet sind, und durchsucht uns. Dann will er unsere Papiere sehen. Wir versichern, wir hätten keine, denn wir ge-

1 Im Original deutsch (A. d. Ü.)

hörten zu den Häftlingen eines Konzentrationslagers, die eben erst über diese Landstraße gezogen seien. Wir wären erschöpft gewesen und deshalb zurückgefallen. Aber jetzt fühlten wir uns schon viel besser und wollten versuchen, die anderen wieder einzuholen.

Doch davon will der Deutsche nichts wissen. Er unterstellt uns, wir seien russische Spioninnen und müssten erschossen werden. Wir beteuern, dass wir wirklich aus einem Lager sind. Der beste Beweis sei doch unsere Kleidung: Würden denn Spione so herumlaufen? Er beharrt jedoch darauf, wir seien Verräterinnen, die hier auf die Russen warteten.

Da taucht hinter einem Baum ein zweiter Deutscher auf. Er weiß von unserem Lager und kann bestätigen, dass die Häftlinge hier vorbeigezogen sind.

Der erste Deutsche holt hinter einem Baum ein Fahrrad hervor, setzt sich darauf und befiehlt uns, ihm zu folgen. Er droht, wir sollten ja keinen Fluchtversuch unternehmen, denn dann würde er den Hund auf uns hetzen, und der werde uns die Kehle durchbeißen.

Er fährt los, und wir geben uns Mühe mitzuhalten. Wieder geht mir der Atem aus, wieder wollen die Beine wegsacken … Doch sowie ich das böse Knurren des Hundes höre, setzen sich meine Beine von allein in Bewegung. Die Freundin stützt mich.

Mit Mühe und Not erreichen wir ein kleines Haus. Der Deutsche befiehlt dem Hund, uns zu bewachen, und geht hinein. Die Bestie lässt kein Auge von uns, wartet geradezu darauf, dass wir uns bewegen. Wir wären bestimmt nicht die Ersten, denen er an die Kehle geht …

Der Tag bricht an. Ein Wagen ist vorgefahren, in dem eine der Aufseherinnen unseres Lagers sitzt. Nach einer Tracht Prügel müssen wir auf den Wagen klettern. Mit letzter Kraft kann ich mich hochziehen.

Wir fahren durch ein Dorf. Keine Menschenseele. Alle Fensterläden geschlossen, die Türen verriegelt. Eine unheimliche Stille. Aber vielleicht schlafen die Leute noch?

Hinter dem Dorf erstrecken sich Felder. In der Ferne sind neben einer großen Scheune zahlreiche Fuhrwerke zu erkennen. Das dürfte unser Lager sein. Also beginnt alles wieder von vorn …

Plötzlich ertönt ein fürchterliches Krachen. Dann eine dumpfe Detonation nach der anderen. Der Hund spitzt die Ohren. Auch die Deutschen bei der Scheune sind alarmiert: Die einen blicken zum Himmel, die anderen stehen wie erstarrt da.

Wir kommen näher. Aber was ist das? Wir sehen, wie die Deutschen Fässer an die Scheune rollen. Die wollen das Gebäude in Brand stecken, und wir werden lebendig verbrennen! …

Man befiehlt uns, in die Scheune zu gehen. Hier stoßen wir auf viele Frauen, bei weitem nicht alle kommen aus unserem Lager. Auf der Erde, in Schmutz und Staub, liegen Sterbende und Tote. Ihnen ist schon alles egal …

Bald werden sie die Scheune mit uns anzünden, schießt es mir durch den Kopf. Warum bin ich nicht eingeschlafen, dort, im Wald? Ich hätte nichts gespürt. Und jetzt wird mir der Rauch auch noch das Augenlicht nehmen. Ich werde langsam ersticken, werde vor Schmerz schreien, während ich bei lebendigem Leibe verbrenne.

Soll ich ihnen von den Fässern erzählen? Ich schweige lieber. Es ist besser, sie erfahren nichts davon, dann sind sie ruhiger.

Nein, ich werde es doch sagen. Wenigstens einer. Ich flüstere meiner Nachbarin zur Linken die beunruhigende Nachricht ins Ohr. Aber die scheint mich wohl nicht richtig verstanden zu haben. Oder nicht gehört – wegen des Geschützdonners um uns herum. Ich sage es einer anderen. Die stürzt schreiend zur Wand und späht durch einen Spalt hinaus. Es ist jedoch nichts zu sehen – keine Deutschen, kein Rauch. Jetzt greift das Entsetzen auch auf andere Frauen über. Aber niemand kann irgendetwas erkennen. Warum sind unsere Begleitposten verschwunden? Wollen sie uns etwa in die Luft sprengen? Sie haben Sprengstoff gelegt und sich selbst in Sicherheit gebracht. Nein! Wir müssen die Planken herausreißen und fliehen. Doch das Holz ist stärker als wir …

Dröhnen … Es kommt näher! Flugzeuge?

Jemand fasst mich an den Schultern und schüttelt mich. Wer? Eine Frau fragt, ob ich auch Polnisch verstünde. Da klopfe jemand an die Wand und riefe etwas auf Polnisch. Was will er?

Er schreit, dass die Rote Armee schon im Dorf ist und die Deutschen getürmt sind.

Vielleicht ist das eine Provokation? Besser nicht antworten.

Er ruft und klopft. Und wir schweigen.

Schließlich geht er.

Alles ist still … Kann es sein, dass die Explosionen den Deutschen wirklich Angst gemacht haben? Dass sie geflohen sind und uns hier zurückgelassen haben? …

Wieder das Dröhnen, das näher und näher kommt!

Warum diese Aufregung? Warum weinen alle? Wohin laufen sie? Sie werden mich noch zertreten! Helft mir auf! Lasst mich nicht allein!

Niemand beachtet mich. Die Hände am Kopf oder mit ausgestreckten Armen laufen die Frauen schreiend und weinend aus der Scheune. Einige stolpern über die Leichen, fallen hin, raffen sich wieder auf und hasten weiter. Nur ich kann mich nicht erheben. Da liegt eine, die stirbt. Wenn mir niemand aufhilft, wird es mir auch so ergehen.

Hinter der Scheune werden Männerstimmen laut. Die Russen?! Die Rotarmisten?! Sind sie es wirklich?! Ich will hin! Wie komme ich nur auf die Beine?

Die Scheune füllt sich mit Soldaten. Sie kommen uns entgegen, suchen die noch Lebenden, helfen ihnen auf. Vor denjenigen, für die jede Hilfe zu spät kommt, nehmen sie die Mützen ab.

«Brauchst du Hilfe, kleine Schwester?»

Ich werde hochgehoben und auf die Füße gestellt, kann mich aber nicht rühren, die Beine zittern. Zwei Rotarmisten greifen sich an den Händen, setzen mich darauf und tragen mich ins Freie.

Aus dem Dorf nähern sich Sanitätswagen, weitere Soldaten treffen ein. Einer will tragen helfen, ein anderer reicht mir ein Stück Brot, ein Dritter gibt mir seine Handschuhe. Ihre Hilfsbereitschaft tut mir so wohl, dass die Tränen fließen. Sie trösten und beschwichtigen mich. Einer zückt sogar ein schmutziges Taschentuch und wischt mir, wie einem kleinen Kind, die Tränen ab.

«Weine nicht, kleine Schwester, wir werden es nicht zulassen, dass dir je wieder Unrecht geschieht.»

An seiner Mütze glänzt ein roter Stern. Wie lange habe ich diesen Stern nicht gesehen!

Nachwort von 1965

Seit der Befreiung sind nun zwanzig Jahre vergangen. Mein Tagebuch habe ich nicht weitergeführt, es ist mir jedoch zur Gewohnheit geworden, alles mehr oder weniger Wichtige im Geiste aufzuzeichnen und festzuhalten. Deshalb erscheinen mir viele Dinge aus den letzten beiden Jahrzehnten so nah, so gegenwärtig, als wären sie gestern geschehen. Ich brauche sie nur abzurufen, und schon stehen sie mir klar vor Augen.

Ein sonniger Maimorgen. Statt des bekannten Bahnhofsgebäudes mit dem Stationsschild «Vilnius» – ein ungestrichener Holzbau. Und doch ist das Wilna! Und die Straßen sind dieselben. Obwohl sie ganz ungewohnt aussehen: Hier ein Haus und da – ein Haufen Ziegel, aus dem Eisenträger ragen. Und dort ist das Ghetto. Das ehemalige Ghetto! Kein Zaun, kein Tor. Stattdessen Ruinen über Ruinen.

Unser Haus – das Haus, in dem wir im Ghetto gewohnt haben – steht noch. Vor den Fenstern Vorhänge, Blumen. Ein Kind spielt mit einer Katze. Eine Frau hängt Wäsche auf. Alles ist so alltäglich, so ruhig. Als hätte sich hier niemals eine Tragödie abgespielt. Wenn ich jetzt diese Treppe hinaufgehe, vielleicht sind da – Wunder über Wunder! – Mama und die Kleinen. Nein … Eine Frauenstimme antwortet, dass Leute dieses Namens hier nicht wohnen. Natürlich. Sollten sie am Leben sein, warten sie gewiss in unserer richtigen Wohnung der Vorkriegszeit auf mich. Dorthin gehe ich jetzt.

Leider … ist dort nichts mehr. Kein Haus, keine Wohnung. Und sie sind natürlich auch nicht da. Wahrscheinlich werde ich keinen von meinen Angehörigen je wiedersehen.

Soll ich meinen Schulweg noch einmal ablaufen? Warum nicht? Vielleicht treffe ich ja Henrikas Jonaitis, den Lehrer.

Seltsam. Auf den Straßen ist fast alles noch genauso wie damals, direkt vor dem Krieg. Die Sonne scheint, die Passanten haben es eilig. Nur ich bin nicht mehr dieselbe. Ich kann kaum die Füße heben, habe keine Kraft.

Da vorn jedoch, wer geht da? Ist das etwa Papa? Ja … Das ist sein weißes Haar, sein Hinterkopf … Sein Gang. Er trägt Uniform. Er ist es wirklich! Papa! Ich muss ihm nachlaufen, ihn einholen, damit er mir nicht wegläuft.

«Pa-pa! Papenju!»

«Maschenke!»

Ich gehe an Papas Seite! Er ist ganz der Alte, nur seine Stimme zittert. Bestimmt vor Aufregung. Er war nicht darauf gefasst, dass ich noch lebe. Man hatte ihm gesagt, es seien alle umgekommen – Mama, die Kleinen, ich …

Mama und die Kleinen, sie sind also nicht mehr am Leben.

Und Mira?

Mira ist hier. Sie studiert an der juristischen Fakultät und arbeitet nebenbei. Auch Jonaitis lebt. Er hat mein Heft aufbewahrt und es Papa gegeben.

Und ich habe die restlichen Aufzeichnungen bei mir: Einen kleinen Teil konnte ich retten, den Rest habe ich während der Quarantäne aus dem Gedächtnis rekonstruiert. Ich möchte so schnell wie möglich Jonaitis und Mira wiedersehen.

Doch Mira ist gerade gestern für drei Tage nach Kowne gefahren.

Das bedeutet warten, ganze drei Tage. Eine lange Zeit. Macht nichts – ich muss ja nicht allein warten, sondern mit Papa. Ich habe meinen Vater wieder!

1. September. Schulbeginn. Ich gehe auch wieder zur Schule. Wie komisch. Eine erwachsene Frau mit Pass in der Tasche, Angestellte und … Schülerin.

… Das Klassenzimmer ist voller Menschen. Sind das Lehrer oder Schüler? Viele sind älter als ich. Verlegen lächelnd zwängen sie sich in die Bänke.

Es läutet. Der Lehrer tritt ein. Er öffnet das Klassenbuch und ruft alle dem Alphabet nach auf. Wie in einer richtigen Schule. Es ist ja auch eine, allerdings eine Abendschule für Erwachsene.

Hoffentlich ruft er mich nicht auf! … Zum Glück greift er schon zur Kreide. An der Tafel erscheinen längst vergessene Gleichungen, mathematische Formeln.

Moskau. Der Twerskoj-Boulevard. Eine gerade Häuserreihe. Nur ein Haus ist von einem Gitterzaun und Bäumen umgeben und liegt etwas zurückgesetzt, weg vom Straßenlärm. Das Schild jedoch lenkt die Aufmerksamkeit auf sich: «Maxim-Gorkij-Literaturinstitut beim Schriftstellerverband der UdSSR».

In den fünf Jahren, in denen ich hierher kam, um Prüfungen abzulegen, hat mich dieses Schild mit großem Respekt erfüllt. Vor allem in den ersten Tagen. Danach wurde es vertrauter, mit jeder Reise hierher.

Jetzt gehe ich vorerst zum letzten Mal an dem Schild vorbei. Jedenfalls als Studentin. Es ist sogar schade, dass sein Glanz nun nicht mehr die strenge Frage widerspiegelt: «Bist du vorbereitet? Hast du etwas Neues geschrieben?» Auch Gorkijs Porträt im Treppenhaus scheint mich weniger streng prüfend als sonst anzuschauen … Es macht mir eher Mut: «Dein Diplom willst du holen? Na, dann geh und hol es dir!»

Ich betrete den Saal. Im Sommer befand sich hier während der Prüfungen eine Ausstellung unserer Veröffentlichungen. Jetzt herrscht streng akademische Ruhe im Saal. Auf der Bühne das Präsidium – lauter angesehene Schriftsteller. Hoffentlich stolpere ich nicht, wenn man mich aufruft.

Wsewolod Iwanow[1] reicht mir das Diplom im festen Einband, lächelt mir durch die Brille zu und gratuliert mit etwas näselnder Stimme. Und ich bringe kein Wort heraus. Nicke nur mit dem Kopf: Danke, vielen Dank!

Laut Kalender ist heute ein ganz gewöhnlicher Wintertag. Draußen vor dem Fenster schneit es, wie üblich. Autos rasen, Passanten hasten vorbei.

Vor mir liegen die Korrekturfahnen – die Seiten meines Tagebuchs. Nun sind es nicht mehr nur meine Aufzeichnungen, sie werden jetzt, losgelöst von mir, zu den Lesern in die Häuser kommen, in Tausende Häuser, und wie von selbst den Menschen erzählen, was ich erzählen musste.

1 Wsewolod Iwanow (1895–1963), russischer Schriftsteller mehrerer Romane, gilt als Entdecker der romantischen Exotik des Bürgerkriegs und der Revolution. Seine frühe Prosa ist einem ornamentalen Stil verspflichtet, in den 1930er Jahren hingegen passte sich Iwanow dem Stil des sozialistischen Realismus an. (A. d. Ü.)

Zum Geleit

Ich danke Ihnen, verehrte Leserinnen und Leser, dass Sie aus Ihrem heutigen vergleichsweise ruhigen Leben heraus in jene furchtbaren Jahre «eingetaucht» und den tragischen Weg mitgegangen sind, der für sechs Millionen Juden der letzte war.

Sechs Millionen. Wie schrecklich zu wissen, dass jeder Einzelne von ihnen mit all seinen Wünschen und Hoffnungen, selbst das kleine Kind, welches das Leben noch gar nicht wirklich kennen gelernt hatte – dass sie alle mitsamt ihrer Lebensfreude ermordet und einfach in eine Zahl verwandelt wurden, in einen winzigen Punkt in dieser riesigen Masse von sechs Millionen. Leider hat sich die Welt längst an ihre Vernichtung gewöhnt …

Was vermag ich den Aufzeichnungen noch hinzuzufügen? Ich kann nur versichern, dass die darin beschriebene blutige Wahrheit ausschließlich auf dem beruht, was ich selbst gesehen, gehört und erlebt habe. Und dass ich schon damals, obwohl ich dafür eigentlich noch viel zu jung war, den starken Wunsch hatte, dass die Menschen nach dem Krieg erfahren sollten, wie Hitlers Helfer unser Volk vernichtet haben.

Es soll nicht pathetisch klingen, wenn ich sage, dass dieser Wunsch mich mein Leben lang begleitet hat und mit der Zeit sogar noch stärker geworden ist. Deshalb handeln auch meine späteren Bücher, obwohl sie nicht dokumentarisch und autobiographisch sind, von dieser Zeit. Denn im Angesicht des Todes verschärfen sich die ewig menschlichen Probleme, und es entstehen neue Konflikte: Hingabe und Verrat, Mut und Angst, Mitgefühl und Gleichgültigkeit, Hilfe unter Einsatz des Lebens und die Verweigerung von Hilfe, nicht nur aus Angst.

Vielleicht erinnern Sie sich an meine Schilderung der Liquidierung des Wilnaer Ghettos, als ich plötzlich wusste, dass sie uns erschießen werden, und mir gelobte: Sollte ich hier lebend herauskommen, werde ich mich des Lebens freuen.

Ich bin am Leben geblieben. Und ich rufe mir dieses Gelöbnis immer wieder ins Bewusstsein, wenn mir schwer ist ums Herz. Aber wie sollte mir auch anders zumute sein, wird doch von allen Seiten gemeldet – und in letzter Zeit immer häufiger –, dass der Faschismus wieder aufersteht? (Womöglich hat es nach dem Zweiten Weltkrieg nur so ausgesehen, als sei er besiegt?) Wie kann man sich des eigenen Lebens freuen, wenn durch die Hand von Terroristen, also faktisch neuen Nazis, aus Hass Dutzende, ja Hunderte Menschen umkommen?

Doch ich möchte mich ungern in Moll von Ihnen verabschieden. Vielmehr möchte ich Sie inständig bitten, Unrecht jeglicher Art nicht mit Gleichgültigkeit zu begegnen, sondern dem großen deutschen Dichter Friedrich Schiller zu folgen, der in seiner Ode «An die Freude» verkündet, dass alle Menschen Brüder sind. Wollen wir gemeinsam danach streben.

Mascha Rolnikaite
St. Petersburg, im Mai 2002

Glossar der Straßennamen

Jiddisch	Litauisch	Deutsch
Bangass	Geležinkelio gatvė	Bahnstraße
Brejte Gass	Didžioji g.	Große Straße
Dajtsche Gass	Vokiečių g.	Deutsche Straße
Dissner Gass	Dysnos g.	
Gaongass	Gaonų g.	Gaongasse
Gediminsstraße	Gedemino prospectas	Gediminas-Prospekt
Glesergass	Stiklių g.	Glasergasse
Hetmangass	Etmonto g.	
Jatkewer Gass	Mėsinių g. (Ghetto 1) Antokolskio g. (Ghetto 2)	
Jidische Gass	Žydų g.	Judengasse
Kalwarissknmarkt		
Karmelitngass	Karmelitų g.	
Katedralnplatz	Arkikatedros aikštė	Kathedralenplatz
Klejne Stefangass	Raugyklos g.	
Kowner Straße	Kauno g.	Kaunaser Straße
Lidsske Gessl	Lydos g.	
Lukischker Platz	Lukiškės aikštė	
Nowgoroder Straße	Naugarduko g.	
Oschmener Gass	Ašmenos g.	
Ostrobrame	Aušros vartų	Tor der Morgenröte
Rosser Gass	Rasų g.	
Rudnizkegass	Rudninkų g.	
Sawalnestraße	Pylimo g.	
Schawler Gass	Šiaulių g.	
Schpitalnegass	Ligoninės g.	Spitalstraße
Straschungass	Žemaitijos g.	
Subotschgass	Subačiaus g.	

Personenregister